龍谷大学仏教文化研究叢書35　［シリーズ］近代日本の仏教ジャーナリズム第一巻

『反省会雑誌』とその周辺

赤松徹眞――編著

法藏館

はじめに

一九三四（昭和九）年に明治仏教史編纂所が発行した『明治年間仏教関係新聞雑誌目録』に記載された新聞雑誌の名称は、約七六〇種（改題誌を含む）もの多数にのぼる。そして「発行、改題年次別で、数の上では明治二拾二年とその翌年が相伯仲して首位を占め、三十四年、四十二年が之に次ぐ。」との解説を付している。また禿氏祐祥も、一九三三年七月発行の『現代仏教』（明治仏教の研究・回顧）に寄稿した「明治仏教と出版事業」のなかで、一八八〇年代（明治一四年から二三年）までの主要な刊行物を掲出した上で、「以上の書目を一覧して仏教の出版物が二十年前後から大に面目を改めて来た事を知り得るのである。」と述べている。

このように一八九〇年代末は、仏教新聞雑誌発行の第一次ブームの時期に当たり、刊行された雑誌の種類の多さもさることながら、内容的にもその後に大きな影響を与えた重要な仏教雑誌が創刊されている。背景には、欧化主義全盛期のなかでのキリスト教の教勢拡大に対する危機感、第一回衆議院議員選挙に際しての仏教権利意識の高まり、起業ブームに沸く地域財界からの支援などが考えられる。

当時の大教校では、普通教校に設立された反省会が『反省会雑誌』を創刊したのをはじめ、これに刺激されて

『海外仏教事情』と『伝道会雑誌』とが相次いで発行された。これら三誌は近代史・仏教史研究の上で貴重な資料となっている。『反省会雑誌』と『海外仏教事情』は龍谷大学にとって進取の学風の原点を物語る雑誌であり、『伝道会雑誌』は近代における真宗の伝道活動のあり方を知る上で重要な雑誌である。龍谷大学は二十数年後には創立四百年を迎えるが、これら雑誌の保存に将来に亘って万全を期し、近代史・仏教史研究の発展のために閲覧に供していくべきことは言うまでもない。

このほかにも、龍谷大学大宮図書館には、明治期に刊行された貴重な雑誌が多数保管されており、大宮図書館でしか所蔵していないものも少なくない。本書では、上記の『反省会雑誌』『海外仏教事情』『伝道会雑誌』の三誌に加えて、九州で刊行された『國教』、東京で刊行された『令知会雑誌』の五雑誌の総目次を付して、解説を加えた。この二雑誌も『反省会雑誌』や龍谷大学と密接な関係を有する団体の機関誌である。

本書が多様な仏教ジャーナリズムのあり方の解明に資するとともに、資料保存や研究の活性化の一助となれば幸いである。

編集代表　赤松徹眞

『反省会雑誌』とその周辺＊目次

目次

はじめに……赤松徹眞 i

第一部 解説論文……3

第一章 『反省会雑誌』とその周辺……藤原正信 5
一 反省会の結成
二 『反省会雑誌』の発行状況
三 反省会の役員
四 古河勇の動向
五 中西牛郎の介入
六 本山の圧迫

第二章 真宗青年伝道会の設立と機関誌『伝道会雑誌』について……赤松徹眞 35
一 問題の所在
二 大教校から大学林へ

三　真宗青年伝道会の設立と『伝道会雑誌』の発刊
四　『伝道会雑誌』に見られる状況認識とその立場
五　仏教改良論の歴史的性格

第三章　『海外仏教事情』と仏教ネットワークの時代……吉永進一 59
一　国際化の時代
二　海外宣教会の誕生
三　海外「仏教者」との関係
四　『海外仏教事情』

第四章　令知会の組織と雑誌……近藤俊太郎 77
一　仏教結社としての令知会
二　令知会の出発
三　『令知会雑誌』の創刊
四　令知会の組織的特徴
五　令知会の課題

第五章　『國教』にみる通仏教的結束とその挫折……中西直樹　93
一　八淵蟠龍と中西牛郎
二　雑誌発行と九州仏教団との関係
三　多彩な特別寄書家と諸団体の連携
四　雑誌名変更とその後の展開
五　雑誌『九州仏教軍』『真仏教軍』『仏教青年軍』

第二部　各誌総目次……中西直樹　111
雑誌『反省会雑誌』総目次……113
雑誌『伝道会雑誌』総目次……167
雑誌『海外仏教事情』総目次……208
雑誌『令知会雑誌』総目次……235
雑誌『國教』総目次……330
雑誌『九州仏教軍』総目次……365

号・異名等一覧……………………………………………………………367
あとがき……………………………………………………………中西直樹　370
編著者・執筆者紹介　373

『反省会雑誌』とその周辺

第一部　解説論文

第一章　『反省会雑誌』とその周辺

藤原正信

一　反省会の結成

『反省会雑誌』は、「禁酒進徳」を標榜する反省会の機関誌として刊行され、一八八七（明治二〇）年八月五日の「無定期刊行」(1)に始まり、原則月刊となった第一号から第七年第三号までで、通号は五〇号を数えた。続く『反省雑誌』（第七年第四号～第一三年第一二号〈通号一一九号〉）、さらに後継の『中央公論』（第一四年第一号～第五九年第七号〈通号六八二号、一九四四年七月〉）と合わせて、マイクロフィルム版（全六〇リール、雄松堂）に収められている。政教関係を中心にして翻刻した『反省（會）雑誌』（全三巻）があるものの、諸方面にわたって研究するとなれば、マイクロフィルム版に拠ることになる。その利用に当たっては、『中央公論社創立五十周年記念 回顧五十年』に収められた「『中央公論』総目録」（初号～通号五七五号（一九三五年））が記事を探索するための手がかりとなる。それを校訂した「総目次」(2)も既にあるが、通号五〇号までのより詳細な「目録」を、判明した筆名とともに提供することとなった。

『反省会雑誌』の発行母体である反省会は、一八八六（明治一九）年三月に西本願寺普通教校の学生が「西寮第一室」に集い、沢井洵（後の高楠順次郎）と常光得然を「会幹」として発足した。この時の「趣意書」に付された「注意要項」では、冒頭に「凡て宗教学生不応為の行為は決して為さゝること」を掲げて、「一切禁酒のこと」と宣言し、さらに「風俗を乱り名誉を損するの時処は謹て之を避くること」を謳い、併せて「信義を重し礼譲を尊び相愛し相助くるの道を全ふすへきこと」と定めた。

次いで、四月六日に新たに「反省有志会大趣意書」を草して、「事務所の許可を得て」、「大講堂に掲示」し、この日を「反省会創立の紀念日」とした(3)。前年四月、西本願寺の宗学研鑽の府である大教校に対して、「博く宗乗余乗及び諸学科を授くる」こと、「緇素を問はず、渾て入校を許」すこと、として設立された普通教校であったが(4)、学生の飲酒などに対する沢井らの危機感は大きかったようである。「趣意書」は次のように訴えた。

……嗚呼我同胞三千八百万帝国公民中に位せる我最も親愛し及信用する所の同窓二百有余同志の諸君よ諸君が固有する天賦の豁眼を開いて以て西洋各宗教徒の情態を察せよ彼輩夙に此の弊害を観知し堅く之を制し今に至りて未だ嘗て酒盃を手にせず道義相接す其美事自他共に欽羨する所にあらすや又眼を転して我仏教の五戒を見よ早くも飲酒を禁するに非すや……

禁酒の事独り古人と西人に行はれて今我書生に行はれさるの理あらんや況んや万々酒を飲むの害あるを益なきに於てをや吾人は正に断じて言はんとす酒は禁すへき者なり……

謹て思ふに禁酒の事自己既に行ひ易からず他人の飲酒豈制し易からんや既に易々の業にあらず何ぞ浅々の勢力を以て断行し得へけんや是我賛助を我信用する所の同窓二百又余同志諸君に熱望する所以なり若し禁酒の制到

底書生に行ふへからすといはば亦吾人が知るところにあらさる也(5)と。必ずしも学生ばかりの問題だけではなく、「芽出度新年の宴会、乱酔無礼の故を以て倶楽部を退けられし者もあり、一人の官吏、神聖なる報恩講の法筵、酒気座に醸し、語言明かならざる者もあり、(一人の教師)北野の観梅に醜態を現はし、祇園の夜会に身を汚し雨后泥泥の道に酔臥する者もあり」、といったありさまが「吾党の忿怒を増さしめ」たという(6)。そして最も憂慮されたのは、条約改正交渉にともなう内地雑居が盛んに議論にされ、黙認から十余年にしていよいよキリスト教が教線を拡大することが現実味を帯びてきたことであり、それが極めて身近に感じられていたことは、次からも明らかである。

明治七八年已降、心真情熱の一偉人新島襄氏が、多年精陶緻冶し来れる同志社出身の多数の青年学生なるもの、事業方に成り、髀肉を摩して私かに時運の乗す可きを待てりし処、今や風雲彼等に可なり、忽ち蜘蛛の子を散せるが如く、四方に散漫し、彼等得意の英語を携へ、更に世の生如来視せる毛色の変りたる外国宣教師を推し立て、巧に時代の好奇心に投合し、熱心若しくは熱心らしく、盛に布教伝道を致したるの結果、一時にして忽ち西洋心酔家の意向を聳動し、一挙して将に社会を風靡し去らんとす、その勢や当る可らず、人をして転た寒心に堪へざらしむ可きものありたりき、

こうしたキリスト教に対する危機感は、明治初年の神道国教化政策や廃仏毀釈の余韻が残り、「仏法滅尽の悲相、遂に人力の能く済ふ所にあらざる」事態であるとの認識をさらに深刻化させたのである。そのような情況にあって、

「出ては則ち基督教滔天の跋扈を撃止し入ては則ち教内殆んど収拾す可らざる腐敗を刷新し、以て宗教一縷の命脈を持続し、以て滔々たる欧化主義の幽夢よりして、可憐の社会を喚起せしめん」とした、と回顧されている。(7)

しかし、結成後の「凡十有七月間は、全く本会が其主義を固定すべき計画の時代」で、ようやく翌一八八七（明治二〇）年八月に「無定期刊行を以て、本会雑誌の第一号を発布した」のであった。「第一号発刊の費金は、全く正会員八十九名の義金に成り、曾て他の幇助を得ざりし」も、「其主義を社会に発表」するための機関誌を得たのである。(8)この「無定期刊行」の「第一号」は、混乱を避けるためであろう、後に「初号」と呼ばれるようになった。

二　『反省会雑誌』の発行状況

『反省会雑誌』初号は、見返しに、「今茲ニ一小雑誌ヲ刊行シ会員座右ノ友ニ代ヘ一心固定ノ方針トナサントス其論スル所ハ会員執ル所ノ主義ニシテ其報スル所ハ会員運動ノ写影タリ」との「反省会雑誌発刊主意」を掲載し、「費ヤス時間ト資財」は「禁酒ヨリ生来リタル余裕」を充てたものであり、『反省会雑誌』を「禁酒進徳ノ花」と自賛した。一頁上段には「目録」があって、その下段から一三頁上段にかけての「反省会雑誌」欄には、主要メンバーによる署名記事、続いて「演説筆記」や「寄贈詩文」、欧文を含む他からの情報である「蒐録」・「訳説」、宗教界の事情である「教学要報」、さらに「本会記事」、「本会報告」「本会規約」、「会員姓名」などが掲載されている。

「規約」の「目的」には、「本会ハ有志者相誓ヒ事ヲ禁酒ニ始メ過ヲ改メテ憚ラズ正ヲ履ンテ懼レズ仏恩ヲ知リ仏事ヲ行シ時ト場合トヲ問ハス為スヘキコトヲナスニ退カサルモノナリ」といい、「正会員」を「本会規約ヲ実践シ本会ヲ維持スルノ誓約ヲナシ校内在学ノ者」、また「賛成員」を「校外有志者ニシテ本会主意ヲ賛成シ之ヲ輔助スルノ義務ヲ尽サントスル者」とし、「入会ヲ願出ツルモノハ賛成員ハ直チニ之ヲ許シ正会員ハ一ヶ月間仮入会ヲ許シ会員タルニ差支ナシト見認ムルトキハ入会ヲ許ス」とした。また、「本会々員各自一ヶ年五十銭以上応分ノ醵金ヲナシ本会維持ヲ計ルヘキモノトス」とする「維持法」を定め、「毎月一回会員会同スヘシ」などとした。この時「正会員　九十九名《ママ》」、「賛成員　三十六名」であった(9)。

その後、同年一一月になって、改めて第一号が発行され、「毎月一回定時刊行(10)」となった。「定時刊行」の第一号から、「反省会雑誌」欄が「社説」に相当するものに整えられるなどしたが(11)、編集が一定したわけではなく、「目録」を欠いていた。一二月の再版では見返しに「目録」が復活し、他からの情報である「蒐録」、会員からの「論説」が加えられ、巻末に「本会記事」・「本会報告」がおかれた。第二号からは、本山や普通教校をはじめ宗門関係学校、また会員などの動向を伝える「雑報」と、「欧米通信会報(12)」などが追加された。そして、第三号からは巻頭に「社説」をおいたが、第一八号、及び第七年第一号から第三号では「会説」と称した(13)。

雑誌の大きさは大型菊判（ほぼ縦24cm×横17cm）で、表紙と見返しを除いた総頁数は、ノンブルの無い頁も含めると、初号が四六頁で、第一号から第四号までは二〇頁台となった。第七年第三号〈通号五〇号〉までの間には時に五〇頁のこともあったが、三四頁から四二頁の組版で構成されたものが全体の八割で、平均すると三八頁ほどである。定価は、初号には明示されていないが、第一号から一冊三銭、郵税一銭と表示され、第二二号からは一冊三銭五厘、郵税五厘となり、さらに第七年第一号からしばらくは一冊四銭五厘、郵税五厘であった。

発行部数は、第五号（一八八八年四月）の時点で「雑誌発行ノ部数ハ僅ニ一千五百部(14)」であったという。必ずしも採算が合うわけではなかったようで、第一三号（一八八八年一一月）には興味深い告知がなされている。ひとつは会幹小林洵をはじめとする役員連名による「禁酒旌下の志士に告ぐ」である。

我同盟の会員は尚実に僅少なり。却つて購読員の多きを覚ふ。かくては禁酒運動の進歩せりとも思はれず。故に願ひの条。唯一の願ひの条あり。今より年末に至る。残る二十日間の運動是なり。……若平均即ち諸君一人にして一人の会員を募らば。更に現時二倍の勢力を以て。芽出たく明治二十二年の春。反省会第四回の新年を迎ふることを得ん。総じて今後二十日間入会の方々は。明治二十二年一月十日。即本誌第十四号発行の当日より。禁酒、節酒、（此二は反省会賛成員なり一月十日以后利得金五拾銭以上を寄附すべし）若くは仏事禁酒（これは仏事禁酒同盟員なり寄附金に及ばず何れも一月十日より実行す）の各項を実践躬行するものと覚悟せられたく……

そして、いまひとつは「反省会会計部」による「敢て本会賛成員に白す」である。

反省会雑誌の如きは、唯々本会主義の拡張を計らん為、殆んど元価の儘にて頒布し或は販売するものなれば、本会に於ては些少の利金だになきのみならず常に会計上不都合を醸し候に付、賛成員諸君は一ヶ年寄附金（雑誌十二冊分）相尽候へば、早速第二回分寄附金御送附被下度(15)

右からは、賛成員（「禁酒同盟員」「節酒同盟員」）には雑誌が配付されていること、第一三号の発行時点で賛成員からの二年目の前納会費である「一ヶ年寄附金」の未納者がいたこと、雑誌の一般購読者が多いこと、賛成員の倍増を目ざしたことがわかる。次の表は節目ごとの会員数などをまとめたものであるが(16)、反省会の創立「第三年」末に相当する第一三号刊行月の一八八八（明治二一）年一二月には会員が合計一六一二人であり、一般の購読者もあっ

1892年（明治25）2月	1891年（明治24）9月	1890年（明治23）12月	1889年（明治22）12月	1888年（明治21）12月	1887年（明治20）12月	
1203	1155	910	480	245	156	正会員
3065	3045	2810	2562	1367	30	節酒同盟員
4268	4200	3720	3042	1612	186	小計
10225	10152	8372	5767	60		仏事禁酒同盟員
14493	14352	12092	8809	1672	186	総数
第7年第3号（通号50）	第6年第10号（通号47）	第5年第12号（通号37）	第5年第1号（通号26）	第10年第4号（通号78）「社説」		典拠
誌名変更（5月）中西罷職（7月）	休刊（11月・12月）	中西牛郎、文学寮教授就任（9月）	大学林設置、古河勇上京（1月）	普通教校廃止（12月）		備考

たから、「二千五百部」では不足するはずである。しかし、翌一八八九年一月に「自後会員たらんと欲する人は随意に寄附金をなして入会を許し、寄附金五拾銭已上に及びたる人に限り本会より雑誌を呈上する事に決択[17]」したと告知したことからも明らかなように、「寄附金」未納で雑誌を受け取ることのできない会員が少なくなかったと思われる。先の会幹小林らの呼びかけもあったであろう、同年末に会員はほぼ倍増して合計三〇四二人となり、第一五号・第一六号は完売[18]しているにもかかわらず、発行部数を増やすことはなかったのではなかろうか。

「規約」は適宜修正されていったが、一八八九（明治二二）年八月に「頒布実行」された「反省会規約」から活動状況のわかる主なものをひろってみると次のようになる。

第壱条　本会は禁酒進徳の主義に依り非禁酒の風を矯め飲酒に伴ひ起る諸般の害毒を掃ひ去るを以て本旨とす

第三条　本会の主義に同意する人は身分信仰の如何に係らず何人と雖入会することを得

第四条　本会々員は飲酒の心身及社会に害あることを認知し終身酒類の飲用を全廃することを誓言せし人に限る

第五条　本会員にして本部所在の地に在留し本会一切の事務を取扱ふべき義務あるものを常在員と称す

第六条　本会は主義皇張の便宜上より更に左の二類を置き以て本部に附属せしむ

　仏事禁酒同盟員　節酒同盟員

第七条　仏事禁酒同盟員は仏教各宗派の教師及信徒にして仏事に於て禁酒を実行する人を以て之に充つ

第拾壱条　本会は反省会雑誌を以て主義発表の機関となし傍ら有益なる印刷物を発行す

第拾弐条　本会は更に公会、演説及慈善市会等を開くことあるべし

第拾四条　本会は常在員より左の職員を撰び本会事務の責任に当らしむ
　但任期一ヶ年にして再撰重任を許す（「職員」は後掲の「役員一覧」に示す―藤原註）
第拾五条　本会々員たらんと欲する者は左の誓書を認め調印の上会員一名の紹介を以て応分の入会金を添へ本部に申込むべし

自今終身禁酒を実行し反省会員たることを誓言す
　　国郡村番地
年　月　日　　姓　　名　印
　　右紹介人
　　第何号会員　姓　名　印
反省会々幹御中

第拾七条　会員及同盟員は本会の主義に関する状況を熟知せん為め毎月雑誌を購読するの義務あるものとす[19]

このように、「禁酒進徳」主義のもと「終身酒類の飲用を全廃することを誓言せし人」であれば、「身分信仰の如何に係らず」会員となることができるようになったのである。かつてのように「校内在学ノ者」に限定されて「一ヶ月間仮入会」を必要とした正会員資格の制限や、普通教校が大学林文学寮に改組された後に「大学林に於て賛成員を置かざることに議決[20]」したこと、つまり大学林在学者は正会員として入会しなければならなかったことなどにみられたような、厳格な規定は改められた。さらに、一八八九（明治二二）年一一月には「元賛成員に入会せし節終身禁酒を誓ひたる人々も会員たらんと欲せば更に規則第十五条に依り誓書相認め新に申込被下度[21]」との「社告」

が出された。その成果は四八〇人の正会員が翌年末に九一〇人へとほぼ倍増したことにもあらわれているが、「雑誌を購読するの義務」が守られたかは疑わしい。一方で「応分の入会金」とされていたのが、一八九一（明治二四）年二月の「反省会規約」では入会金額が明示された。「本会々員たらんと欲する者」は「弐拾銭以上」が必要となり、「仏事禁酒同盟員たらんと欲するものは三銭以上節酒同盟員たらんと欲するものは拾銭以上の義捐」が求められるなど、増収が喫緊の課題であったといえよう。

なお、「本部」は、当初「京都府下京区西八百屋町一番戸」の普通教校内におかれ、「下京区油小路北小路上ル玉本町」に移り（一八八九年一月）、さらに「油小路魚之棚下ル西若松町」に転じた（一八九一年一二月）[22]。

三　反省会の役員

初号から第七年第三号〈通号五〇号〉までの、反省会の役員一覧を次に掲げた〔一六～一七頁〕。役員は、「本会報告」の掲載号数ではなく、人事の行なわれた当該月の号数で整理し、刊記に表示されたものについては当該の号数のところに記して、呼称は多用されているものに統一した。入会確認号数は、『反省会雑誌』各号の「新加入正会員姓名」に拠って、判明したものだけに限った。また、後に見るように古河勇が文学寮について批判的な立場であったことから、文学寮在学者を『本山月報』から拾い[23]、併せて、後の雑誌『新仏教』の淵源である経緯会の会員についても記しておいた[24]。

役員表からは、古参の会員であっても役員に就任する時期に大きな違いのあること、初期には短期間で役員が交代していること、「副会長」の人事が「会長」より早いことなどが一瞥してわかる。島地黙雷（一八三八～一九一一）と中西牛郎（一八五九～一九三〇）は後述するように特別であるが、例えば梅原賢融（一八六五～一九〇七）、沢井洵（一八六六～一九四五）、今村恵猛（一八六六～一九三二）、弓削正雄（一八六七～一九二七）、桜井義肇（一八六八～一九二六）、古河勇（一八七一～一八九九）をみても、イニシャティブと年齢とが無関係であったことは興味深いが、ここで役員の規程を見ておこう。

初号に掲載された「本会規約」では、「事務員」について任期六か月の「会幹」（当初「会監」）二名を置くことが示されたのみであり、(25)任期途中の交代も行なわれた。一八八八（明治二一）年一月の総会では、他の「事務員」についても任期六か月とし、「会幹」は一名に減員されているが、「書記」二名、「会計」一名、「編輯員」五名が決められて、実務の分業化が図られたと考えられる。また、「編輯員」の任期は三か月とされ、「事務員編輯員ノ再選重任ヲ許サヽル」ことが決議された。(26)四月には、「編輯員」の改選に併せ、他に「委員」一〇名が選出されている。(27)それが七月の改選では「書記」が三名となり、(28)一〇月には「編輯員」が二名となるなど、(29)未だ組織が確定していなかった。一八八九（明治二二）年三月の総会では、「商議員」（「委員」）二〇名とその互選による「編輯員」八名が選出され、「任期壱ヶ年」として「再撰重任ヲ許ス」こととなった。(30)それは、八月に「頒布」された「反省会規約」に明記されたが、(31)九月に小林が「会幹」を辞して中臣融（梅原賢融）に代わった際に、「編輯員」が九名選出されるなど、(32)会の運営はなお安定しなかったようである。そして、一八九一（明治二四）三月にも規約の「刪訂」が告知されたが、特記すべきは、「会幹」の上位に「会長」と「副会長」の各一名が新設されて、(33)直ちに「副会長」に中西牛郎が就いたことである。(34)その後、空席であった「会長」に島地黙雷が就任するのは、半年も過ぎてからのことであった。(35)

50	49	48	47	46	45	40〜44	39	28〜38	23〜27	22	17〜21	16	15	14	13	12	11	9〜10	8	6〜7	5	3〜4	2	1	初号	氏名	
												●		●◇	●◇		◇		●		◇□			□	●▲▼	沢井洵/小林洵*1※	①
												◇□		◇	◇		◇▲▼	▲▼	▲▼	▲▼	◇□▲▼	▲▼	▲▼	●□▲▼	●□	菅実丸*1	②
														◇	◇		◇		◆		◇□			□	□	古河勇*1※	3
										□		◇□												■	■	弓削正雄*1	4
																								■	■	常光得然*1	5
																								◆	□▽	小原松千代*1	6
							●			□		◇□		◇	◇		◇		◆		◇□			◆		寺本静*1	⑦
										●□		◇□		◇	◇		◇△	▽	◆▽	▽	◇□▽	▽	▽	●□▽		梅原賢融/中臣融*1※	8
												◇□		◇	◇		◇		□		◇			□		今村恵猛*1	⑨
												◇□		◇	◇		◇		□		◇		□			酒生恵眼*2	⑩
												◇□		◇▽	◇□		◇□				◇		●			秦千代丸*1	11
														◇	■◇		◇		■				◆			吉田隆千代*1	⑫
							◇																□			掬月玄千代*1	13
																					◇		■			小山達千代*1	14
																							◆			藤井頼母/河近頼母*1	15
												▲	▲	▲	▲	▲			□				□			井上峯吉*2	16
																			□		◇		□			東温譲*2	17
																			□				□			渋谷為次郎*2	18

◎会長　○副会長
●会幹　□編輯員
■会計　◇委員
◆書記　△庶務
▲発行人
▽編輯人　｝刊記
▼印刷人
*1入会確認号数
①文学寮在籍
36文学寮教員
※経緯会員

（註1）役員就任順や入会時期に応じて便宜的に番号を付したが、それ以上の意味はない。

（註2）第九号「本会記事」に「中途より引受け先般改選期限迄継続し来りたるもの」として「書記 桜井義肇」「会計 藤堂智順」が記されているが、就任時期が判明しないので表では省略した。

（註3）第七年第一号（通号49）「本会報告」に「委員の補欠選挙」の結果、「原純麿」「朝枝豊丸」「温井徹照」が選出されたことが記されているが、当該月が休刊のため、表では省略した。

50	49	48	47	46	45	40〜44	39	28〜38	23〜27	22	17〜21	16	15	14	13	12	11	9〜10	8	6〜7	5	3〜4	2	1	初号	氏名	
									▼	□▼	▼	◇□▼	▼	▼	□▼	▼	□									藤永雪崖/稗田雪崖*1	⑲
	●		●				◇			□		◇		◇	◇		◇									桜井義肇*1※	⑳
							◇		▲▽	□▲▽	▲▽	◇▽	▽	▽	□▽	▽										笠原松次郎*1	21
								▲▽						◆	◆											佐々木慧雲	22
												◇														宝閣善教/高務祐広*1	㉓
												◇														高田千太郎*1	㉔
												◇														高楠邦三郎*1	25
												◇														加藤俊治	26
			◇				◇					◇														小池智覚*1	㉗
	◇		◇				◇					◇														梅田定*1	㉘
												◇														立花憲信*5	29
							◇			□		◇														横山泰次(二)郎*15	㉚
			◇							□		◇														花崎鎮*16	㉛
		▲▽	▲▽	▲▽	▲▽	▲▽	◇▲▽			□		◇														友松宗英	㉜
▼	▼	▼	▼	▼	▼	▼	▼	▼																		津村千代丸	33
			◇				◇																			徳沢龍象*18	㉞
	◇						◇																			原　純麿*23	㉟
			○				○																			中西牛郎*28	㊱
	◇		◇				◇																			護城綱雄	㊲
	◇		◇				◇																			橘　大心*33	㊳
							◇																			浅田千代丸	㊴
					◎																					島地黙雷*13	40
	◇		◇																							太田周教	㊶
	◇		◇																							朽木法運*1	㊷
	◇		◇																							村上英雅*1	㊸
	◇		◇																							宮　定一*1	㊹
	◇		◇																							大久保格/安田格道※	45
			◇																							笠原什山	46
	◇																									朝枝豊丸*21	㊼
	◇																									温井徹照	㊽
▲▽	◇▲▽																									梅谷覚幻	㊾

四　古河勇の動向

古河勇（筆名に老川・天外散士・第一木螟子など）は、反省会創立時には未だ普通教校に入学していなかったが、初号から「編輯」を担当するなどした反省会の中心メンバーであり、明治新仏教の旗手として知られているところである。

一八八八（明治二一）年一〇月、宗学を専門とした本願寺派の最高学府である大教校と普通学を中心とした僧俗共学の普通教校が廃され、考究院・内学院・文学寮からなる大学林が設けられることになった。かねて普通教校の仏教教育を不足に思っていた古河であったが、その廃止に伴なって設立される大学林に全く期待していなかった。そして、彼は校友の菊池謙譲（一八七〇～一九五三、筆名に化堂・蘆山人など）とともに翌年一月に上京し、英吉利英学校英語予備科に入り、六月には国民英学会に転じ、さらに九月には明治学院へ移った[36]。

上京から一年余を経た一八九〇（明治二三）年四月、天外散士の筆名をもって古河いわく、

　……普通教校の起り始めしや今迄普通学に恋々として堪へさりし青年の僧侶、仏学に志ありて而して又世間学にも気ある天下の書生、……凡て今迄八方に鬱積し居たる教界の新分子は前後に潮の如く此校門に押し込み来り一時は教界の改革上、宗門の改革上に一種の目覚ましき壮観を呈し天下百方目を括（ママ）して特に彼等日夕の運動を観望し来りしに一たび彼大学林例の発布ありて廿一年十二月二十五日終に其校の永眠に就きしや、彼等の多くは終に又四方八面に分散せさるへからさるに至れり、……文学寮に残れるは甚だ少なく今日に於て彼等は殆

んと分散せりと云ふも可なり、[37]

と。「二種の教校に於て生徒を教育するに、生徒の気風自ら二様に分れ、一致団結の力に乏しく、若之を改めず以て歳月を送らば派内に両党を樹立し、容易に解く可からざるに至らん[38]」との危惧から行なわれた制度の見直しは、古河にとっては絶望的であった。普通教校を去った者たちは「其行く所の道、取る所の業千差万別なる」も、「彼等は必ず普通教校てふ一種の精神に支配せられ之によりて行き之によりて動く」のであり、「彼等の眼中固より宗派なし、門閥なし堂班寺格なし、真理を愛するが故に仏教に迷着せす、情実なきが故に本山に憚る所なし[39]」、という存在とみなされた。

　一方、先に整理して示したように、結果としては反省会役員の過半数が文学寮に止まったのであり、古河のいうように「彼等は殆んど分散」したとの見方は必ずしも当たらないようである。

　文学寮に残ったと思われる反省会員は、制度改革を受けて、「仏学志願者は試験の上直に内学院に入学を許し、普通学志願者は、試験の上、文学寮に入学を許す、而して考究院は、文学寮内学院卒業者にして更に仏学の蘊奥を極めんと欲する者をして入学せしむ、文学寮は、従前の普通教校に、更に二年の高等科を置きたる者にして、内学院の学科は、従前の大教校の普通学科を除去したる者の如し」と理解し、次のように展望を述べている。

普通教校の精神は、僧侶（ママ）を問はず宗派を分たず、偏（ママ）く弟子を教育して、広く同胞の主義を拡張せんとするに在り、故に普通教校が含む処の学生は、僧あり俗あり、他宗の者あり他派の者ありと雖も、皆是大同団結を以て、直接に間接に、仏教の拡張を負担せる、我々集合体たるに過ぎざるなり、故に普通教校の事業や成り易く、普通教校の気力や衰へず……然り而して普通教校は既に消滅したり、され共其精神や未だ滅せず、我々が相伴ふて、更に入学しる《ママ》文学寮内には、我々が相伴ふて住居せる、旧大教校の境内には百花爛熳たる普通教校の精神入り満ちて、瑞気靄然たる明治廿二年の春光に射映す、

このように、彼らは文学寮に移っても「普通教校の気力や衰へず」、「瑞気靄然」として希望に満ちていた。さらに、「普通教校の廃滅を機会とし、先本部を下京区油小路御前《ママ》通下る玉本町に移し、更に規則を編製しで《ママ》基礎を固くし、世人の信任に負かざらん事を期す諸子願くは、反省会独立の春を祝し、いよ〳〵禁酒軍の行路を開き、遠からずして禁酒の凱歌を唱ふるに至らしめん事を」と呼びかけるのであった(40)。普通教校廃止を機に、わずかではあったが、本山から距離をおいたこともあって、「反省会独立」と意義づけたのである。

従って、一年数か月後とはいえ、否、その時点においてさえ、「本山に憚る所なし」とする古河と、文学寮に残った役員との認識の差は歴然としている。にもかかわらず、文学寮に対する希望と絶望とが、反省会と『反省会雑誌』において混在していたことは明らかであろう。むしろ校地を離れて「反省会独立」が実現したことで、どうにか古河や菊池は上京後も投稿し続けたのではなかろうか。文学寮を去った会員の立場も尊重されるような運営がなされ——あるいは彼らの存在は反省会として欠かせなかったため——、二人の親友であった杉村広太郎（一八七二〜一九四五、筆名に楚人冠・縦横生・相郁居士・涙骨・霧迺舎など）も『反省会雑誌』を発表の場とすることになったのであろう。

ところで、一八九〇年一二月の『反省会雑誌』に、古河の筆名と思われる天野外一による「経世博議出づ中西君弥真文陣に出軍す」との一文が掲載された。

肥後二文豪を出す、徳富と云ひ中西と云ふ……奔放快健雄麗の一大文字を自由自在に行る千古の筆力遠く徳富氏の及ばざる所、而して此点に於ては日本唯一の中西氏ありと云ふ可きなり、……君は実に千帙万巻読まざるなく、諸学諸教究めざるなき博学の人なり、……特に君が仏教を喜ぶ者、吾人の尤も賀するところなり、……明治の文学は、耶蘇教的の文学なりと或者をして云はしむるに至れる今日の時に際し、……枯寒冷殺なる仏教文学界には、君ほど要用なる人物はあらず、唯詩人の趣味優美の情愛を之より併て紙面に載せられん事是のみ

彼は、中西牛郎を右のように絶賛し、中西主筆の雑誌『経世博議』を「先づ一号の所にて間然する所少なし……」と評した(41)。

五　中西牛郎の介入

中西牛郎は、一八八九（明治二二）年六月、「新加入賛成員」のひとりとして『反省会雑誌』に掲載された(42)。彼について、『反省会雑誌』は翌年二月に次のように報じている。

昨年六月政教視察のため米国に赴きたる中西牛郎氏は、客月十日帰朝したり、同氏は当今の仏教社会が稍もすれば社会の狂熱に浮されて真正なる宗教家の職分を失ふに至ること必竟するに仏教の組織未だ其完きを得ざるに起因するものなればとて、今般組織仏教論なるものを著はし真正なる仏教の本旨を論するよしにて、近々鎌倉地方に赴き清閑なる場所を撰んで右の事業に従事するよしなり、尤も其成功は三月頃なるべしと蓋し氏が這

　般の著述成るの日は宗教革命論と共に社会の一驚を博すなるべし[43]

この記事と同月に、中西は「賛成員」から「転員《（会）》」して「終身禁酒会員」となったが[44]、島地黙雷にも高く評価された『宗教革命論』[45]（一八八九年二月）に続いて、留学の成果を盛り込んで刊行されるであろう『組織仏教論』（一八九〇年五月刊）に対して、反省会は「真正なる仏教の本旨を論する」ものと期待するのであった。折しも、翌三月「本会の創立者たり且つ守成者」とされた小林洵（高楠順次郎）が「向こう五年間の予定を以て修学の為、英国牛津に出達《（ママ）》」[46]するのであるから、中西が正会員になったことの意味は大きかった。

　同年六月、中西は「文学寮の拡張を望む」を発表し、「惜哉彼の一昨年十月普通教校を以て大教校に合併し、現時の組織に改めてより、以前の特質元気は俄に消亡し、今日に至りては其形体は依然として旧の如しと雖も、其精神は数歩を譲る所あるが如し」と酷評した。彼は、節減された経費を増額すること、文学寮を大学林から分離して在家信者の入学を促すこと、「本山の干渉」を排除し「法主の直轄」にすること、本山から離れた場所に移設することなどを提案して、「断然之を用ふることあらは其利益尠からさるを信するものなり」と主張しており[47]、それは古河も歓迎するところであったに違いない。それから三月ばかりして、中西は「文学寮英学教授兼同寮教頭属託」[48]となったが、『反省会雑誌』は「是れ実に学生の幸福学校の進歩亦仏教全体の教育上の方針に至りて大に与つて力あるを信するなり我党は偏へに同氏の精神的教育と懇切なる感化を受けたる後来幾多の青年豪傑の出身せんことを切望する者なり[49]」とした。オックスフォードに旅立った小林に代わる存在として嘱望されたのであろう、翌一八九一（明治二四）年二月一二日の「規約の刪訂」に伴なって設けられた副会長に中西が就任することになった。先にも触れたが、「今回嶋地嘿雷師ヲ本会々長ニ推薦シ其承諾ヲ得タリ因テ此段本会会員諸君ニ報告ス[50]」との「広告」

が掲載されるのは、ようやく九月一〇日発行の第六年第九号においてであった。

さて、中西は「会員」となって後、「寄書」や「論説」を執筆しているが、(51) 特筆すべきは一八九一（明治二四）年五月から二号にわたって例外的に署名入り社説を掲載していることである。彼は次のようにいう。

我邦の大古史の記する所に拠れば諾冉二尊始めて高天原より下界し玉ひ、其美麗なること恰も花籠の如き一島渺乎として海中に現出せるを見て之に光臨し、豊葦原瑞穂の邦と美名を与へ神子神孫遂に以て我が国基を肇め玉へり、然れども我が金甌無欠の国家を陶鋳したるものは実に仏教なり、故に我邦に於て王室は猶ほ吾人の父の如く、仏教は猶ほ吾人の母の如し、(52)

あるいは、こうもいう。

我か日本の文化を進歩し我が日本の独立を保維したるものは、我が万世一系の皇統と宇宙惟一《ママ》の真理なる仏教とに外ならず、顧ふに忠君愛国の感情に富みたる我同胞三千八百万の多数は、言不詳に似たりと雖ども彼の欧洲に於ける民主共和の主義にして、漸く将に我邦に進入し勢力を得て王室に反対するの時機あらば、王室の忠臣となり義僕となりて逆焔を撲滅し、我二千有余年の王室をして富岳の泰に置くが為めには鮮血を濺ぐことを辞せざる可し、(53)

このように、伊弉諾・伊弉冉や「万世一系の皇統」といった天皇制の神話に対して全く緊張感を欠き、なんの矛盾もなく「金甌無欠の国家を陶鋳し」て、「忠君愛国」を推奨するとすれば、「真理なる仏教」とはいったいなんであったであろうか。中西を副会長に戴いた反省会が、結成当初から変質したのか否かは十分な検討が必要だろう。

しかし、この社説を待つまでもなく一八九〇（明治二三）年一一月、中西は自らの立場を『経世博議』第一号において表明し、先に見たように古河と思われる天野外一は同誌を高く評価していたのである。

……東洋に吾人形軀的の勢力を表彰するの一大国家と、吾人精神的の勢力を表彰するの一大教会とを建設せんとするは、是れ天、吾人に附与したるの使命なることを信して疑はず、而して此国家は必ず万世一系の皇統を以て中心とし、外に対しては其統一を保ち、内に向つては其自由を活動せしめ、実力中に充実して、権威旭日の昇るが如くならんことを期し、此教会は必ず永遠不易の心理を以て基礎とし、慈悲と平和と純潔と生命とを以てその機能とし、其殿堂は無極にして世界の各国民を容れ、其信仰は鉄如として山岳をも移すべきことを期す、(54)

右のように『経世博議』の主旨を述べる中西にとって、「一大教会」の「慈悲と平和と純潔と生命」は「一大国家」のための手段にしか過ぎない。翌年二月、いみじくもそのことを「東西本願寺」と題して論じている。

彼は、「英国君主が、大英教会の首長となり」、「魯西亜皇帝が自ら希臘教会の法皇となり」、「尽く其政教二権を以て左右羽翼となし、以て我が東洋に臨み、教権以て其精神を統一し、政権以て其形体を統一し、二大権力相合して進む、其勢恰も疾風激電の如し」と国家の理想像を語る。そして、「我が国家も亦た彼の為めに倣ひ、天皇陛下自ら政教二権を総攬し玉ひ、一方に於ては国家の首長となり、全般統治の大権を握り、一方に於ては教会の法皇となり、以て全国同胞の精神を統一し玉はんことは、吾人の千希万望して止まざる所」ではあるが、「帝国憲法は《ママ》明文は業既に政教二権分離の大義を掲げ玉ひたる以上は、此事復た望んで而して得可らざるなり」とする。ここに明らかなように、中西の理想とするのは天皇による政教一致であったが、明治憲法が政教分離を採っているためにそれは実現できないのである。ではどうするか、「今日に方りて、吾人が望を属する所のものは、我が帝室にあらずして各宗本山に在り、各宗本山に在るらずし《ママ》て東西本願寺に在」るのである。しかし、当事者である「彼れは此実力を活動し、此実力を運用するの道を知らざるもの」であるから、まずは「爾の勢力は爾の仰望する蒼穹には存せずして、爾の立脚する地盤に存することを知れ」と叱咤する。すなわち「東西本願寺が、我が帝国の教権を握り、我が政権と左提右挈して、国勢進運の途に上ぼるは、自ら其宗強の地に在ることを、自覚するより急なるは莫し」というのである。そのためには、「爾の教会制度をして無機的より有機的に、其距離を接近せしむれば、接近せしむる程、其勢力は愈々増長し、愈々膨脹する」として、具体的には次のように提案した。

婦人には婦人教会を起し、青年には青年教会を起し、軍人には軍人教会を起し、僧侶には僧侶会議を起し、信徒には信徒会議を起し、富豪の財を募りて、以て慈善の事業を起し、文学の士を聘して、以て編纂の事業を起し、全国信徒の交通を奨励して、国民の情を起し、全国教会の分離を集合して、大に之を統一し、首尾相救ふこと常山の蛇の如く、南は沖縄県より、北は北海道に至るまで、仏教の旌旗を樹立し、本末相聯ること綱の綱に在りて紊れざるが如く、京都を以て仏教の最大中心となし、一刀両断の英決を下だし、大に以て従来の制度を変革し、盛に以て天下の耳目を一新するに於ては、教権何んぞ振はざるを憂へんや、仏教何んぞ興らざるを得んや。(55)

と。それほど新しいことはないにしても、中西は自ら京都の文学寮にあって、「教権」に関与し、「一大国家」のための「一大教会」樹立を構想したのではなかろうか。彼にとって、真宗が「仰望する蒼穹」がなんであろうとどうでもよいことであり、人心を糾合してなされる「国勢進運」こそが関心事であったのである。

六　本山の圧迫

一八九二（明治二五）年七月一八日、本願寺執行長大洲鉄然は文学寮に対して、「今般其寮改正ノ都合ニヨリ寮長已下教職員ハ総テ廃止候」[56]と達した。また、学生に向けては、「本年四月文学寮落成式挙行相成候ニ付テハ来ル九月ヨリ該新寮へ移転セシムベキノ処近来寮内ノ風儀大ニ相乱レ本山学校ノ体面ニ関スル義不尠大法主御創立ノ御素意ニ背キ恐懼之至ニ堪ヘズ依テ今般改正候条追テ何分ノ儀通達候迄ハ在国致スベシ」と命じた。翌月一九日、やはり執行長大洲の名で達せられた「文学寮改正ノ要旨」は、「仏恩念報」などを求めるのに併せて、「今学生トシテ新聞及ヒ雑誌ノ編輯ニ従事スルカ如キハ光陰ヲ浪費スルノ甚キ者ナリ故ニ本寮生徒タル者ニハ一切此種ノ事業ニ関係スルヲ許サス」[57]といった。中西の言動が直接にこの事態を招いたかどうかは詳らかにしないが、文学寮は「改正」されて彼も罷職となり、『経世博議』は同年一二月の第二四号をもって廃刊となった。以降、『反省会雑誌』・『反省雑誌』に中西の名は現れない。

その後の反省会の運営を担ったのは、一八九一（明治二四）年一〇月に、島地黙雷会長の下で、中西の副会長再選と同時に会幹となった桜井義肇であった[58]。桜井は同年一二月に文学寮高等科を卒え[59]、「文学寮改正ノ要旨」の通達後まもなくして、同時期に会務に携わった村上英雅らと共に「文学寮助教授」[60]に任じられることになるのだが、反省会にどのような影響を与えたであろうか。彼は、一八九三（明治二六）年二月の島地の会長留任、日野義淵の副会長就任の際に、会幹に三選されている。[61]日野は、大学林内学院教授などを務めた足利義山の長男で、普通教校・文学寮に勤務し、賛成員募集に尽力したり義金を出したりしているが、[62]かつて会務に関与したことはなく、前年から翌々年にわたって本願寺集会の会衆を務めた人物である。[63]さらに、島地は、翌月「依願免本役」の大洲に代わって、執行長に就任している。[64]

見てきたように、普通教校が廃止されたことに伴ない、『反省会雑誌』第一四号の発行された一八八九（明治二二）年一月に反省会本部は校内から移転していたのではあるが、本山の圧迫を受け続けていたのである。一八九二（明治二五）年五月、『反省雑誌』に誌名が変更され、発行元も「反省雑誌社」となった。一八九六（明治二九）年一二月に東京市本郷に移転して、しだいに総合雑誌の性格を強めてゆき、一八九九（明治三二）年一月には『中央公論』と再び誌名を変更し、発行所を「反省社」と改めた。「東転」後も、実質的に編集を担い続けたのは桜井であったが、兼任して教授を務めていた高輪仏教大学の廃止に反発して、一九〇三（明治三六）年一二月に反省社を追われたのであった。[65]

一八八七（明治二〇）年の第一一回総会後の「討議会」において、「反省会ノ目的」を議論したことを伝える初号には、稗田雪涯の「本会前途益相愛シ相守ルヘキモノハ会員真正ノ独立的ノ和合ナリ一人退ケハ全会皆動クガ如キ依頼主義ハ予輩ガ取ラサルトコロナリ」[66]という発言が掲載されている。いよいよ活動を本格化しようとした頃の反省会員の情熱が伝わってくるが、『反省会雑誌』繙閲に際しては、如上の諸事情から考えて、「真正ノ独立的ノ和合」がどのように実現されたかを指標のひとつとして忘れてはならないだろう。また、通号五〇号までも、それ以降も会員は増加するのであるが、その過程や実質も検証する必要があろう。

註

（1）「反省会の祝日 創立の四周年」（『反省会雑誌』第一七号。以下、誌名を省いて号数のみを示す）は「明治廿年八月、始めて無定期刊行を以て、本会雑誌の第一号を発布した」とする。『中央公論社創立五十周年記念 回顧五十年』（一九三五年）に収められた「総目録」では、「無定期刊行」の創刊号を「首巻」としているが、『反省会雑誌』第二号に掲載されたバックナンバーの広告に従えば「初号」である。「初号」の末尾に刊記はなく、欄外（四～五頁）に「5TH JULY. 20 MEIJI.」とあるが、『奇日新報』第七八七号の広告に掲載された発行日も八月五日である。

（2）中川洋子「総目次」（「反省会の研究」『佛教文化研究所紀要』第四三集、二〇〇四年）。

ところで、谷川穣「福嶋寛隆・藤原正信・中川洋子編『反省（會）雑誌』Ⅰ～Ⅲ」（『仏教史学研究』第五二巻第二号、二〇一〇年）において、「史料的意味が大きいと思われるもの」の「取捨の判断基準」をはじめとして、『反省（會）雑誌』（全三巻）に対する指摘や批判がなされた。谷川氏からも期待を寄せられた補巻には、右の「総目次」を補訂して再録するつもりであったが、諸般の事情で結局は断念することとなって数年が過ぎた。遅ればせながら、本書の詳細な「目録」が反省会・『反省会雑誌』の研究に資するならば幸いである。

さて、特定の領域の簡便な史料集を翻刻する際には、種々の限界があるので今さら弁明もないが、「史料的意味が大きいと思われるもの」の適否に対する具体的な批判であるならば甘んじて受けたい。また、相当に不便であるとしても、マイクロフィルム版の閲覧はできるので、提供者の要望への配慮などから底本の所在を明示しなかったことについても、必ずしも大きな問題があったとは考えていない。『反省（會）雑誌』には誤植が全くないわけではないし、マイクロフィルム版にも判読不明な部分もあるので、各所で公開されている原本によって校合されたい。

なお、反省会と『反省会雑誌』については、前掲『中央公論社創立五十周年記念 回顧五十年』のほか、『龍谷大学三百年史』（一九三九年）、『中央公論社七十年史』（一九五五年）、林茂「『反省会雑誌』・『反省雑誌』」（『文学』第二三号、一九五五年）、『中央公論社の八十年』（一九六五年）、『本願寺史』第三巻（一九六九年）、『龍谷大学三百五十年史』通史篇上巻（二〇〇〇年）、『中央公論新社一二〇年史』（二〇一〇年）、などがある。

また、反省会・『反省会雑誌』の歴史的評価については、中川洋子「神仏教導職廃止後の仏教――反省会の仏教改革論を中心に――」（『仏教史研究』第三七号、二〇〇〇年）、木下和子「『反省会雑誌』にみる「国民」の要件」

（『龍谷大学大学院文学研究科紀要』第二九号、二〇〇七年）などを参照されたい。
(3) 以上、「反省会沿革史（一）」『反省会報』一八九七年一一月一日。
(4) 『本願寺史』第三巻三〇八頁。
(5) 『奇日新報』一八八六年四月二九日。
前掲「反省会沿革史（一）」に報じられた「反省有志会大趣意書」は、主旨に相違はないが、文言に異同が少なくない。「注意要項仮定」は「会員の入会退会は時々奇日新報を以て広告すべし」（「第十」）と定めており、時を移さずに記されたものであることから、ここでは『奇日新報』の記事を参照した。
(6) なお、「反省会沿革史（一）」には、最初に集まったのは三月一五日で、人数は一四名とされているが、前掲「反省会の祝日　創立の四周年」は、「三月十三日同学の友に告げ、禁酒会創立の事を談合し、其賛成を求めたるも、僅に十八名の同意者を得」て、「遂に一会組織の基礎を定め、広く在京の人士に告げ、奇日新報を以て、始めて禁酒同盟の主義を発表」したという。また、「六週年の述懐」（第六年第四号）では、「明治十九年四月六日、学もなく資もなく経験もなき僅々十八名の学生が初めて禁酒と呼び進徳と叫んで世に出た」とする。
(7) 前掲「反省会の祝日　創立の四周年」。
(8) 以上、「過去及び将来の反省会」（『反省雑誌』第一〇年第四号）。この回顧は、概ね当時の状況を伝えると思われるが、「粲絢の光輝を仏教世界に放射」したのが「今の文学寮の前身普通教校の創立」であるとして、普通教校と文学寮とが連続してとらえられていることや、当初から「八十又余の同志」があったかのように記していることには、注意を要する。後に明らかにするように、普通教校を文学寮の発展としてとらえる立場の一方で、古河勇のように文学寮を批判する立場があるからである。
(9) 以上、前掲「反省会の祝日　創立の四周年」第一七号。
(10) 以上、『反省会雑誌』初号「本会報告」（傍点—藤原、以下同）。
第一号重版（一八八七年一二月一〇日）の「本会報告」に拠った。第一号には同日付で別の組版も確認できるので、第一号には少なくとも三つの版下があったことになる。
(11) 「定時刊行」の第一号・第二号では、「反省会雑誌」欄が「社説」に相当するので、前掲『反省（會）雑誌』（全三巻）では初号「反省会雑誌」欄についても「社説」に分類したが、別の扱い方もあったと考える。

(12) 欧米通信会は、一八八七年八月に、普通教校教職員の里見了念・日野義淵・服部範嶺が組織した。

該会ハ昨年八月ヲ以テ本校教職員ニテ組織セラレタルモノニテ其目的タル専ラ欧米各国ニ在ル神智各協会ト通信ヲ相為シ漸ク海外ニ弘布セントスル仏教ノ情況ヲモ詳悉シ又日本仏教ノ教理如何ヲモ彼ニ報シテ他年欧米ノ国ニ吾カ真宗ノ教風ヲ宣揚セントスルノ計画ニ出タルモノナル……（第二号「欧米通信会報」欄）

(13) 改題後の『反省雑誌』では、第一二年第一号から第一三年第一二号までの間で、二号分を除いて「社論」としている。前掲『反省（會）雑誌』（全三巻）では、いずれも「社説」に分類した。

(14) 第五号「本会報告」。

(15) 以上、第一三号「禁酒旗下の志士に告く」・「敢て本会賛成員に白す」。

(16) 『反省雑誌』第一〇年第四号社説「過去及び将来の反省会」、及び当該月の会員数を掲載した「本会報告」より作表。

(17) 第一四号「本会特別広告」。

(18) 第一八号には「反省会雑誌　第拾五号 第拾六号　悉皆売切候ニ付御注文ニ応シ難ク候」との広告が出されている。

なお、第一七号に掲載された「反省会の祝日　創立の四周年」は「僅々四千の会員と、七万余冊の雑誌を頒布した」という。当該月の会員数二四六二に対して「四千」は多すぎ、仏事禁酒同盟員を加えた総数五二九〇に対しては少ないから（第一八号「本会報告」）、「七万余冊」も正確ではないかもしれない。ただし、第一号は三種類の組版があるし、別の号でも増刷した可能性は否定できない。

しかし、前掲『回顧五十年』は「反省雑誌に最も近い部数を印刷したのが「聖書の研究」であつて、三千五百部を上下したといはれてゐる。反省雑誌はそれに亜ぎ「聖書の研究」の強敵とされてゐたが、部数は漸くその半であつたらうか」（九頁）と伝えるので、発行部数を増やすことはなかったようである。

(19) 第二一号「本会報告」。なお、「仏事禁酒同盟員及節酒同盟員」の入会には「必応分の義捐」と正会員に準じた誓書（「紹介人」は不要）が求められた（第拾六条）。

(20) 第一八号「本会報告」。続けて、そのために「賛成員中退会を申出たる人々」があったことを伝えている。

(21) 第二四号「社告」。
(22) 初号刊記、第一四号「広告」、第六年第一〇号見返し、一八九二（明治二五）年一月七日付「号外」、に拠った。
(23) 『本山月報』は、本願寺執行所簿書部発行で、「達示」・「訓告」・「法要録事」・「任免辞令」などとともに、「教学記事」を収載している。
(24) 冊子『吾が徒』に掲載された「元経緯会の名簿」（我孫子市立杉村楚人冠資料館所蔵史料）に拠った。ここでは、小林康達『明治の青年　杉村広太郎伝　七花八裂』（一五五～六頁）を参照した。
(25) 初号「本会報告」。
(26) 第三号「本会記事」。
(27) 第六号「本会記事」。
(28) 第九号「本会記事」。
(29) 第一二号「本会報告」。
(30) 第一七号「本会報告」。なお、第二一号「本会報告」で補訂した。
(31) 第二一号「本会報告」。
(32) 第二三号「本会報告」。
(33) 同規約は、第六年第三号の「別紙附録」として「報告」されたというが、未見のため第六年第一〇号「広告」を参照した。
(34) 第六年第三号「本会報告」。
(35) 第六年第九号「広告」。
(36) 古河については、小林前掲書に詳しい。また、古河・菊池・杉村の筆名など、多くを同書に拠った。
(37) 拙稿「明治新仏教前史――菊池謙譲「本願寺破壊」論をめぐって――」（『龍谷大学論集』第四八九号）において彼の普通教校退学と上京などに言及した。
(37) 第五年第四号「普通教校人士」。
(38) 『本願寺史』第三巻三一四頁。

（39）一八七五（明治八）年、前代以来の学林に普通学が導入されて以降、大教校への改組、真宗学庠への名称変更など、本願寺派の学校制度は変遷し、普通教校の設立や文学寮への改組などもその延長線上にあるが、宗学に対する普通学の比重は宗政の影響もあって一定することはなかった。
（40）前掲「普通教校人士」。
（41）以上、第一四号「大学林細則」・「普通教校の精神滅せず」・「反省会の基礎是より固からん」。
（42）第五年第一二号「批評」。
　　第一九号「本会報告」。

　　なお、中西については、星野靖二「中西牛郎の宗教論」（『思想史研究』第二号、二〇〇二年）、同「明治中期における「仏教」と「信仰」――中西牛郎の「新仏教」論を中心に――」（『宗教学論集』第二九号、二〇一〇年）、同「熊本時代の中西牛郎――明治十年代の宗教論の位相――」（『宗教研究』第八四巻第四号、二〇一一年）、また、中西直樹「明治期仏教教団の在家者教育の一齣――一八九二年「文学寮改正事件」と中西牛郎――」（『雑誌『國教』と九州真宗』解題、二〇一六年）、同「雑誌『國教』にみる通仏教的結束とその挫折――一八九〇年代初頭九州における真宗の動向を中心に――」（同上）参照。
（43）第五年第二号「雑報」。
（44）第五年第三号「本会報告」。
（45）『令知会雑誌』第六一号。
（46）第五年第四号「雑報」。小林は一八九七年に帰国し、帝国大学梵語講師に就任する。
（47）第五年六号「論説」。
　　古河が「眼中固より宗派なし、門閥なし堂班寺格なし、真理を愛するが故に仏教に迷着せす、情実なきが故に本山に憚る所なし」としたことや、菊池が『本願寺論』を著して門主の廃止を論じたことなど（前掲拙稿）にみられるように、「法主」の問題は大きいように考えるが、本稿では全く立ち入らなかった。改めて考察する機会を得たい。
（48）『本山月報』第九号。

(49) 第五年第一〇号「雑報」。
(50) 第六年第九号「広告」。
(51) 「東洋の仏教 西洋の耶蘇教」（第五年第一〇号「寄書」）、「新仏教論の目的を明にす」（第七年第二号「論説」）。
(52) 「日本と仏教」第六年第五号。
(53) 「日本と仏教（続）」第六年第六号。
(54) 「経世博議の理想」『経世博議』第一号（一八九〇年一一月）。
同誌については、一八九二年一二月二二日の終刊までを収めた星野靖二「経世博議（全）」（科学研究費課題番号21720023）に拠った。
(55) 「東西本願寺」『経世博議』第四号（一八九一年二月）。
(56) 『本山月報』第二八号「附録」。
(57) 『本山月報』第二九号。
(58) 第六年第一〇号「本会報告」。
(59) 『本山月報』第二四号。
(60) 『本山月報』第二九号。
(61) 『反省雑誌』第八年第二号「特別広告」。
(62) 第八号「本会報告」、第一七号「広告」、第二五号「本会報告」など。
(63) 『本願寺宗会百年史』上巻二九八〜三〇一頁。
(64) 『本山録事』一八九三年三月三一日。
(65) 『中央公論新社一二〇年史』二四〜三一頁。
(66) 初号「本会記事」。

第二章　真宗青年伝道会の設立と機関誌『伝道会雑誌』について

赤松徹眞

一　問題の所在

明治維新前後の混沌とした政情には、新たな政権樹立をめぐって公武合体派や尊攘討幕派などの確執・対立をともなう動乱の推移が見られ、慶応三（一八六七）年一二月九日、下級公家の岩倉具視や長州・薩摩の藩士らが主導して天皇の出席の下、「王政復古」の大号令が発せられた。このいわばクーデターによって討幕派は徳川慶喜の将軍職辞職の勅許を得て、幕府や摂政関白、京都守護職や京都所司代などを廃し新政権の樹立を宣言した。しかし政情は依然として流動化しており予断を許さなかったが、翌年一月三日からの鳥羽伏見の戦いで新政府軍側が圧倒的な重火器をもって旧幕府軍を破り、所謂薩長土肥などの諸藩が主導する維新政権が成立した(1)。

本願寺ではすでに文久年間から勤王の旗幟を闡明にして長州藩士らとの人的繋がりをもち、慶応三年一二月二六日には本願寺第二〇代法主広如の代理として参内した明如に新政府から「勤王志願ニ於而者兼而被為聞食入、然処猶又当御時節柄門徒末ニ至リ、奮励之趣神妙ニ思食候、依之御用向被仰付候筋茂有之候ニ付、弥以勠力可致奉行被仰出候事」[2]と達せられていた。広如法主は明治元年九月の龍谷会で「今般皇政御一新被仰出候ニ付勤王之志愈以無等閑報皇恩度候ニ就テハ、先於門内テモ非常取締之無之而者基本難相立候ニ付、室内ヲ始諸向令改正、法義ノ上ヨリ上ハ罔極之国恩ヲ報シ、下ハ無辺之群類ヲ救度心得ニ候」[3]と「皇恩」に報ずる教団の方向性を定め、本願寺の諸改革も長州出身の島地黙雷らの改革案に対応して進めた。かくして、本願寺の諸改革は、新政府の皇祖皇宗・天皇を奉ずる「皇国」観を背景とした露骨な神道国教化政策には修正を迫り、教部省下の大教院からの離脱を実現しながらも、基本的には、その文明開化路線に順応する性格をもっていったのである。

本稿では本願寺が明治以降の新たな時代に順応して教団と教学及びその基盤の継続・存続にかかる担い手、すなわち伝道者たる僧侶・寺院子弟を含めた所謂「人材養成」を課題として、大教校から大学林に至る改革をどのような課題意識をもって進めたかについて瞥見した上で[4]、明治二〇（一八八七）年前後の帝国憲法草案や帝国議会の準備、条約改正、教育勅語、さらに欧化主義との対抗の中で日本主義などが交錯する思潮と旧弊改善が迫られる教団の現状への認識を背景とした大学林での教育展開に際して、若き青年学徒が、どのような目的・課題意識をもって真宗青年伝道会を設立し、機関誌『伝道会雑誌』を何を目的として発刊したのか。そこでの時代及び仏教に関わる状況理解・認識のあり方の特徴を『伝道会雑誌』の一部の論説から分析・検討して、彼らの仏教理解とその宗教的立場とともに歴史的性格について明らかにしたい。

二　大教校から大学林へ

本願寺は、明治四（一八七一）年一一月から明治六年まで派遣された政府の全権大使岩倉具視らの使節団に連携して明如の代理として梅上沢融を派遣した。島地黙雷[5]を随行させ、また赤松連城[6]・堀川教阿・光田為然らをイギリス・ドイツに留学させて西欧の近代的諸制度・文化・文物の視察をおこなわせた。ことに明如は帰国後の赤松連城に学林改革を指示して、明治八年四月の学林改革で、「林門ノ振ハサル教育其宜ヲ失スルニ由ル乎、蓋本宗ノ大叢林タル宗乗ヲ専門トシ、傍ラ諸宗ノ教義ヲ兼学セシム、固ヨリ間然スル所ナシ、但我門中未曾テ中小学校ノ設アラサルヲ以テ、教徒或ハ世間普通ノ学ニ渉ラサル者有リ、故ヲ以テ専門ノ学其蘊奥ヲ極ムト雖、時ニ偏固擬滞ノ誚ヲ来タシ、大ニ弘通ノ妙用ヲ欠ク、何ヲ以テカ伝化ノ職ニ堪ヘ御法ノ任ニ当ル事ヲ得ン、故ニ今林門ニ於テ従（来脱カ）所授ノ専門学ノ外、更ニ普通学科ヲ設ル事、別紙課業表ノ如シ[7]」と述べて、専門としての宗乗（真宗学）を重視するのみならず、普通学科を設けて、「伝化ノ職ニ堪ヘ護法ノ任ニ当ル」人材育成へと改革に踏み出したのである。

明治九年一〇月二三日に学制を全面的に更改し[8]、教団内の全学校を大・中・小教校として組織し、さらに全国各地に奨学係を設けて、教校の設立や宗門子弟・門徒の就学を促進しようとした。すでに政府は明治五年から明治六年の文部省布達によって教育制度の整備をおこない、全国を大・中・小の学区に分け、各学区に「立身・治産・昌業」を目的とした学校を設立していたが[9]、本願寺はまさに政府の学区制と類似した全国的な教育環境を教団の地方基盤を中心に整備するものであった。

教団にとっていわば最高学府となる大教校の施設は、京都の地で新たに建築されることになった。その地は本願寺台所門の南、旧下間刑部卿邸址に定め、明治一〇年一月に起工して、明治一二年一月にようやく竣工し、五月に慶讃会、開校式典を開催することになった[10]。二月一五日には明如宗主が改築落成にあたり、

寛永の昔、教興宗主学庠を創立したまひしよりこのかた、歴世の宗主、学業を策進したまふことゆるがせなら

ず。しかるに元治の災にあひ、学庠の堂たふ灰燼せしより、かりに再営せしむといへども、たま〳〵多難の時にあたりて、学業も何となく衰頽のきざしを顕し、大に歎き思ひしに、幸に維新の盛運に際し、公より本宗の学制を諮詢したまひしかば、逐に本校のみならず、各地に枝校さへ設営せしむること、なりぬ（下略）

との「直諭」を発した[11]。五月三日に慶讃会を開催、翌日に開校式、五日には教興会として読経供養、六日から一般の人々に大教校の見学を許し、五月一一日に大教校職制を発布し、事務所章程も定め[12]、校長には赤松連城が就任した。「大教校規則」「学科課表」も発布したが[13]、教学体制は、内典（宗乗）重視の方針の貫徹と「外学ニ通シ時勢ヲ弁セラレハ他日布教ノ砌ニ於テ闕クトコロアランコトヲ恐ル故ニ兼テ諸科ヲ授ヘシ[14]」と言い、幅広い知識の涵養を制度的に保障するものであった。

開校してわずか一年半の明治一三年八月に大教校職制を更改し[15]、規則は「真宗学庠規則」と題され、大教校の名称を改めて真宗学庠とし、「本庠ハ派内ノ僧侶ヲ教育シ、他日布教伝道ノ棟梁タラシメンカ為ニ設立スルトコロナリ、故ニ本庠ノ学生タル者ハ、篤ク此意ヲ体シ学業ヲ勉励シ品行ヲ整斎シ務テ、重任ヲ負担スルニ堪ユヘキノ材幹ヲ養成スルヲ要ス」と設立緒言で述べ、これまでの改革とその方向から僧侶養成に重点をおいたことがうかがえる。

大教校から真宗学庠への改称に示される僧侶養成の重視という姿勢は、職制の更改にまでおよんだ。大教校の職制は、学林時代の名称に復し、校長を看護、監事（二名）を参事（一名）に、監事補（二名）を承襲（二名）に、寮長（二名）を箇寮（二名）に、書記（四名）を筆生（無定員）にそれぞれ改め、新たに蔵書管理のための知蔵（二名）、箇寮補佐のための巡寮（二名）を、さらに食堂担当厨司（一名）をおいた。

この職制更改と同時に教授（無定員）を教員と改め、安居の旧制を復して本講・副講・副講補をおいたのである。

このような、真宗学庠の内典専学化は、明治一四年一一月二九日の「本派奨学条例」[16]の発布でさらに明確になった。第二条に「本山ノ学庠ハ一派ノ大教校ニシテ宗乗ヲ専門ニ修学セシムルトコロトス。但其材ヲ選ヒ余乗ヲ兼学シ若クハ専修セシムルコトアルヘシ」、第五条に「内学部ハ宗乗ヲ主トシ兼テ各宗ノ大綱ヲ授ル者トス」、第六条に「兼学部ハ内典ヲ主トシ兼テ外典ヲ授ル者トス」と規定したのである。

明治一五年一〇月の真宗学庠への「諭達」[17]には、

本庠の設、固より宗乗を研磨し兼而余乗に渉り、本宗教義を伝通する僧侶を陶冶するにあり。然るに輓近世運の風潮に揺蕩せられ、徒に志を世俗の学に馳せ、時好に投ぜんと欲するものあり。或は言を交際に托し風を俗輩に擬し、自ら僧侶の威儀を失し他の指斥を免れざる者あり。（中略）自今已後本庠の学侶、自家本分の学を修め奢侈を戒め品行を慎み力めて躬行実践を旨とし、自信教人信の本意を忘れず、真成報仏恩の素志を失せず、遠く将来を慮りて以て既往の弊害を匡救せよ

と述べ、社会の風潮に同調して、「世俗の学」に関心を寄せ、僧侶として立場を失う傾向への批判、見直しを企図するものであった。

このような大教校から真宗学庠への改称にみられる伝統重視は、明治一〇年代半ば前後の自由民権運動の高まりをともなって国会開設請願運動が高揚し、広範な運動となっていたことへの対応でもあった。そこでの各請願書・建白は租税・兵役など多様な主張を含み、それへの対応で政府内でも対立が顕在化し、明治一四年一〇月の国会開設の詔勅発布となったが、教化者たる僧侶養成の重視にともなう真宗学庠への名称や職制の更改は、国内でのこの

ような動向に順応するものであったのである。

しかし、政情は国権と民権との確執・対立を含みながらも新たな時代・世代を生み出しつつあった。この新たな時代の要請に応えるべく僧侶子弟のみならず、一般信徒の子弟をも対象として普通学と宗学をともに履修させる教育機関の設立に向けて、利井明朗らの建言があり、明治一七年九月二二日発布の奨学条例の改正[18]で、学庠への普通学の大幅な採用と普通教校の設立が実現したのである。利井らの開かれた教育機関構想を支援したのは、三丹因伯の講社である弘教講などであった。明治一九年一月の宗制・寺法の制定[19]を機に学庠規則は更改され、二月一九日に発布された真宗学庠規則摘要[20]は、従来の学科を本科・予備科に分け、本科に宗乗・余乗の二科を置き、学生の選択に任せるとし、本科の修業年限を四年、また予備科は内外普通学を三年間兼修することとした。この学庠規則の更改にともなって、三月一七日に職制も更改され、また教員の名称も講者・教授・教授補などと改められた。

明治一九年の規則更改で普通学重視が打ち出されたが、翌年二月一五日に「学庠規則」のさらなる改正で拡充整備され、ここで発布された規則書は「真宗大教校規則[21]」と題され、大教校の名称を復活させたのである。その第一章（綱領）に、「本校ハ一派ノ大学ニシテ派内高等ノ学生ヲ教育シ他日弘教伝道ノ棟梁タラシメンカ為ニ設立」するもので、「勉メテ内典奥妙ノ真理ヲ発揮しへきハ勿論、博ク宇内ノ諸学科ヲ精究シ苟モ化他度生ノ応用ニ於テ障碍ナカランコトヲ期スへシ」と述べている。

その後明治二一年五月七日にさらに大教校規則の一部更改がおこなわれ[22]、学年を暦年に一致させて、一年を三分し、一月一日より四月二〇日までを一学期、四月二一日より八月五日までを第二学期、八月六日より一二月三一日までを第三学期とした。学科では内学科の付科に、内典時間数の四分の一以内に限定して外学科を設け、さらに研究科を新設した。この研究科は、内学・兼学卒業生のなかから選抜して入学させ、二年間自由に内典研究を深めさせようとするものである。このとき学生全員を等級別に学資の扶助をおこなうこととした。服制についても、九月二一日に立襟の洋服の上に布袍、畳袈裟を着用することとなった。

この年一〇月二五日に大学林例を発布して[23]、考究院、内学院、文学寮――二院一寮制――をもって大学林を開校し、ほかに大学林予備門が併設された。この抜本的改革は、本願寺執行長の大洲鐵然の同日の「訓告第二号」[24]にみられる次の認識に基づくものであった。

本山ノ学庠ハ、派内教育ノ中心ニシテ演暢妙法ノ大基礎ナレハ、本派前途ノ盛衰、一ニ此ニ根由セサルモノナシ、而ルニ近来普通教育猶未タ盛ナラサルニ、専門宗学既ニ衰微ノ傾向有リ、是レ固ヨリ人情浮薄ニ因ルト雖モ、抑亦教育制度其宜ヲ得サル歟、且近来二種ノ教校ニ於テ生徒ヲ教育スルニ、生徒ノ気風自ラ二様ニ分レ、一致団結ノ力ニ乏シク、若之ヲ改メス以テ歳月ヲ送ラハ派内ニ両党ヲ樹立シ、容易ニ解ク可カラサルニ至ラン、加之外国教育ノ体裁ヲ観ルニ、神学ナルモノハ屹然トシテ大学ノ一部分ヲ占ム、然リ而シテ我国未タ仏教大学アルコトヲ聞カス、豈一大欠典ニ非スヤ、是ヲ以テ今般大学林例ヲ発シ、内ニ二院一寮ヲ設立シ、考究院ハ本宗ノ蘊奥ヲ攻究シ、内学院ハ内典ノ義理及応用ヲ教授シ、文学寮ハ内外諸科ニ亘リ学術技芸ヲ教授シ、外ニ大学予備門ヲ設ケ、広ク普通ノ学科ヲ教授シ、以テ内ハ派内教育ノ中心ヲ盛ニシ、一致団結ノ気力ヲ堅クシ、痛ク近時ノ弊風ヲ洗除シ、大ニ為アラント欲ス、派内僧侶宜ク子弟ヲ奨励シ、以テ就学ヲ謀ルヘシ、因テ茲ニ訓告ス

第一に「専門宗学既ニ衰微ノ傾向有リ」との認識を持ち、ことに大教校と普通教校における教育が生徒の気風を

二様に分けており、そのことから「一致団結ノ力ニ乏シ」い学内状況を生み出している現状を打破しなければ、教団内の対立・確執を招きかねないという危機的認識があった。第二に欧米では神学が大学で一定の地位をしめているのに、日本では仏教に基づく大学の発足が見られない現状を「一大欠典」と認識し、二院一寮を設立して教団の僧侶・子弟、広く人材育成に取り組むことが愁眉の課題であるとした。

このような教団認識の背景には、政府が日本の近代国家の基軸として、帝国憲法草案の審議を推進し、また文部省による教学政策の展開、そして外交政策の上で重要な条約改正問題とそれに連動した欧化主義の潮流、さらにキリスト教及びキリスト教系学校の開校などの状況があり、教団にとっての将来は、ひとえに僧侶・子弟の教育を奨励して、就学を計ることを喫緊の課題と認識していたのである。

三　真宗青年伝道会の設立と『伝道会雑誌』の発刊

真宗青年伝道会は明治二一（一八八八）年五月に大教校で結成された。「真宗青年伝道会設立告文」には、[25]

明治維新以来世人復仏教ヲ棄テヽ顧ミザルカ如キハ何ソヤ、是レ世人仏教ノ何物タルヲ稔知セサルニ坐スト雖モ、抑亦僧侶其人法ノ為メニ孜メサルニ職由セスンバアルベカラス、然ルニ今ヤ世人ノ思想一変ノ仏教ノ真理ヲ探リ、以テ其実価ト実益トヲ如ラント欲スルノ時運ニ傾嚮セリ、是レ実ニ仏教ノ光輝ヲ紲揚シテ爾日本人民ノ脳裡ヲ反照スルノ好機アリト謂フヘシ、是時ニ当テ拱手傍観徒ニ経過スルガ如キハ、是レ豈余輩信徒ニ為スヘキ所ナランヤ、然レトモ其身心既ニ老衰セシ人ノ如キハ、複雑ナル今日ノ社界ニ立テ其業ヲ執ルコト蓋シ難カルヘシ、是ヲ以テ余輩青年ノ同志相謀リ、乃チ真宗青年伝道会ヲ組成シ、非常ノ熱心ト誠実トヲ以テ、至当ノ順序ト方法トニヨリ、着々伝道ノ事業ヲ企テ、新日本人民ヲシテ斯最モ高尚ナル仏教真理ノ価値ヲ知ラシメ、斯最モ広大ナル仏教恩沢ノ実益ヲ施シ、現在ト未来トニ於テ最善最美ノ幸福ヲ享受セシメ、一ハ以テ社界文明ノ本色ヲ顕ハシ、一ハ以テ文仏遺弟ノ責任ヲ全フセント欲ス冀クハ、吾親愛ナル諸兄姉ヨ、卿等ハ幸ニ余輩ト感ヲ同フセン、速ニ来テ此会ニ入レ、假令又其身体已ニ老衰ニ傾クモ、勇壮ノ精神ト快活ノ思想トヲ懐キ、自ラ奮フ此事ニ当ラント欲セハ、此会ハ喜テ之ヲ迎ヘ、誓テ同体一致ノ運動ヲナシ、全心全力此会ノ普及ト昌盛トヲ謀リ以テ此会ノ目的ヲ達セントス

と述べている。真宗青年伝道会に集まった彼らは、「今ヤ世人ノ思想一変ノ仏教ノ真理ヲ探セリ、以テ其実価ト実益トヲ如ラント欲スルノ時運ニ傾嚮セリ、是レ実ニ仏教ノ光輝ヲ紘揚シテ爾日本人民ノ脳裡ヲ反照スルノ好機アリト謂フヘシ」との状況認識をもって、「仏教真理ノ価値」を「非常ノ熱心ト誠実トヲ以テ、至当ノ順序ト方法トニヨリ、着々伝道ノ事業ヲ企テ、新日本人民ヲシテ斯最モ高尚ナル仏教真理ノ価値ヲ」知らしめるために「勇壮ノ精神ト快活ノ思想トヲ懐」いて、事業に取り組むことを明確にしている。同年五月一〇日に設立準備のための第一回総会を開催して、同月二一日の降誕会に設立した。「条規」（会則）が編成され、「職員」（役員）が選出された。会長は未定のままで副会長に金谷盡奥・大島照順が就任した。「条規」を次のように掲げた。(26)

第一章　名称　第一条　本会ハ真宗青年伝道会ト称ス

第二章　位置　第二条　本会ハ本部ヲ京都本願寺大教校ニ設ケ支部ヲ各地ニ置ク

第三章　目的
第三条　本会ノ目的ハ真宗奉信ノ青年（緇素ト男女トヲ論セス）協同団結シテ本宗ノ教義ヲ拡張スルニ在リ

第四章　事業
第四条　本会ハ其目的ヲ達センカ為メ左ノ事項ヲ実行スル
Ａ布教　Ｂ教育　Ｃ出版（細則ハ別ニ之ヲ定ム）

第五章　会員
第五条　本会ハ会員ヲ分ケ左ノ三種トス
Ａ名誉会員　Ｂ正会員　Ｃ賛助会員
第六条　名誉会員ハ学識徳望アル人ニ限ルモノトス
第七条　正会員ハ本会ノ目的ヲ達スルヲ以テ自ラ任シ且ツ毎年会金五十銭ヲ出スルモノトス
第八条　賛成会員ハ本会ノ事業ヲ補助シ且ツ応分ノ義援金ヲ出スモノトス
第九条　正会員タランコトヲ浴スル者ハ入会申込書ヲ会長ニ送リ会長之ニ証票ヲ送附シ毎月雑誌ヲ配与スヘシ

第六章　職員
第十条　本会ハ本部ニ会長一名副会長二名会計二名布教教育出版長各一名書記若干名ヲ置キ、以テ会務ヲ整理セシム
第十一条　本部ノ職員ハ総テ在校会員ノ中ヨリ撰挙スルモノトス但任期六ヶ月

第七章　出納
第十二条　本会ノ出納ハ半年毎ニ決算表ヲ製シ之ヲ会員ニ示ス
第十三条　本会ノ費用ハ会金及義援金ヲ以テ之ヲ支弁シ若シ余贏サレハ資本金ニ充テ以テ増殖ヲ謀ル
第十四条　会金及義援金ハ会計ノ名称ヲ以テ受領証ヲ交付ス

第十五条　本会ノ職員ハ会員ノ義務ナレハ総テ俸金ヲ給セス

本会は第三条にあるように「本宗ノ教義ヲ拡張スル」真宗伝道を目的とし、そのための活動として第四条にある布教・教育・出版を中心に展開するとした。布教は、京都下京の三箇所の法話会、京都上京・下京及び滋賀大津の二箇所、計四箇所の演説会を持ち、休暇に入れれば、地方への出張もおこなった。教育活動では、京都下京、滋賀大津、京都西山などに六箇所の英学会を設け、本部から教師を派遣した。

出版に関しては、当初から雑誌の発行を計画して、『反省会雑誌』が教団の外をも視野に入れていたのに対して、主として教団内を対象とする論説・講義・雑報・雑録からなり、ときに本願寺の議会＝集会を批判し、また大学林の学風を論じるなどしたのである。

さて、『伝道会雑誌』は真宗青年伝道会が設立された明治二一年五月の翌六月二三日に第一号が発刊された。第一号は、発行人広島大島照順、編輯人金谷盡奥、印刷人寺谷珍祥らであった。発行趣旨には、(27)

一　本雑誌ハ本会ノ目的ヲ達センカ為メニ発刊スルモノナレハ、務メテ仏教ノ真理ヲ開闡シ、世人ヲシテ現在ト未来トニ於テ最善最美ノ幸福ヲ享受セシメンコトヲ期スルハ、固ヨリ其所ナリト雖モ、又旁ラ本会ノ目的ヲ達セントスルノ順序ト方法トニ於テ国利民福ヲ謀ランカ為メ、文学、理学、政治学、法律学、衛生学、経済学、教育学等ニ関スル論説雑報幷ニ雑録ヲ掲載スルコトアルヘシ

一　本雑誌編輯人ハ掲載ノ責ニハ任スト雖モ、其所論ノ是非ニ至テハ各自其責ニ任スヘシ

一　本雑誌ハ毎月廿一日ヲ以テ発行ス

一　定価一部前金四銭郵税壱銭〇一ヶ年（十二部）前金四十八銭郵税十二銭〇会員ニ限リ郵税共一部金四銭〇売捌所ニアラザレハ一切割引ヲナサス

一　代価（郵税共）領収セサル内ハ何程御注文アルモ逓送セス〇前金ノ盡ル時ハ改メテ御送附相成マテハ逓送セス〇前金御送附ノ節ハ郵便為替ヲ以テ京都本願寺大教校内真宗青年伝道会会計へ宛て京都郵便電信局ニテ受取ルヘキ様御取組被下度奉願候但郵券（壱銭切手ニ限ル）代用ハ一割増ニテ御送附可被下候〇御転居ノ節ハ新旧両處ノ番地共御報知被下度候

一　広告料五号文字一行（二十五字詰）一回金四銭ノ割〇幾回発行ニ及フニ割引ナシ

とあり、「務メテ仏教ノ真理ヲ開闡シ、世人ヲシテ現在ト未来トニ於テ最善最美ノ幸福ヲ享受セシメンコトヲ期ス」とともに「国利民福ヲ謀ランカ為メ」に多様な分野にわたる論説を掲載したのである。旧弊の仏教を改良することに問題意識をもち、真宗青年伝道会に集まった彼ら青年学徒が時代状況への積極的関心と布教・教育・出版に関わる事業の展開に際して、彼らが「仏教ノ真理」をいかなるものとして主体化して、自らの宗教的立場とし、錯綜する時代を生きる人びとに「最善最美ノ幸福ヲ享受」せしめ、「国利民福」を計ろうとしたのかの視座から彼らの活動総体を明らかにしなければならないが、次に『伝道会雑誌』論説を通して、検討を試みてみる。

『伝道会雑誌』第一号の構成は、次のようであった。(28)

◎伝道会　〇本会旨義の一班

◎論　説　〇祝　詞　　　　　　　管　了法

○宗教論　　　　　　　獣医学士　　生駒藤太郎
○呈有為活発僧侶諸士　理学士　　和田義軌
◎講　義　○縁　起　　大教校教授　斉藤聞精
　　　　　○如来説法義　正会員　　朝見暢堂
◎雑　録　○ナップ氏ト赤松氏トノ問答○七値ヲ求ムルノ法　農学士　佐久間信恭
　　　　　○祝辞　武田篤初　○同　小野正巳　○歌二首　○詩一首　セッファード
◎雑　報　○降誕会ト設立　○京都婦人慈善会　○管氏ノ手翰
◎本会記事幷報告
◎稟告

その後、『伝道会雑誌』は一時休刊したが、佐々木狂介が会長に、一二三盡演が編輯長に就任して再刊され、二五年六月には真宗青年伝道会は雑誌を分離し、それを伝道新誌社から『伝道新誌』と改題して刊行した。真宗青年伝道会は明治三二年一〇月、規則・制度の大幅な更改をおこない、会員制に移行して、出版部を伝道新誌社内に移し、会と新誌社とは別組織になった。三年後の明治三五年四月には本願寺内に布教会が結成されると、『伝道新誌』はその機関誌として本願寺の所管に入り、翌年一月には『布教叢誌』と改題された。

四　『伝道会雑誌』に見られる状況認識とその立場

『伝道会雑誌』第一号に真宗青年伝道会として「本会旨義ノ一班」[29]を明らかにしている。真宗青年伝道会は、何をなすかについて、「我仏教ヲ改良シテ以テ社会ノ道徳ヲ養成シ」、「現在ト未来トニ渉テ無上ノ幸福ヲ享受セシメントス」として、そのためには、「我仏教旧来ノ弊習ヲ一掃スルニ止ラス、凡ソ布教上ノ組織ニ於ケルモ亦其宜キニ随テ之ヲ改良シ、文明適応ノ宗教トナシ」と、仏教改良によって文明適応の宗教を実現して、「一般同胞特ニ新日本ノ要素タル青年諸兄姉ノ脳裡ニ注射シテ、固有ノ道徳ヲ涵養シ、更ニ優勝善美ナル道徳国ヲ建設セントスルニアリ」[30]と、「優勝善美ナル道徳国ヲ建設」を目指そうとしていた。

ことに道徳の重視は、「我邦國ノ為ニ特ニ今世ノ為ニ、最モ重要急切ナルコト」で、「一日之ヲ等閑ニ附セハ、恐クハ先歳我邦國ヲシテ不幸ノ淵ニ転セシメン」との「我邦国」への危機感を認識していた。明治二〇年前後の社会状況を一瞥して真宗青年伝道会は、

國権振ヒ、国旗輝キ、政事法律ノ改良セル、陸海軍備ノ整頓セル、学術技芸殖産興業ノ進歩セルヤ、百事一斉万象燦然トシテ、其気其運快活隆昌、何人トイヘトモ之ヲ祝シ且ツ賀セサル者ナキハ、正ク是レ日本表面ノ光景ナリ、然レトモ眼ヲ転シテ日本裏面ノ状態ヲ撿シ去レハ、偏長偏短、身首不称、幼身老面、健手跛脚、何ソ不整斉ノ甚キヤ、前ニ喜フ所ノ事物ハ、忽チ変シテ落胆悲哀ノ境界トナリ、坐ロニ心思ヲ傷マシム、請フ樹テ以テ之ヲ云ハン、根幹アリテ枝葉ナキカ如キ者コレアリ[31]

と、「日本表面ノ光景」について、その現象を指摘した。一方では、「今日裏面ニ潜メル不整斉ノ醜態ハ、頓テ邦國ノ表面ニ向テ噴出スルコトナカランヤ、社会ノ地層上ニ奇状ヲ呈スルコトナカランヤ」と述べて、「裏面ト称スル者モ猶是レ今世日本国現象的ノ裏面ナレハ、危機ノ覩易ク、傾向ノ認メ易ク、禍源ノ塞キ易キモノナリ、然ルニ遠ク吾人カ心眼ニ影シテ非常ノ注意ト予防トヲ要スルモノアリ、其物ヤ自然ノ境遇ニ依リ感化ニ依テ養成セラレ、且ツ社会第一流ノ要素ナル者ニシテ、社会ハ実ニ此要素ニ傾向ニ随テ進退消長種々異様ノ変化ヲ現ハサ、ルヲ得ス、其物何ソヤ、即チ各人ノ思想テフ分子是ナリ」[32]と、「裏面」の核心的問題を「思想テフ分子」にあると指摘した。

真宗伝道会は青年をとりまく状況について、「想フニ将来新奇ノ舞台ニ立チ新奇ノ活劇ヲ演スル者ハ、今日青年ノ諸兄姉ニ非ルカ、諸兄姉カ演スル者ハ目ヲ眩シ神ヲ奪フノ妙技タルヲ知ル、然レトモ如何ナル時ヲ待テ、如何ナル方位ニ而シテ、如何ニ之ヲ演スヘキカトハ、吾人カ居常之ヲ思案シ夢寝之ヲ掛念スル所ナリ、今日之ヲ予知セント欲セハ諸兄姉ノ脳裡ニ就テ撿セサル可ラス、其レ然リ、諸兄姉ハ果シテ如何ナル思想ノ分子ヲ既ニ蓄ヘ又蓄ヘツ、アルカ、恐クハ其思想ヤ氷炭相容レス水火反対スルノ分子ニハ非サルカ、夫レ分子ノ相和セス相容レサル者ハ互ニ摩擦シ且ツ昂激シ、将ニ漸ク大爆発ニ至ラントス、豈注意セサルヘケンヤ」[33]と述べて、「如何ナル思想ノ分子ヲ既ニ蓄ヘ又蓄ヘツ、アルカ」について「掛念」していた。すなわち、

日本ノ今世ニ於ケルハ、日本固有ノ旧分子ト泰西的ノ新分子ト是ナリ、而シテ二者ノ昂激未タ必シモ甚シトセス、其甚キ者ハ両極端ニ偏スル者、互ニ他ヲ一掃シテ全勝ヲ一時ニ制セント欲スル是ナリ、其摩擦昂激ノ甚キニ至テハ、其熱ヤ陽ニ発セサレハ必ス陰ニ蓄ヘ邦國ノ不吉言フニ忍ヒサル者アラントス、其極端論ノ非ナルハ言ヲ要セス、而シテ新旧二者ニ関スル批評及ヒ意見ノ如キハ、今ハ故ラニ之ヲ言ハサルナリ、今言ハント欲ス

ル所ハ、唯其ノ注意ト予防ノ点ニ在ルノミ(34)

と述べて、「日本固有ノ旧分子」と「泰西的ノ新分子」との両極端に偏することへの注意と予防を指摘したのである。その指摘は真宗伝道会にとって「実ニ此優美ナル二万四千八百方里ノ邦土ヲ如何セン、二千五百四十余年ノ故国ヲ如何、三千八百万ノ同胞ヲ如何セン」との一体的な「国土・故国・同胞」観の立場から、「然リ反対ノ性質ヲ有セル思想ノ分子ヲ能ク一点ノ中心ニ収斂シテ、乖離破壊瓦烈ノ惨状ヲ呈セシメサル者ハ、是レ政治ナルカ法律ナルカ、抑亦学術ナルカ」と問題視して、「蓋シ唯道徳アリ以テ人心ヲ収攬スヘシ、此地面アリテ茲ニ始メテ文化ヲ建設スヘシ、茲ニ始メテ國命ヲ維持スヘシ、茲ニ始メテ人民カ平和安楽ノ幸福ヲ全フスヘシ、然ハ則チ道徳ハ社会ノ膠漆ニシテ、又邦国ノ基礎タリ嗚呼道徳ナル哉(35)」と述べ、「道徳」に人心の収攬するところを見出し、「邦国」の基礎と位置付けたのである。

したがって真宗青年伝道会は、「日本ノ今日ニ於ケル一種奇怪ノ嚮向アルヲ認メ、予防ノ急切ナルヲ告ルニ在リ、乃チ道徳ノ力以テ二個極端者ノ昂激格闘ヲシテ全ク調和セシムルノ即効ヲ有セストスルモ、之ヲ未発ニ之ヲ未甚ニ防キ、乖離破壊ノ惨状ニ至ラシメサルノ効力アルハ、吾人カ信シテ疑ハサル所ナリ(36)」と、「道徳ノ力」に両極論を防止する根拠があるという。その道徳を興起するものこそが、仏教であり、「吾人ハ其潜メル者ハ之ヲ探リ、其眠レル者ハ之ヲ起シ」て、「吾人カ精神ヲ以テシ主義ヲ以テシ且ツ此挙ヲ以セハ、豈勇ミ且奮テ快活ノ運動ヲ試ルノ人ナカランヤ」と、「青年勇敢ノ人ヲ以テセントス」と述べ、「仏教ノ為メ邦國ノ為メ、仏教改良ノ必要ナルハ、復言ヲ待タス」と、仏教の改良論を論じた。

このような真宗青年伝道会の仏教改良による道徳論は、真俗二諦説の教学理解を継承して、新たな時代状況に積極的に対応する道徳として仏教を見出し、そのためには仏教改良の必要とその担い手として真宗青年の役割を位置付けたのである。

『伝道会雑誌』が発行されて三年目の明治二三年一〇月三〇日に教育勅語（「教育ニ関スル勅語」）は発表され、翌日に官報などで公表された。教育勅語は帝国日本の「臣民」道徳の基本とされ、家族国家観による忠君愛国と儒教的道徳に貫かれ、「臣民」像を規定するものとして、その後に決定的な影響をおよぼすものとなった。

『伝道会雑誌』は第三年第一一号（明治二三年一一月発行）で教育勅語を取り上げている。はじめに「謹んで去月三十日の勅語を拝読し感する所を世人に告ぐ」として、「我が神聖なる　皇帝陛下は。去月三十日を以て。内閣総理大臣並に文部大臣を宮中に召させられ、徳義の教育に関し。左の如く勅語を下し玉へり(37)」と教育勅語を紹介して、次のような認識を示した。

噫戯大なるかな聖語。深ひかな叡旨。世人は此勅語に対し奉つりて。如何の感覚を抱けるか。我輩は之を拝読して。悲喜交々聚まり。感泣措く能はざる者あれば。茲に愚意の一端を吐露して世人に示さんと浴す。夫れ忠孝仁義彝倫道徳は。東洋徳義の根底にして。殊に我が神州開闢以来。皇祖皇宗此の道を立てゝ。以て国民を化育し玉ひし所なれば。吾人が遠祖遠宗より遺伝し来れる精神亦之れに外ならず。聖朝の聖朝たる所以。臣民の臣民たる所以。帝国の帝国たる所以。一に斯の大道と此の美徳との存せるによらずんばあらざるなり。是に於てか上古以降。仏儒の二教東漸して。相共に之を輔翼し。忠良の大臣内に勗め。有識の高僧篤行の学士之を外に明かにし。歴朝の　天皇之を上に履行し玉ひ。卒土の臣民下に風靡して。知らず識らず帝の則に従がひ。以て能く二千五百余年の国体を維持し来れるなり(38)。

ここで真宗青年伝道会は、「忠孝仁義彝倫道徳。東洋徳義の根底」とし、日本の歴史について「我が神州開闢以来。皇祖皇宗此の道を立てゝ。以て国民を化育し玉ひし所なれば。吾人が遠祖遠宗より遺伝し来れる精神亦之れに外ならず」と述べ、「二千五百余年の国体を維持し」て来たという。そして、明治維新以降の欧米の文明模倣が優位、有力になっている状況については、次のように述べる。

然り而して維新以来。外交の大に開くると共に。内国の制度文物。実に未曾有の改良変化ありて。海外有形の文明器械等を輸入する一にして足らす。従って欧米の学術我が一般の教育上に採用せられ。遂に飲食衣服家宅の構造より。言語風俗に至るまで。皆な彼を学ふの甚しきに至り。加ふるに外教の徒。虚に乗じて侵入し。我が臣民中の軽躁奇を好むの徒輩を誘引し。一にも二にも欧米を模倣せしめ。廟堂貴顕の人。又時として模倣主義を好むあり。而して学問社会の有力なる人物中。或は専ら西洋流の道徳風儀を学び。己が一家団欒の快楽は勉めて之を主張するも。我国固有の道徳。忠孝彝倫の大本に於ては之を贅物視し。其甚しき者に至ては。人種改良論抔を唱へ。我が神州の血統を盡く白皙人種に変じて後止んと欲する者すらあるに至れり。嗚呼。蚩々の氓。短慮の青年彼等復た何をか知らん。固より新奇を好み血気に早るの傾ある上に。前に記するが如き諸種の事情と。諸種の人物とありて。又之を驅り之れを誘ふに於ておや。是を以て滔々たる新日本の人民は。祖先遺伝の徳義の種子あるにも拘はらず。悠久一系の皇統を継がせ玉ふ　聖天子の在すにも拘はらず。世潮の浸す所ろ。時風の熏する所。邪説の移す所ろ。大和魂光を失ふて徳義の方針に迷ひ。堂々たる官立学校の学生にして。子は父母に孝を盡すの義務ありや否やの問題を掲けて。一場の討論を試んとする程なれば。末流の弊は推して知らるべきのみ。(39)

さらに真宗青年伝道会は、先の「国会開設は政事上の進歩」ではあるが、今回の勅語は「道徳の基本を一定」し、「国会開設の聖勅よりも勝れりと思考する所以」であるという。そして、仏教の歩んできた歴史について、「我が仏世尊の教理は。転迷開悟の出世間の妙理より。五善五悪十善十悪の処世の訓誡を説示し。以て吾輩有情をして現当の福利を享有せしむるに在り。是れ我仏教が千五百余年間。上は　皇猷を扶翼し。下国民を風化して。国家と隆昌を共にし来れる所以ならずや。(40)」と、「国家と隆昌を共に」してきたことを述べた。続いて真宗との関係について、「我真宗所依の経典。最も此義を具さにし。祖師の釈文中興の勧章。専ら仁義礼智信を以て俗諦の教規とし。之を以て信者処世の要義と定め旦暮訓誨を施さるゝこと。諸宗多しと雖我宗に過るは無るべし(41)」と、真俗二諦説の真宗理解のもと「専ら仁義礼智信を以て俗諦の教規」としてきたことを明らかにした。このような認識のもと、今回の教育勅語については、

本宗の教義　聖勅の為めに一段光を添るを欣喜すと共に。尤も他人に先んじて　皇恩を感佩し奉つり。世の斯道を軽忽する者を諭して。正路に依らしめんが為めに。躬践実行し懇切開導せざる可んや。而して是れ独り皇恩に報ひ奉つるのみならず、即ち我が仏祖の教徳に報するの本意なればなり。然は即ち吾輩は我同胞兄弟姉妹と共に。仏世尊の教理と。我が神聖なる　皇帝陛下の聖勅とを挙々服膺し奉つり。之を以て日本国民たる道徳の大本を内に定め。而して外は時勢の当さに務むべき者を務め。独立国民の気象を以て。海外の事物を取捨し利用し。同心協力国家の富強を計り。我が旭日旗章の光輝を万国に発揚せんことを期すべきのみ。謹んで勅語を拝読し奉つりて。感を世人に告ぐること爾り。(42)

と述べた。ここで真宗青年伝道会は、「本宗の教義　聖勅の為めに一段光を添るを欣喜す」とともに、「皇恩を感佩」し、それが「我が仏祖の教徳に報するの本意」であるとする。したがって、「同朋兄弟姉妹」とともに、「仏世尊の教理」と「神聖なる　皇帝陛下の聖勅」を「服膺」して、「日本国民たる道徳の大本を内に定め」、国内外に対応して「同心協力国家の富強を計り。我が旭日旗章の光輝を万国に発揚せんことを期すべき」と主張した。

このような教育勅語をめぐる認識は、政府・国家の提示した「国家・皇国」観とともに儒教的道徳観をも共有しながら、そこに「仁義礼智信を以て俗諦の教規」を結びつけようとするものであった。翌年二四年五月に本願寺の明如宗主も消息で「昨年十月の勅語を服膺し、国憲をおもんじ倫理をまもり、本宗念仏の行者たるにそむかざるようこゝろがけらるべきこと肝要なり」と述べて[43]、勅語を大切に守り、国憲を重んじ倫理をまもって、念仏行者にそむかないよう教示した。忠君愛国の国民道徳と臣民像への全面的な順応に関しては、教団における管長であり本願寺の住職でもある法主とともに若き青年真宗学徒においても共有するものであったのである[44]。

五　仏教改良論の歴史的性格

真宗青年伝道会は、一八八七（明治二〇）年前後の移り変わる政情への強い関心と旧態依然とした教団及び仏教のあり方へ疑念を持ちながら、「非常ノ熱心ト誠実トヲ以テ、至当ノ順序ト方法トニヨリ、着々伝道ノ事業ヲ企テ」ようとして真宗青年らによって結成され、機関誌『伝道会雑誌』を発刊した。『伝道会雑誌』での主張・論説は多様ではあるが、その一部として第一号や発刊三年後の教育勅語に関する論調から明らかなことは、真宗青年伝道会は、仏教改良論を主張して、新たな国家・社会の基礎に「道徳」を位置付ける重要性を主張した。さらに「聖勅」

たる教育勅語を全面的に受容し、「本宗の教義」が「聖勅の為めに一段光を添る」ことに「欣喜」し、「皇恩」に報ずることが「我が仏祖の教徳に報するの本意」だと述べた。

このような真宗青年伝道会の論調は、すでに幕末維新期に明確になっていた教団の真俗二諦説の教学を踏襲する立場からのものであり、「俗諦」「処世」に関わるものとして「道徳」の重要性を指摘し、教育勅語での儒教的道徳への対応を主張したのである。したがって彼らの仏教改良論は、仏教の旧来の弊害を見直し、諸事業に若者として情熱と誠意をもった実践性があっても、歴史過程そのものと歴史内存在としての自己を問う仏教の普遍性への思索回路を欠如した宗教的立場であったが故に帝国日本に順応する仏教の改良、道徳論という歴史的性格を持っていたのである。

註

（1）安丸良夫著『近代天皇像の形成』（岩波書店、一九九二年）、同『日本ナショナリズムの前夜』（朝日選書、一九七七年）参照。
（2）「学林万検（巻二十三）」、『龍谷大学三百五十年史』史料編第一巻（龍谷大学、同朋舎、一九八九年三月）。
（3）「広如集」二四四頁（『真宗史料集成』第六巻、「各派門主消息」、同朋舎、一九八三年）。
（4）『本願寺史』第三巻（本願寺派宗務所、一九六九年）。『龍谷大学三百五十年史』通史編上巻（同朋舎、二〇〇〇年）、『龍谷大学三百年史』（龍谷大学出版部、一九三九年）参照。
（5）福嶋寛隆「海外教状視察――廃仏状況下の西欧――」（『龍谷大学論集』四一三号、一九七八年）、「航西日策」（『島地黙雷全集』第五巻、本願寺出版部、一九七八年）、村上護著『島地黙雷伝――剣を帯した異端の聖――』（ミネルヴァ書房、二〇一一年）参照。
（6）平田厚志「赤松連城の護法思想」（日野賢隆還暦記念『近代真宗史の研究』所収、永田文昌堂、一九八七年）、

（7）『赤松連城　資料』上・中・下（本願寺出版部、一九八二年〜八四年）参照。
（8）『監事記録』（七）（『龍谷大学三百五十年史』史料編第四巻、同朋舎、一九九二年三月）。
（9）「達書第七四号」（『本山日報』明治九年第一七号）。
（10）本山幸彦著『明治国家の教育思想』（思文閣出版、一九九八年）参照。
（11）「達書第六号」（『本山日報』明治一二年第一号）。
（12）「達書第二六号」（『明如上人伝』）。
（13）「達書第二六号」（『本山日報』明治一二年第四号）。
（14）『龍谷大学三百五十年史』通史編上巻、四一六頁。
（15）「達書第三〇号」（『本山日報』明治一二年）。
（16）「達書第二八号」（『本山日報』明治一三年）。
（17）「達書第三一号」（『本山日報』明治一四年）。
（18）「本山達書」（『明如上人伝』）。
（19）「甲第七号」（『本山月報』明治一七年）。
（20）「甲第一号」（『本山月報』明治一九年）。
（21）「甲第三号」（『本山月報』明治一九年）。
（22）「甲第七号」（『本山月報』明治二〇年）。
（23）「甲第八号」（『本山月報』明治二〇年）。
（24）「教示第六号」（「本山達書」史料編第四巻）。
（25）「本山達書」（明治二二年ノ六）。
（26）『伝道会雑誌』第一号（明治三年六月二二日発行）。
（27）「条規」（『伝道会雑誌』第一号）。
（27）〜（36）「本会旨義ノ一斑」（『伝道会雑誌』第一号）。
（37）〜（42）『伝道会雑誌』第三年第二号（明治二三年一一月二一日発行）。

(43) 『伝道会雑誌』第四年第六号（明治二四年六月二一日発行）。
(44) 貝塚茂樹「近現代教育史のなかの教育勅語――研究成果の検討と課題――」（『武蔵野大学教養教育リサーチセンター紀要』第五号、二〇一五年）、海後宗臣著『教育勅語成立史の研究』（厚徳社、一九六五年）参照。拙稿「明治中期における政教の関係構造――不敬事件・教育と宗教の衝突をめぐって――」（『龍谷史壇』第六六・六七合併号、一九七三年）。

第三章　『海外仏教事情』と仏教ネットワークの時代

吉永進一

一　国際化の時代

明治二〇年代前半、正確に言えば、明治二〇（一八八七）年より、明治二二（一八八九）年の神智学協会会長ヘンリー・S・オルコットの来日をピークとして、明治二六（一八九三）年におけるシカゴ万国宗教会議への参加まで、海外仏教のニュースが仏教雑誌を賑わせた時期がある。海外の仏教運動の動向や、欧米の仏教者の寄稿文や論文、あるいは留学生の報告などが、仏教雑誌に盛んに掲載されていた。浄土宗の『浄土教報』、新義真言宗の『密厳教報』、天台宗の『四明余霞』などの宗門機関誌も海外記事を頻繁に掲載しており、『海外仏教事情』『欧米之仏教』のように題名に海外の情報をうたった雑誌も出版されている。

その契機は、明治二〇年、西本願寺普通教校で始まった海外仏教徒との文通にあった。海外からの書簡は、すぐに『反省会雑誌』に掲載される。一対一ではじまった文通は、まもなく一対多、あるいは多対多のネットワーク的な関係に発展し、海外宣教会という組織をもたらし、日本最初の英字仏教紙 *Bijou of Asia* と、国際化時代の中心となった日本語雑誌『海外仏教事情』の創刊につながった。

本章では、誕生の経緯、国内外の状況、そして雑誌と組織の歴史についてまとめておく。なお、本論文の原型は『仏教国際ネットワークの源流――海外宣教会（1888年～1893年）の光と影――』（三人社、二〇一五年）所収論文、吉永進一「仏教ネットワークの時代」であり、宣教会の組織や西本願寺との関係については、同書に収録された中西直樹「海外宣教会とその時代」を適宜参照した。また引用は本文註として、必要な部分のみ註をつけた。

二　海外宣教会の誕生

明治一〇年代よりすでに海外の仏教学は日本に入りこみつつあり、逆に日本仏教の英語での発信も試みられていた。英語での仏書出版の例では南条文雄訳『英文仏教十二宗綱要』（仏教書英訳出版舎、一八八六年）などであり、また一方、英文書籍の翻訳には今立吐酔によるオルコット『仏教問答』（仏書出版会、一八八六年）や加藤正廓による英文法句経『法の道芝』（加藤正廓、一八八二年）などがある。しかし、海外の研究者からの日本仏教への視線は必ずしも肯定的でないこともすでに知られていた。明治一四年のキリスト教大演説会、そして翌年『六合雑誌』への寄稿で、宣教師M・L・ゴードンは、マックス・ミュラーの阿弥陀信仰への否定的見解を伝え、ミュラーは日本仏教が阿弥陀信仰を捨てて純粋な仏教に回帰することを希望していることを明らかにしたのである。(1)これが衝撃的な事件であったのはいうまでもない。こうした事情を勘案すれば、日本仏教を賞賛し、布教師の派遣も要請したアメリカの「仏教徒」を大歓迎したのも不思議ではない。

海外宣教会の結成は、明治二〇年二月二日付『官報』一〇七五号に掲載された「仏教の景況」と題するロシアの新聞記事に遡る。そこではニューヨークで仏教が盛んになっていると報じられていた。これを見た普通教校の英語教員松山松太郎は、その仏教団体とされる「アーリヤ神智学協会」（Aryan Theosophical Society）会長のウィリアム・Q・ジャッジ（William Q. Judge）のもとに同年三月七日付で手紙を送っている。これに対して、ジャッジは五月一九日付で返信を送り、自分は特定の宗派には属しない仏教徒であり、アメリカには仏教寺院はないが多くの仏教徒がいること、キリスト教は人々を教化する力を失ったことなどを訴えている。そして、次のように仏教布教を勧奨している。

> 諸君少壮の人々は佛法を捨てて基督教を奉ず可らざるのみならず、進んで世界の前面に佛教を弘布せんことをつとめられんことを相すすめ申候、小生は貴国の我文化の虚光に誘惑せらるるを憂惧致候
>
> （『反省会雑誌』初号、三四・三五頁）

ジャッジは、松山に返信しただけでなく、彼の書簡を一八八七年五月二一日付のニューヨーク『サン』（*The Sun*）紙、あるいは神智学協会の発行していた機関誌『道程』（*The Path*）誌二巻七号でも紹介している。

これらの宣伝が功を奏してか、一対一から一対多へと文通は展開を見せ、海外からの問い合わせが続々と松山のもとに届いている。ジャッジ以降、どのように文通のネットワークが広がっていったのか、*Bijou of Asia* 発行までの時期、『反省会雑誌』に掲載された書簡から、めぼしいものを拾ってみると次頁の表のようになる。

ベンガル仏教徒のチャウドリーを除いて、あとは神智学もしくは神智学協会周辺の人物であった。つまり、一対多というよりは、神智学の多対多のネットワークに日本仏教が入り込んだとも言える。

日本語表記	英語名	掲載誌、号、年月	地域	発信、執筆時期
シホロウェー	Laura C. Holloway	『反省会雑誌』第二号（一八八八年一月）	フィラデルフィア	一八八七年九月二五日発行、フィラデルフィア『プレス』紙の記事
エドワード、ウォレップ	Theo. G. Ed Wolleb	『反省会雑誌』第二号（一八八八年一月）	カリフォルニア州オークランド	一八八七年一〇月 初出では「某」、『海外仏教事情』第一集（一八八八年一一月）では、通信者名あり。
カール・カッソー会社（フィランジ・ダーサ）	Carl Casso & Co. (Philangi Dasa)	『反省会雑誌』第一号（一八八七年一一月） 『反省会雑誌』第五号（一八八八年四月）	カリフォルニア州サンタ・クルース	第一信の発信時期は不明。 一八八八年二月
エヂス、ジョンストン	Edith Johnston	『反省会雑誌』第四号（一八八八年三月）	スコットランド	一八八七年一一月二八日
フランシスカ、アランデール	Francesca Arundale	『反省会雑誌』第四号（一八八八年三月）	ローマ	一八八七年一二月二一日
ジョセッヒン、ダブルユー、カブルス	Josephine W. Cables	『反省会雑誌』第五号（一八八八年四月）	ニューヨーク州ロチェスター	一八八七年一二月二六日
エッチ、ドン、ダビッド（ダルマパーラ）	H. Don David (Dharmapala)	『反省会雑誌』第四号（一八八八年三月）	インド、アディヤール	一八八八年一月九日
クリシュナ、チャンドラ、チャウドリー	Krishna Chandra Chowdry	『反省会雑誌』第八号（一八八八年七月）	チッタゴン	一八八八年三月二日

明治二〇（一八八七）年八月、増加する海外仏教者からの問い合わせに応えるために「欧米通信会」が結成される。すでに『反省会雑誌』初号（一八八七年八月）にはジャッジ、松山らの英文書簡が和文対訳つきで紹介されているが、同誌第一号（一八八七年一一月）より海外の通信が毎号に紹介され、第二号（一八八八年一月）には「欧米通信会報」という欄も設けられている。その紹介によれば、その目的は「専ら欧米各国に在る神智各協会と通信を相為し」、「日本仏教の教理如何をも彼に報じて他年欧米の国に吾が真宗の教風を宣揚せんとする」と謳っている（同誌第二号、一八頁）。

これ以降、順調に同会は発展していく。明治二一（一八八八）年七月には日本最初の英字仏教新聞 *Bijou of Asia* が創刊されている。『海外仏教事情』第一集第三版によれば、発行部数は一三九〇部、送付先は、アメリカ六五カ所、イギリス三三カ所、インド八六カ所、タイ五カ所、フランス三カ所など全二七〇カ所であった。その後、同紙は一一月、翌年一月、三月、そして五月七月合併号と、全五号を刊行している。

同年八月一一日には、欧米通信会を発展させて海外宣教会が結成されている。役員は、会長に赤松連城、幹事長に里見了念、幹事に神代洞通、服部範嶺、日野義淵、松山松太郎、手島春治であり、赤松以外は、服部が大教校の教員であるが、他はすべて普通教校の教員であった。そして、一二月、「欧米仏教通信会報」を独立させる形で、国内向けの雑誌『海外仏教事情』を創刊している。創刊号の初版は数千部、第二版四〇〇〇部、第三版三〇〇〇部を発行している。このように『海外仏教事情』は極めて快調なスタートを切った。

一方、同時期、同じ京都で、英語学校オリエンタルホールを運営する平井金三と、東本願寺派僧侶で『英文仏教十二宗綱要』の出版を手掛けた佐野正道が、神智学協会会長オルコット招聘運動を展開していた。平井は、明治二〇年四月一九日付でオルコットに宛てて手紙を送り、同年七月七日付でオルコットから来日に向けて前向きな手紙が届く。平井と佐野は招聘活動を開始するも、トラブルで来日は延期されたが、最終的には野口善四郎をインドへ派遣し、オルコットとダルマパーラを伴い、明治二二（一八八九）年二月九日に神戸に到着している。彼らの来日は、全国の仏教結社を巻き込み、空前の成功を収めた。

オルコット来日は宣教会の活動にも寄与したことはいうまでもないが、ただし、オルコット招聘運動開始当初、平井らに対して、招聘よりも伝道に注力すべきだという、おそらく宣教会のものと思われる意見が『反省会雑誌』に何度か掲載された。それほど宣教会側は、海外布教を重視し、また同時に、後述の島地の言葉からもわかるように、宣教会は海外布教について極めて楽観的な見通しをもっていた。しかし、皮肉にも、アメリカで最初に日本仏教を伝道した人物は、明治二五（一八九二）年に渡米した平井金三であった。

三　海外「仏教者」との関係

海外宣教会は、国外の「仏教徒」たちからの支持がなければ、発足していなかったであろう。それでは、その仏教徒とは何者であったのか。

まず、一九世紀後半、欧米では仏教が流行していた。エドウィン・アーノルドによる釈迦の伝記『アジアの光』がベストセラーとなり、一般読者の間にも仏教シンパが増え、またマックス・ミュラーをはじめとする文献学者による仏教研究が進んでいた。しかし、仏教とより主体的、実践的に関わっていたのは、自由思想家、倫理主義者、スピリチュアリスト、神智学徒など、キリスト教に代わる道徳やより合理的な宇宙観を求めていた人々である。当時、ダーウィンの進化論の登場によって、科学と宗教の対立が鮮明化し、その解決が求められていた。一方では倫理主義者のように合理主義的立場もあれば、他方では一般的に「秘教主義者」と呼ばれる、超常経験を認める立場もあったが、いずれからも、仏教は科学と対立しない哲学であり、カルマと輪廻に根拠をおく合理的な道徳律であることが評価されていた。とくに神智学協会の会員たちは、組織的、積極的に仏教を擁護し、ジャッジなどのように「仏教徒」を自称する者も出現した。つまり、マックス・ミュラーのような専門家たちの学知としての仏教学に対して、自由思想家や秘教主義者たちの実践知や霊的な知識としての仏教に分類できようが、海外宣教会は後者との接触から出発した団体であった。

欧米通信会が、交流の主たる相手として名前をあげていた神智学協会とは、一八七五年、スピリチュアリズムのネットワークの中で、ロシア人ヘレナ・ペトロヴナ・ブラヴァツキーとアメリカ人ヘンリー・S・オルコットが中心となってニューヨークで結成したオカルト団体である。協会は、アメリカでは小規模の運動であったが、一八七八年にインドに拠点を移すと勢力を急速に拡大している。思想面の中心であったブラヴァツキーは、東洋思想に関心が深かったが、一八八〇年五月、スリランカにおいて二人はヨーロッパ系アメリカ人としては初めて正式に仏教の授戒を受けてからは、仏教への関心をさらに深めていく。

その後、「チベットのマハトマ」なる謎の存在から手紙で彼女の周辺に教えが届けられるようになる。在印イギリス人新聞記者A・P・シネットはその教えを『秘伝仏教』（*Esoteric Buddhism*）（一八八三年）にまとめ、彼女自身も『秘密教義』（*Secret Doctrine*）（一八八八年）を発表している。彼女のいう「秘伝仏教」がどこまで仏教の伝統に根ざしたものかについても、今なお議論は絶えないが、同時代のマックス・ミュラーなどの東洋学者からはその非歴史性を厳しく批判される。その信憑性はどうあれ、チベットのマハトマのもとで秘伝仏教を修学した神秘的女性というカリスマ像が構築されることになる。オルコットは、彼女の秘伝仏教を信奉しつつ、南アジアにおけるテーラワーダ仏教のために尽力することになる。弁護士出身で几帳面な実務家でもあった彼がスリランカ仏教復興に果たした役割は大きく、彼の書いた『仏教問答』（*Buddhist Catechism*）（一八八一年）はスリランカの仏教近代化の出発点ともなった。彼ら二人の弟子にあたる人物が、さらに仏教近代化を推し進めたダルマパーラである。

運動としての神智学協会は、インドに移ってから急速に勢いを拡大し、一八八二年にマドラス（現・チェンナイ）近郊のアディヤールに本拠地を構える。インド、スリランカだけでなく、ヨーロッパにも急速にロッジを増やしている。

神智学徒は、ブラヴァツキーの仮想的なチベット仏教を信奉する一方で、現実のアジア仏教も尊重した。ただしテーラワーダ仏教圏在住の神智学徒と、アメリカ在住の神智学徒では、日本仏教観は同じではない。オルコットは、南北仏教の連合による世界仏教の統一が目的であり、日本仏教への評価は必ずしも高くはなかったが、ジャッジは最初の書簡から日本仏教の布教を求めるほど、日本仏教を評価していた。

他方、日本側の若者たちも、海外の仏教者を評価していた。たとえば高楠順次郎（当時、沢井洵）は、カブルス（J. Cables）の主催するロチェスター同胞団（Rochester Brotherhood）宛に手紙を送り、自分もロチェスター同胞団の一員であり、一年半後にアメリカへ渡り、ブッダとキリストの違いについて伝道したいと書いている（一八八八年二月一四日付、『密語』〈*Occult Word*〉第三巻七―八号、一八八八年、三一頁）。

高楠は、アメリカのオカルト団体に入り、仏教伝道を行なおうとしていたわけであるが、これはロチェスター同胞団の倫理的な実践が反省会運動に共通していたこともある。海外仏教者からの賞賛で感動していただけではなく、その教説にも共感していたことも、海外交流の推進力となっていた。

四　『海外仏教事情』

Bijou of Asia が海外向けの刊行物であるとすれば、『海外仏教事情』（以下、『事情』と略記）は国内向けの雑誌である。明治二一年の創刊当初は五カ月に一度の発行であったが、翌年一〇月第三集より月刊に移行し、その後明治二六（一八九三）年一一月の第四〇集まで続いている。内容は、その時期に応じて傾向が変わっている。明確に分割はできないが、大雑把には明治二三年頃までの前期、明治二四年中頃までの中期、そして廃刊までの後期という三段階で変化している。前期は、海外仏教徒との交流、海外宣教、秘教系の海外仏教記事がバランスよく配されているが、中期になると、欧米の仏教学、宗教学といった学術系の記事が増えている。後期になると、シカゴ宗教会議にむけての対策など、改めて海外宣教についての記事が増えている。全体として、雑誌としての最盛期は前期であり、中期から後期にかけて、次第に単調になっていった印象は否めない。以下、宣教会の運動史と関係させつつ、雑誌の内容を追っておきたい。

まず創刊号から第四集までは海外からの書簡がかなりの誌面をしめている。すでに『反省会雑誌』に発表されている書簡の再録も多い。記事としては、ユース、ピオ、アーバン（Eusabio Urban、ジャッジの変名）「真宗教旨」、チャールズ・フォンデスの「「ブデイズム」を論ず」、セラ、ゼーン、ビーン（Sarah Jane B. フィランジ・ダーサの変名か）「勿れ」、松山緑陰（松太郎）の「欧米に於ける仏教思想の由来を論ず」、ブウルトゼンス（A.E. Buultjens、オランダ系スリランカ人のキリスト教徒、仏教に改宗）「空之又空、虚之又虚」、あるいはシネットやスブハドラ・ビクシュなど、海外仏教者の思想や活動を伝える記事が多い。寄稿者のなかでも、二人の非神智学系仏教徒、フィランジ・ダーサ（Philangi Dasa）とチャールズ・フォンデス（Charles Pfoundes）は重要なので、少々説明を加えておきたい。

ダーサは本名ハーマン・カール・ヴェッターリング（Herman Carl Vetterling）（一八四九～一九三一）というスウェーデン系移民である。アメリカ移民後、一八世紀スウェーデンの神秘家スウェーデンボルグにはじまる新教会の牧師となり、それを辞めた後、神智学協会に参加し、神智学に影響されてスウェーデンボルグの神秘思想を仏教と読み替えて、仏教者を自称するようになり、一八八八年からアメリカ最初の仏教雑誌 *Buddhist Ray* を創刊している（一八九四年まで続く）。*Buddhist Ray* は、ダーサの秘教系記事だけでなく、マックス・ミュラーなど仏教記事全般を網羅しており、海外仏教の有力な情報源であった。また、ダーサはスウェーデンボルグ主義だけでなく、仏教の社会貢献や禁酒を力説しており、反省会運動と一致するところがあったことも、彼の記事がよく掲載された理由であろう。

ダーサは、日本の仏教者をいろいろな面で助けており、シカゴ万国宗教会議の前には、葦津実全の発表原稿を校閲している。また、日本からの英文原稿を同誌に掲載することもあった。たとえば、*Buddhist Ray* vol. 5 no. 3-4（一八九二年三月、四月）には、執筆者は Koga（古河老川）、翻訳は Cedarville（杉村広太郎）による Meditation と題する記事が掲載されている。この記事の原文は『反省会雑誌』第五年第七号（一八九〇年七月一〇日発行）に天外散士名義で発表された「人生」という、生死の無常を扱ったエッセイである。ダーサは、記事への批判的注釈として、死を歓迎する旨の文言をつけくわえているが、これを読んだ古河は、さらに『國教』第一九号（一八九三年一月二五日）に、「「ブッヂスト、レー」の余の文を評せるを評す」という反論を寄稿し、ダーサはまだ生死即涅槃という大乗仏教の妙味がわかっていないこと、仏教はペシミズムではなくオプティミズムであると反論を加えている。仏教＝オプティミズム論は、『事情』第一一集に掲載されたブウルトゼンス「空之又空、虚之又虚」も主張するところで、欧米で流通していた仏教＝ペシミズム論が日本人仏教徒から問題視されていたことがわかる。

もう一人の重要な海外の協力者は、宣教会のロンドン支部長となったチャールズ・フォンデス（一八四〇～一九〇七）である。彼は、当時の自称「仏教徒」たちとは異なり、日本仏教の実態を知っていた。アイルランド生まれで、イギリス海軍の一員として明治維新期に日本に滞在し、重井鉄之介という日本名を持ち、『扶桑耳袋』（一八七五年）という日本研究の著作もある。一八八〇年代にはロンドン在住で海軍省に勤務しており、一八八八年から神智学関係の雑誌に仏教記事を寄稿しているが、一八八九年五月以降、神智学と対立するスピリチュアリズム陣営に拠点を移している。当時の有力なスピリチュアリズム雑誌『両世界』（*The Two Worlds*）一八八九年五月一七日号によれば、フォンデスの説いた仏教には「食事の節制、刺激物や重い食物を避けること、菜食主義、親切さ、優しさ、礼儀、慈善などキリスト教の美徳をすべて含む」とあり、オカルト的というよりは道徳的なものであった。

フォンデスは一八八九年一〇月四日付で海外宣教会に最初の手紙を送り、ロンドン支部の開設を請求している（『事情』第五集参照）。この直後から彼は宣教会の名前で仏教活動を行なっているが、場所はスピリチュアリズム、社会主義、自由思想といった進歩的運動の拠点となっているホールであった。

フォンデスは、日本向けの手紙でも一貫して神智学を批判している。たとえば一八八九年一〇月一四日付書簡では神智学の神秘主義的傾向を批判し「小生の愚考にては仏教の道義的教法は当地にても益々卓越の位地を占め情感的神智学は竟に廃滅に帰する」と述べている（『事情』第七集、二七頁）。この書簡を日本人留学生の翻訳で知ったダルマパーラは、かなり不愉快に感じたようで、一八九〇年四月二八日付書簡で、フォンデスの二枚舌ぶりを批判しており（『事情』第一〇集）、神智学と仏教の両者の異同について理解できていなかった日本人に困惑をもたらした。

イギリス留学中の小林（高楠）順次郎は一八九〇年四月二九日付のかなり長い書簡を宣教会に送っている。『事情』第一一集に掲載されたこの手紙は、フォンデスのロンドンでの仏教活動を第三者の目から伝えた数少ない貴重な手紙である。その手紙では、フォンデスは日本語が堪能、日本研究者として一目おかれている、神智学の「秘伝仏教」論には批判的である、仏教講演者としては大人気で数カ月先まで講演の予約が入っていること、現在、日本への渡航を期待しているといったことが紹介されている。高楠自身が出席した神智学の会合の模様を記しているが、質疑応答の際にフォンデスが厳しい質問を投げかけていたこと、神智学が論争を避けていたと高楠は報じている。なお、この時の議長は神智学に「転向」したばかりの有名な元社会主義者アニー・ベサントであったが、フォンデスがロンドンを去った理由のひとつにはベサントとの確執があったと思われる。

なお、フォンデスの活動はロンドンに限られてはいなかった。第一一集にはパリのバーフなるものがフォンデス経由で宣教会支部設立を京都まで申し込んできているという報告がある。これはおそらくフランスのオカルティスト、パピュ（Papus、本名 Gerard Encausse）（一八六五〜一九一六）のことだと思われる。彼の発行するオカルト雑誌『イニシアシオン』(*Initiation*) 七巻八号（一八九〇年五月）には海外宣教会の宣伝が掲載され、入会希望者はパピュまで連絡せよとある。ただし『事情』第一五集によれば、パリ支部設置については時期尚早となったという。(2)

この時期、執筆の中心人物、松山松太郎は、明治二二（一八八九）年一二月二八日に上京、一月に島地黙雷など と会合を開き、鳥尾得庵、三宅雄次郎、沢柳政太郎、今北洪川、釈雲照など東京の学者、貴人、高僧に会って宣教会への協力をとりつけている。また頭山満からも寄付金を得るなど、国粋主義者からも支持を集めていた（『事情』第六集）。

しかし、この最盛期は長くは続かない。ダーサの雑誌の記事は第一三集（一八九〇年八月三一日）を最後に『事情』に掲載されることが稀になる。一方、理由は不明だが、同月、大原嘉吉の訳で、ダーサの記事が『四明余霞』第三二号（一八九〇年八月二四日）に掲載されている。これ以降、もっぱら大原の翻訳によって『四明余霞』や浄土宗系の『仏教公論』（創刊は一八九二年三月二五日、一八九三年九月二〇日付二六号にて廃刊）に翻訳が掲載されることになるが、一八九四年に*Buddhist Ray*の発行を停止し、日本の仏教界からは姿を消す。フォンデスの『事情』への寄稿は第一五集で終わり、ロンドンでの宣教活動は一八九一年いっぱいで実質的に終わっている。ロンドンでの仏教伝道という、宣教会最大の成果が伝えられなくなったことも『事情』の凋落につながったであろう。なおフォンデスはその後、一八九三（明治二六）年一月に来日、仏教関係者と問題を起こして「白人」仏教徒の評判をさらに落とし、一九〇七年に神戸で亡くなっている。

さて、この間、宣教会の拠点となった普通教校は明治二一（一八八八）年一〇月に文学寮へ改組されている。明治二二（一八八九）年七月には宣教会の運営の中心であった里見了念が文学寮長を辞任、里見と日野は明治二三（一八九〇）年頃に宣教会の活動を停止している。つまり、明治二三年は、ダーサとフォンデスという重要な寄稿者だけでなく、運営者も入れ替わった時期であり、『事情』の誌面が低調になっていったのも不思議ではない。

とはいえ、いくつか話題となった記事も掲載されている。

ひとつは第一三集に掲載された古代アメリカの仏教徒説である。これは*Buddhist Ray*誌第三巻七号（一八九〇年七月）に掲載された記事 The Buddhists of Ancient America の翻訳で、コロンブス以前に中国人僧侶がアメリカ大陸を発見したという説が紹介されている。これはかなり評判になったようで、その後、アメリカ開教に派遣された薗田宗恵は、アメリカからメキシコまで調査にいっている。また西島覚了も『米国仏教』第二巻第九号（一九〇一年九月）に「亞米利加發見と佛教僧」という記事を寄稿している。

もうひとつは仏蹟回復運動である。一八九一（明治二四）年五月に発行された『事情』第二一集から第二三集まで集中的に掲載されていた。釈興然とダルマパーラの二人は一八九一年一月にブダガヤを訪問、大菩提寺がヒンズー教徒に所有されていることに憤慨し、各地の仏教国から募金を集めることになり、釈からの呼びかけを含めていくつかの記事が掲載されていた。これも、大きな反響を呼んだニュースであった。

明治二四（一八九一）年から翌年にかけて、組織面で大きな変化があった。四月に発行された『事情』第二〇集で赤松連城が会長辞任を表明し、八月発行の第二三集で島地黙雷の会長就任が発表されるが、そこで七カ月の空白があり、第二四集が発行されるのは翌年三月になる。

その間、誌面は全体としては仏教学、宗教学の記事が増えている。マックス・ミュラー、フリーマン・クラークなどの学術的記事が掲載されているが、これは文学寮教頭であった中西牛郎の影響ではないかと思われる。ただし、その中西も文学寮改革事件によって明治二五（一八九二）年七月に文学寮教頭を解任されているが、その後も薗田宗恵「海外宣教の好方便」（第二九集）のように、学術的な目的での経典英訳を提案する記事もある。また、能海寛「西蔵国探検の必要」（第三六集）を始めとして、チベット関係の記事が何本か掲載されているが、これも学術的な傾向の記事に分類できよう。

新会長の島地黙雷は、フォンデス以降、十分に進展していない宣教活動を再活性化させようとした。第二四集に発表した「海外宣教会員諸君に告ぐ」では、難事とはいえ「之を言えば難く之を行えば難し」であり、海外布教を断行すべきだと主張し、その理由を次のように述べている。

欧米機運の吾仏教に傾向する真に時期到来の感を懐かざるを得ず（略）小乗浅近の教にして猶且爾り況や円頓微妙の我大乗教を布演せば彼れ其の平日講究する所の理哲諸科学と密着並行して相背かず而して深広幽玄形気の外に超出する微妙の神理に於ける彼れ突然感仰帰奉せざるべけんや

（同誌六・七頁）

そして、大乗仏教を伝えれば「銃砲に一糸の導火」を近づけるように、一挙帰依するだろうという。さらにシカゴ万国宗教会議についても「大乗教西漸の機運」（第二九集）であり、シカゴに出席させたあと、さらに欧州に布教させるべきで、最終的には欧米に仏教が広まり、現在の欧米模倣の風潮からすれば、回り回って国内の仏教交流にも寄与するとまで述べている。

実際、明治二五（一八九二）年一〇月の本願寺の定期集会に、翌年のシカゴ万国宗教会議への参加ならびにパリでの布教活動に島地を派遣せよという提案が出される。これは採択されたものの、最終的には大洲執行長の反対意見もあり、実行はされなかった。

この後、シカゴ宗教会議での施本による布教活動とその報告（第三五集、第三六集、第三九集）が『事情』では報道されている。合計三万七五〇部の英訳仏書を配布したことになっているが、施本によって仏教改宗者が誕生したという記事は見られない。『事情』は第四〇集以降の発行は確認されておらず、翌年四月付で宣教会の記事を反省会雑誌に発表する旨の広告が出される（『反省会雑誌』第九年第四号）。これが宣教会の事実上の終焉と思われる。

中西直樹は、宣教会の勢力が衰えていった原因として、明治二〇年代半ばには欧化主義とキリスト教勢力の敗北が明らかになり、他方、宗派の統率が強くなる。日清戦争後は植民地支配に便乗した布教活動が中心となり、海外、とくに欧米との双方向的な交流などは不要なものとされる。こうした背景の中で、本願寺派援助と宣教会の通仏教的立場の矛盾が明らかにされていく。宣教会が海外仏教者への宣教活動を、改革にむけての道筋にフィードバックすることができれば、普遍的仏教への道筋を描くことができたのでは、と論じている[3]。

これに加えるに、布教活動をどうすべきか、そもそも仏教文化圏外への布教活動について、日本の教団は経験がなかったわけである。初期宣教会の驚異的な成功は、神智学徒らの熱心な歓迎と、フォンデスというキリスト教の伝道方法を熟知している人間が伝道の最前線に立っていたから可能になったが、もし彼がいなければ、英語に訳した文書を発送しただけで終わったであろう。

さらに結果論で言えば、その後も真宗は移民仏教への布教は成功しているが、本願寺教団が特に力をいれたヨーロッパ系アメリカ人相手の布教はうまくいかず、その布教に最初に成功を収めた宗派は禅宗であった。おそらく、海外仏教徒が求めていたものは（つまりキリスト教文化に不足していたものは）坐禅のような身体的な実践知であり、真宗の宗教文化には欠けていたものではないかとも推測される。

ともあれ、今からすれば『海外仏教事情』は未熟な試みであったと総括できるが、明治維新後二〇年あまりであったことを考えれば、ロンドンとパリという当時の二大列強の中心地に最初の仏教伝道を行なった功績は忘れ去ることはできない。また中西牛郎のような仏教改革論者が、海外仏教からどのような影響を受けたのかなど、隠れた思想的水脈を発掘する作業は今後も必要であろう。

註

（1）この点については指方伊織「M・L・ゴードンの大乗非仏説論」『近代仏教』第一五号（二〇〇八年）、林淳「近代仏教と学知」末木文美士ほか編『ブッダの変貌――交錯する近代仏教――』（法藏館、二〇一四年）を参照した。

（2）パピュと海外宣教会の関係については、ベン＝グリオン大学のBoaz Huss氏、ならびにコルゲート大学のJoscelyn Godwin氏より教示いただいた。記して感謝したい。『イニシアシオン』誌九巻二号（一八九〇年十一月）によると、パピュはロンドンでフォンデスと出会っている（同誌、一七八頁）。また高野山大学の奥山直司氏よりのご教示によれば、スリランカへの真宗留学生で、トルコからヨーロッパを訪問した善連法彦は、一八九一年二月ロンドンを訪れたフォンデスと会っている。パリで報恩講を勤修する何日か前のことである。

（3）中西直樹「海外宣教会とその時代」中西直樹・吉永進一編『仏教国際ネットワークの源流――海外宣教会（1888年～1893年）の光と影――』（三人社、二〇一五年）の結末部分を参照。なお、同論文などで論じられている九州仏教勢力や中西牛郎については、ここでは十分に論ずるスペースがなかったので、こちらの論文を参照していただければ幸いである。

第四章　令知会の組織と雑誌

近藤俊太郎

一　仏教結社としての令知会

一八八〇年代から、僧侶による結社活動が活発化し、一八九〇年代半ばに至るまで全国各地に多くの仏教結社が結成された(1)。この時期の仏教結社の多くは、文明化とそれに伴うキリスト教の進出に対する僧侶たちの危機感を背景にして成立したものであった。一八八四（明治一七）年二月一日に開会した令知会も、そうした当時の代表的な仏教結社のひとつである。

一八八四年四月、令知会は、機関誌『令知会雑誌』を創刊した。同誌は、一八九二年三月刊行の第九六号から誌名を『三宝叢誌』と改め、一九一二（大正元）年一一月刊行の第三四四号で終刊を迎えた。当時の仏教結社のなかには機関誌を刊行したものも多く見られたが、令知会のように継続的にそれを刊行しえたのはごく少数であった。『令知会雑誌』は、当時の仏教結社の活動およびその性格を捉えるうえで重要な史料であるが、これまで本格的に研究されてきたとはいえない。

本稿では、今後の研究の基礎的作業として、『令知会雑誌』の創刊事情と令知会の組織的特徴とを概観し、令知会に関する基本的な情報を提示しておきたい。

二　令知会の出発

一八八四年二月一日の令知会の開設に先立ち、一月二一日刊行の『奇日新報』第一六二号は、令知会について次のように報じた。

今度日下痴龍龍川賢流等の諸氏が発起にて令知会なるものを設け専ら教法及び教法に関係ある諸種の学術を研究するを目的とし広く会員を募り其質問答弁等の便利を謀るためにハ毎月一回の報告書を頒布することとなし仮会長にハ島地嘿《ママ》雷中教正を屈請し其他内外の諸学士を名誉会員として各質疑に応ぜらるゝ由なれハ定めて教海の面目を一新するの功を奏する近きにあらん(2)

また、翌一月二二日刊行の『明教新誌』第一六二二号も令知会の結成をこう紹介した。

今度島地黙雷教正等の発起にて令知会といふを結ひ凡て教義に関係ある諸種の学術を研究し兼て興学弘教の二事を隆盛ならしめんとの主義にて何の宗派と緇素を論ぜず此主義を賛成せらるゝ者は総て入会を許さるゝ由なれば有志の諸君は賛助入会せられよ(3)

令知会の紹介の仕方は両者で少々異なるが、いずれも令知会の学術的活動に期待を寄せているようである。ここで示されたように、令知会は、僧俗を問わない通仏教的立場から、学術と布教を軸にした有志の会として出発した。実質的には東京に拠点を持つ真宗本願寺派・真宗大谷派の僧侶たちを中心とした結社であったが、出発当初はそれを前面に押し出してはいなかった。

『奇日新報』第一六二号は、上の記事に続けて、「令知会開設告文」と「令知会条規」を掲載している。長くなるが、以下に「令知会開設告文」の全文を引用しよう。

千歳の末に在て藐焉たる往迹を見る者ハ文献の徴あれハなり万里の外に居て遼然たる遠状を知る者ハ通信の介あれハなり苟も文辞なく音信なくんハ古今内外の相距る奚そ隔世異域の事を了知するを得ん故に事の進動を導き物の流行を催す文辞より善きハなく音信より先なるハなし是世運愈開くれハ文辞愈熾んに人知益進めハ通信益繁なる所以也此の二者ハ是文明の北斗開進の南針にして之を利用するの盛なる者社会を制御するも亦知ぬへし本邦維新已降百度宏張庶事鬱興之を往日に比するに殆ど別乾坤の看をなすが如き者実に文化振起信路開通の致す所にして汎く其媒介を為す諸種の新聞雑誌より大なるハなく其一科専門の事を精密にする農商山林水産地学等同志協合討論講究之を杏詢報道するより勝れるハなし而世已に其会を発し其事を行ふもの屈指に堪へす独我仏者の世運に背反せる誰か輿論を喚起するの普通新誌に従事する者ぞ誰か質疑に報答する専門雑紙を負担する者ぞ文辞通信の利器を抛ち智識交換の用路を塞ぐ一に何ぞ此に至るや昔者仏家の隆盛なる天下の文柄挙て僧侶の掌握する所となり支那三韓の通信すへて仏者の与らさるなく或ハ跋渉周旋其労に服事し或ハ贈答問対其用を疏弁し識度を進め徳階を高くし文明の主唱となり開進の先導となるを以て王公紳士の欽仰も亦軽々たらさり

し也今や不爾事々是れ後れ物々是れ譲り啻に進路に追躡すること能ハさるのみならず或ハ却歩以て蠢愚を甘んするに至る何ぞ無耻の甚しきや嗚呼昔時の僧侶初めより俊敏にして士林ハ却て之に反するか今日の士林ハ生れ乍らに才識ありて僧侶ハ特に之に反する者歟否興廃汚隆の繇て来る只発智開識に先後あるのみ苟も文辞音信の利用を敏捷にし智識交換の道路を開通し切磋講究に怠りなくハ我奚ぞ他人に後るゝことあらんや此れ我徒が特に雄奮決起本会を組織する所以の原旨にして同志協合禦侮雪辱に従事せんと欲する所以也故に本会の要とする所根本我内典を講究するハ勿論広く宇内の宗教及び之に関する学術を探尋し苟も教義に益ある者ハ見聞に従て之を抄録し或ハ質疑に応して之を答弁し編纂以て本会の報告とし毎月之を同盟に頒布し且別に教家有用の書籍を刊行し以て大方を利益せんとするのみ古に曰く大悲伝普化真成報仏恩と又曰く人能弘道非道弘人とあゝ伝化弘道の負任ある者奚ぞ勇猛専精此事に努力せさるへけんや希くハ大方の諸君本会旨趣の所在を諒知し速に同心協力の扶助あらんことを謹白(4)

このように、「令知会開設告文」では、文明化の進むなかで「文辞」「音信」がいかに重要であるかを強調した。そして、新聞雑誌の発達が目覚ましい現状にあって仏教が遅れをとっているのは、中国・朝鮮半島での通信すべてに関与し文明化を先導してきたかつての仏教の立場からすれば恥ずべきことだと述べ、改めて仏教が大きな役割を果たせるようになるためにも、経典研究はもとより宗教・学術の探尋を進め、その成果を雑誌・書籍にまとめて共有することを目指すのだと表明した。ここからは、仏教の存在感それ自体が大きく低下していることへの危機感と、そうした現状の打開策を、文明社会のメディアを活用した啓蒙活動に求めたことが読み取れよう。

また、「令知会条規」では、令知会が一八八四年二月一日をもって開会すること、仮会長を島地默雷が、仮幹事を日下痴龍がそれぞれ務めること、第一回報告書が二月中に印行頒布なので入会手続きを速やかに進めて欲しいことなどが伝えられた。(5)この報告書がおそらく四月に創刊された『令知会雑誌』になると思われる。

令知会の発足当時の事情については、『令知会雑誌』第一二号に掲載された平松理英「会員諸君ニ告ク」に詳しい。これは、創刊から『令知会雑誌』の編集を担当した平松が、任期を終えるにあたり、雑誌創刊の背景と自身の担当した一年間の出来事とを回顧した文章である。平松によると、以下のような経緯から『令知会雑誌』は創刊に至った。

一八八四年三月某日に島地黙雷を訪ねた平松理英は、その際、島地から日下痴龍や龍川賢流らが創立した令知会への入会を勧められた。これ以前に、平松は、仏教講談会メンバーとの雑誌発行計画を島地に相談し、島地から、雑誌刊行事業を孤立させず協同して行うように助言されていた。ここで仏教講談会というのは、平松理英が寺田福寿や浅野慧深、土岐善静らと結成した公開講演会を開催する組織で、一八八一年六月二四日に東京の明治会堂でその第一回を開催したことで知られている。(6)島地の助言を講談会会員に告げ、二、三の有志と再び島地を訪ねた平松は、日下らと相談し、協同して『令知会雑誌』を発行することとしたのである。(7)こうして、真宗本願寺派と真宗大谷派の有志による共同での雑誌刊行が実現することとなった。

三　『令知会雑誌』の創刊

令知会は、一八八四（明治一七）年四月に機関誌『令知会雑誌』を創刊した。第一号の社説では、島地黙雷が「会員諸兄ニ告」で、会の名称が『大無量寿経』讃仏偈の第十偈にある「常令此尊　知我心行」に由来することを明かした。そして、「世ノ文化ヲ導テ開明ノ極点ニ達セシムルノ先導首唱者トナルヲ任トシ玉フコト」を読者に求め、雑誌刊行の意義を次のように述べた。

筆硯以テ所懐ヲ写シ之ヲ大方ニ頒布スルトキハ仮令山河数千里ヲ隔テ曾テ一声半面ノ交際ナキ輩トイヘトモ交膝対坐一室ニ談話スルト毫異ナク我ノ心行ヲ通知スルノ効用アレハ書冊発行音信通報ノ功能ハ実ニ分身百億ニ髣髴スル者タレハ仏ノ大悲ヲ伝化スルノ任有テ衆生ノ転迷開語《ママ》ヲ所期トスル者ハ徒ニ旧時慣用セル口音陳唱ノ説教唱導ニノミ止ラス大ニ筆硯紙墨ノ利器ヲ仮用シ横説竪説反覆弁論シ以テ世間ニ流通セシメハ奚ソ分身度生ノ神通ニ髣髴セスト云ヲ得ンヤ(8)

島地がここで強く主張するのは、仏教の伝道活動における言論の積極的意義である。島地はそうした言論活動が、「仏意ヲ開顕シ法義ヲ宣布シ有縁ヲ化益スルノ用ニ於ケル決シテ分身遣化ノ神通ニ下ラサル」(9)ものだと力説した。この六年後に島地自身が回顧しているように、「当時は雑誌の発行も僅々たる者にて、学術教法法律経済等、各種専門家の機関に行はれて、屈指すべきの少数なりし」(10)という状況にあって(11)、『令知会雑誌』の創刊は、仏教雑誌の先駆として、後続の仏教雑誌に大きな影響を及ぼすことになるのである。たとえば、『令知会雑誌』の判型や誌面構成は、試行錯誤と改革を経て、第六一・六二号でほぼ最終的な形態となるが、『伝道会雑誌』や『海外仏教事情』『國教』などは、これと近似した形態となっている。ただし、『令知会雑誌』の判型や誌面構成は、すでに『六合雑誌』などで採用されていた形態を後追いしているようであり、決して独創的なものではなかった。

ちなみに、一八八九年四月に刊行された『伝道会雑誌』第一一号には、雑報欄に「諸雑誌の批評」なる項目がある。そこでは、『奇日新報』『明教新誌』『哲学会雑誌』に続き『令知会雑誌』が取り上げられ、「令知会雑誌は六十号に至れり、人も六十を超ゆれハ耄耋する者なれとも、令知会ハ老いて益盛なる勢あり、時に依てハ陳腐の説あれとも多くハ斬新奇抜の論のみ」[12]と評されている。この批評は、『令知会雑誌』の誌面構成に象徴される改革の動向や言論活動の質の高さを捉えたものといえよう。令知会の側にもその自負はあったようで、『令知会雑誌』第八二号の巻頭で、「爾後益々改良を加へ進歩に進歩を重ね我令知会雑誌をして本邦雑誌中のグレートキング（大王）と為さんこと是れ本会の望むところにして即ち諸君の望むところなるべし」[13]と意気込みを述べている。実際に、『令知会雑誌』は、創刊以来、一度も休刊することなく刊行され続けていたし、第八九号の「会員諸君へ謹告す」によると、誤植・脱字の改善のために印刷所を改めると会員に告げており、さらなる進化を目指していたことがわかる。『令知会雑誌』創刊以降、数多くの仏教雑誌が刊行されたものの、その多くが継続的に刊行されなかった。そのなかで長期間にわたる刊行実績は、『令知会雑誌』に対する信頼を高めたはずである。

四　令知会の組織的特徴

『令知会雑誌』第一号の「本会記事」欄には、出発後の組織の整備過程が報告されているので、以下、その「本会記事」によって令知会の組織的特徴をまとめてみよう。令知会は、一八八四（明治一七）年三月五日に在京会員仮事務所で会合を開き、会条規を改正したほか、同月二〇日の副会長（二名）選挙と四月からの雑誌発行を決めた。また、同月三一日には事務所を「麴町区六番町廿九番地」に移転した[14]。四月三日の副会長選挙の結果、島地默雷と吉谷覚寿が当選したが、島地がこれを辞したため、代わりに推薦された多田賢住が副会長となり、島地は検閲委員を担当することとなった。同日には神原精士、大内青巒、石上北天、土岐善静、日下痴龍、伊藤大忍の六名を幹事に、石村貞一、竹園行潜、龍川賢流、平松理英の四名を編集委員に、近藤秀琳、松本順乗の二名を会計検査委員に、それぞれ選出し[15]、また日下痴龍に雑誌の持主兼印刷人を、平松理英に編集人を嘱託した[16]。そして、四月一四日には、在京会員のことごとくが集って第一月次会を開催し、以降は毎月第二土曜日に会を開くと定めた[17]。そして第三月次会で、石村貞一を会長とすることにした[18]。

『令知会雑誌』第一号に掲載された「令知会条規」によると、令知会は「本会ハ教法及教法ニ関係アル諸種ノ学術ヲ研究シ兼テ興学弘教ノ為メ尽力周旋スルモノトス」という趣旨のもと、毎月の学術的講義・討論、会員の意見・疑問に対する答弁、毎月の雑誌編纂、書籍編集、会員およびその子弟の東京留学の支援、会員相互の知識交換のための通信支援などの事業を行うものとした[19]。このように、令知会は、東京に拠点を置き、知識人を対象とした種々の学術事業を行う組織として成立した。

次に会員について見てみよう。『令知会雑誌』では第三号から第九号まで、雑誌巻末に会員名簿が付されている。各号の名簿では、第三号に一〇〇名、第四号に一〇〇名、第五号に八八名、第六号に七二名、第七号に八四名、第八号に五二名、第九号に三六名、合計で五三二名の会員が紹介された。第九号には名前の一覧のあとに「以下次号」とあり、そのほかにも会員がいたことをうかがわせるが、第一〇号以降に名簿がないことから、実態については確認できない。当時の会員には、島地黙雷（一八三八～一九一一）、吉谷覚寿（一八四三～一九一四）、平松理英（一八五五～一九一六）、大内青巒（一八四五～一九一八）、寺田福寿（一八五三～一八九四）、井上円了（一八五八～一九一九）、南条文雄（一八四九～一九二七）たちが名を連ねている。名簿からは、出発当初の令知会が真宗本願寺派や真宗大谷派の僧侶を中心とした組織であったことがうかがえる。また、中心メンバーのうち、雑誌創刊当時の年長者は四七歳の島地黙雷であったが、令知会の発足当初から強力なリーダーシップを発揮したのが、ほかならぬその島地であった。

『令知会雑誌』第二一号の「本会報告」には、会員数が増加し、来年には一〇〇〇人に達しそうだとある。会員数増加を報告した理由は、会員数が一〇〇〇人に達すれば月簽会を減額するという約定が存したからであった[20]。また、『令知会雑誌』第三二号では、会員募集に尽力した者の姓名を誌面に掲載すると告知し、さらなる会員獲得に向けたより活発な取り組みを求めたのである[21]。実際に、第四六号の「本会報告」では昨年に会員数が二〇〇名増加したと報告している[22]。その一方で、『令知会雑誌』第三三号以降では、会費未納者の氏名の掲載にも踏み切った[23]。会費未納の問題が深刻化したのか、『令知会雑誌』第四四号「本会記事」では、一八八八年一一月一二日の月次会で会費威未納者への雑誌配付停止に関する令知会条規の追加案を決議したとある[24]。これ以降も会費未納の問題は懸案として残り続けたようで、『令知会雑誌』は繰り返し会費納入の注意喚起の記事を掲載した[25]。

また、『令知会雑誌』第三六号には、一八八七年三月一二日の月次会で、石村貞一が、仏教信徒の年齢がほとんど三〇歳以上であることを指摘し、今後、二〇歳以下の信徒をどう獲得するのかについて問題提起したとある。会に出席した天地哲雄はこれに答えて、寺院で日曜学校を開校すべきだと提案したが、全国的に行うことが困難だという理由から、『令知会雑誌』の質問欄にこの問題を掲載し、会員に意見を求めることになったという[26]。この問題は、令知会の関心が、青年仏教徒を仏教改革の担い手と考え、仏教青年会活動の活性化を支援する方向へと向けられていく契機となった。

こうした『令知会雑誌』が、会員数の増加や雑誌の継続刊行によって存在感を発揮してくる一方で、雑誌頒布のみを重視して会費を雑誌代金だとする考えも、会員のなかに広がっていった。これは主に地方での会員増加に伴って生じた問題である。東京在住の会員は、月例の会同や講話会に参加して他の会員と交流することもできたが、地方会員にはそれが困難だったことが、問題の一因となっていた。平松理賢は、一八八七年二月九日の月次会で、そうした地方の事情を報告し、令知会を軸にした新たなネットワークの形成を企図して、翌月の『令知会雑誌』第三八号から会員名簿を雑誌の付録として収載するように建議し、承認を得た。(27)

『令知会雑誌』では、第六一号から「勝友会記事」欄が新たに立項され、そこで勝友会の活動が報告されるようになった。(28)「勝友会記事」の内容からは勝友会と令知会との緊密な関係がうかがえる。(29)この勝友会は、東京に活動拠点を持つ真宗本願寺派の僧侶たちを中心に組織されていたため、令知会との人的交流も活発だったようである。また、第七四号以降は「求友会記事」欄が新たに設けられた。求友会は、毎月一〇日に「政教上に付必要なる問題を提出し審議懇談する」会で、会の記事は『令知会雑誌』に掲載し、会員に報告するという形態をとった。(30)このように、『令知会雑誌』は、令知会の会誌という性格から出発し、やがて勝友会や求友会といった結社とそれらの会員とを結びつける場へと変化していったのである。勝友会・求友会の関係記事は、令知会会員のなかに両会の参加者もいたから、その会員にとっては有益な情報提供となったであろう。ただし、「勝友会記事」欄が新たに立項された一八八九年四月に、令知会より真宗大谷派の関係者が脱会している。(31)つまり、令知会は、この時期を境にして、真宗本願寺派僧侶の組織としての性格を強めていったのである。

五　令知会の課題

平松理英は前出の「会員諸君ニ告ク」で、創刊からの一年間を振り返り、特に六つの出来事について批評を加えた。ここで平松が取り上げたトピックからは、令知会が何を課題として出発したのかを知ることができる。

第一は、新島襄の同志社大学の設立である。平松は、これがキリスト教の拡張にとって大きな利益となることを論じる一方で、仏教界の教育事業の立ち遅れを指摘している。第二は、南条文雄の帰国で、オックスフォードでの彼の事績を高く評価しながらも、仏教界から洋行留学する者の少ない現状を慨嘆している。第三は、教導職の廃止である。教導職の廃止は、仏教界にとって「積年ノ究屈ヲ脱シタルコト」にほかならないが、これを契機として「目覚マシキ運動」が起こらなかったと指摘している。第四は、宗教間の軋轢で、近年のキリスト教の進歩と仏教界の洋教排撃・駁邪演説に言及し、両者の衝突が、結果として社会に宗教の必要性を訴えることになったと指摘する。第五に、墓地及埋葬取締規則の発令を取り上げ、葬祭業者の特権喪失を指摘している。第六は、仏教西漸の傾向である。オルコットをはじめとして、外国人の仏教帰依者の存在を紹介し、英文での仏教書発行の必要性を論じている。[32]

ここで平松が論じたように、令知会は、政府の宗教政策を視野に入れながらも、西欧近代についての強烈な関心とそれに伴うキリスト教への対抗意識を思想的軸にしていたのである。仏教界にとって共通の敵たるキリスト教の存在は、令知会のごとき通仏教的組織の結成に、何ほどか作用したのかもしれない。『令知会雑誌』を通覧すると、令知会の関心は、キリスト教への対抗意識を一貫して持ちながらも、それは仏教改革への関心に、さらには仏教の国家主義的形態への再編成へと展開していく。つまり、令知会の課題は、文明社会に適合的な宗教へと仏教を改革していくことだったのである。それは、大枠では天皇制国家が主導する政策を一貫して追認し、それを日本社会に浸透させる役割を担うことで、仏教の社会的地位を高めようとするものであったといえよう。

令知会が『令知会雑誌』を『三宝叢誌』と改題した一八九二（明治二五）年三月から半年後、月輪正遵・三玄見龍編『日本仏教現勢史』が刊行され、当時の仏教結社の活動が報告された。『日本仏教現勢史』には、令知会の項目もあり、その段階で会員が約八〇〇名と紹介されている。(33) 会員数だけを見れば、すでにこの時期には会の活動のピークが過ぎていたようである。令知会の提起した問題は、一八八〇年代にひとつの区切りを迎えていたのかもしれない。

註

(1) 池田英俊『明治仏教教会・結社史の研究』刀水書房、一九九四年。
(2) 「令知会」『奇日新報』第一六二号、新報社、一八八四年一月二一日、六〇頁。
(3) 『明教新誌』第一六二二号、明教社、一八八四年一月二二日、三頁。
(4) 「令知会開設告文」『奇日新報』第一六二号、六〇～六一頁。「令知会開設告文」は、『明教新誌』(第一六二二号、明教社、一八八四年一月二二日、三～四頁)と、『教学論集』(第一〇編、無外書房、一八八四年一〇月五日、一八～二九頁)にも掲載されている。
(5) 「令知会条規」『奇日新報』第一六二号、六一～六二頁。「令知会条規」は『明教新誌』(第一六二三号、明教社、一八八四年一月二四日、七～八頁)にも掲載されている。
(6) 「寺田福寿師小伝」『阿弥陀経通俗講義』哲学書院、一八九四年六月、一～三頁。
(7) 平松理英「会員諸君ニ告ク」『令知会雑誌』第一二号、令知会、一八八五年三月二一日、三三頁。
(8) 島地黙雷「会員諸兄ニ告」『令知会雑誌』第一号、一八八四年四月二九日、九頁。
(9) 同上、一〇頁。
(10) 島地黙雷「本誌改良の旨趣」『令知会雑誌』第六一号、一八八九年四月二三日、一頁。
(11) 島地黙雷は、『令知会雑誌』の後継誌たる『三宝叢誌』第一〇〇号(一八九二年七月二三日)刊行時に、「本誌満百号に就て」と題した論説でも、同様の趣旨を述べている。

(12)「諸雑誌の批評」『伝道会雑誌』第一一号、真宗青年伝道会、一八八九年四月二一日、二五頁。
(13)「大いに会員を募集す」『令知会雑誌』第八二号、一八九一年一月二三日。
(14)『令知会雑誌』第一七号（一八八五年八月二一日）の「本会記事」には、会の事務所を神田区西紅梅町十四番地に移転したとある（六四頁）。また、『令知会雑誌』第二二号（一八八六年一月二一日）の「報告」欄には、会の事務所を麹町区上六番町四番地の編集員石村貞一邸宅に移転し、以降の月次会を島地黙雷・南条文雄邸で隔月開催するとあるが、月次会は、白蓮教会や大谷教校を会場に開催されていた。さらに、『令知会雑誌』第八六号（一八九一年五月二三日）の「令知会々同講説」では、会の事務拡張のために今後は毎月第一日曜日に集会し、二、三席の講説を開き、それを雑誌に掲載すると広告された。
(15)一周年の際には、また副会長を投票で決めている。投票の結果、島地黙雷と南条文雄が選ばれ、この二人の指名で、日下痴龍、土岐善静、石上北天、平松理英の四名を幹事に、石村貞一、近藤秀琳、北条祐賢、平松理賢の四名を編集員とした。また、このとき、問対調査委員を置き、吉谷覚寿、多田賢住、大内青巒、井上円了、天野為之の五名に嘱託し、会計検査員を廃して幹事が兼任することとした（『令知会雑誌』第一五号、一八八五年六月二一日、六四～六五頁）。一八八七年二月一二日には、令知会の新年宴会で南条の洋行にともなう副会長の選挙が行われ、吉谷覚寿が当選した（『令知会雑誌』第三五号、一八八七年二月二一日、五九頁）。
(16)その後、持主兼印刷人は、第二二号から河野陳平が、第二六号から福澤重香が、それぞれ務めた。また、第四六号からは発行兼印刷人と改められた。また、編集人は、第二〇号から平松理賢が、第二八号から平松理英が、第四六号から生田得能が、第四八号から平松理賢（第五一号から改名して中山理賢）が、第六一号から佐々木狂介が、第六七号から前田慧雲が、第八八号から水溪智応が、それぞれ務めた。発行所は、創刊当初が麹町区六番町廿九番地、第一八号から神田区西紅梅町十四番地、第二三号から麹町区上六番町四番地、と移っている。
(17)「本会記事」『令知会雑誌』第一号、六四～六五頁。
(18)「本会記事」『令知会雑誌』第三号、六九頁。
(19)「令知会条規」『令知会雑誌』第一号、六七～六八頁。
(20)「本会報告」『令知会雑誌』第三一号、一八八六年一〇月二一日、六三頁。

（21）「本会報告」『令知会雑誌』第三二号、一八八六年一一月二一日、六六頁。
（22）「本会報告」『令知会雑誌』第四六号、一八八八年一月二一日、六四頁。
（23）「本会報告」『令知会雑誌』第三三号、一八八六年一二月二一日、六四頁。
（24）「本会記事」『令知会雑誌』第四四号、一八八七年一一月二一日、五七二頁。
（25）たとえば、第八三〜八五号には、表紙裏に会計主任名で「本会必要特別広告」が掲載され、会費納入を呼びかけている。
（26）「本会記事」『令知会雑誌』第三六号、一八八七年三月二一日、六二一〜六三頁。
（27）「本会記事」『令知会雑誌』第三七号、一八八七年四月二一日、一二四〜一二五頁。
（28）「勝友会記事」『令知会雑誌』第六一号、四四〜四五頁。
（29）「勝友会記事」『令知会雑誌』第六二号、一八八九年五月二三日、四八〜四九頁。
（30）「求友会記事」『令知会雑誌』第七四号、一八九〇年五月二三日、四二頁。求友会の詳細は不明だが、参加者からして本願寺派系の組織であったと思われる。
（31）「年譜」、二葉憲香・福嶋寛隆編『島地黙雷全集』第五巻、本願寺出版部、一九七八年、八六四頁。また、『三宝叢誌』第二〇〇号（一九〇〇年一一月二三日）に掲載された島地黙雷「満二百号を祝して三宝鳥の事を掲く」にも、「初めは真宗本大両派の有志にて成立せしも、中途都合有て本派有志者の専有となり」（一頁）と書いている。その「都合」の詳細については不明である。
（32）平松理英「会員諸君ニ告ク」『令知会雑誌』第一二号、三四〜四〇頁。
（33）月輪正遵・三玄見龍編『日本仏教現勢史』一八九二年九月、一〇一頁。

【付記】『令知会雑誌』の呼称について

真宗本願寺派・大谷派の僧侶を中心として発行された『令知会雑誌』は、当初「りょうちかいざっし」と呼ばれていたようである。島地黙雷（真宗本願寺派）は、『令知会雑誌』第一号（一八八四年四月）の巻頭に寄せた社説「会員諸兄ニ告」のなかで、令知会の名称が『大無量寿経』讃仏偈の「常令此尊知我心行（じょうりょうしそんちがしんぎょう）」に由来すると説明している。また、『令知会雑誌』第一号から編集を担当した平松理英（真宗大谷派）は、『法話（のりのはなし）』第一号（真宗法話会、一八八八年九月）に寄せた論説「法話発刊の趣旨を述へ併せて在家の信男信女に望む」のなかで、「小納両三年前《それがしりやうさんねんまへ》に吉谷覚寿《よしたにかくじゆ》、島地黙雷《しまぢもくらい》等の諸先輩《かた〲》と商談《そうだん》し令知会雑誌《りやうちくわいざつし》という雑誌《しんぶん》を発《こし》行《らへ》て仏法者《ぶつぱふしや》に示《みせ》たることあり」と記している。

しかし、『令知会雑誌』は次第に「れいちかいざっし」と呼ぶことが通例化していったようである。会員が増加し、他宗派や在家者のメンバーも増えたことや、一八八八年九月に島地黙雷が創設に関わった「令女教会（れいじょきょうかい）」との整合性を考慮したのかもしれない。一八九三年六月に令知会が発行した『仏説人之道』収録の南条文雄講演「六法礼経の話」には、「六方礼経《ろくほうらいきやう》の漢文《かんぶん》を和訳《わやく》して仏教信徒《ふつけうしんと》の全義務《ぜんぎむ》と題《だい》して、二十五年一月《にじふごねんいちぐわつ》以来《いらい》の、令《れい》知会《ちくわい》の雑誌《ざつし》にも載《の》せました」とあり、これ以降には「れいちかいざっし」との呼称が一般化していったと考えられる。

『法話（のりのはなし）』の記事に関しては、村嶋英治先生（早稲田大学アジア太平洋研究科教授）よりご教示たまわりました。記して御礼申し上げます。

第五章　『國教』にみる通仏教的結束とその挫折

中西直樹

一　八淵蟠龍と中西牛郎

雑誌『國教』は、一八九〇（明治二三）年九月二五日に熊本市安巳橋通町（現・熊本市中央区安政町）にあった國教雑誌社から創刊された。國教雑誌社は、真宗大谷派願正寺の境内地に附設されていたようであり、一号から八号まで発行兼印刷人をつとめた篠方典は同寺住職であった(1)。しかし、編集・経営面での事実上の責任者は八淵蟠龍であり(2)、当初主筆として社説を担当したのが中西牛郎であった(3)。まずは、この両名の『國教』創刊に至るまでの経歴を紹介しておこう。

八淵蟠龍(4)は、一八四八（嘉永元）年、熊本県上益城郡御船町小坂の東福寺（浄土真宗本願寺派）に生まれ、父は同寺住職厳城であった。蟠龍は豊後戸畑満福寺の南溪の学寮で修学した後、東福寺住職を継職し、一八七六（明治九）年には薩摩布教に着手して多大な成果を挙げ、七八年に本山が教区・組制度を布いた際には地元寺院から組長に選出されている。その後も、地元の僧俗を糾合して法住教社という仏教結社を組織し、神水義塾という教育機関にも関わるなど、熊本を拠点に幅広い活動を展開していた。

一方、中西牛郎[5]は、一八五九（安政六）年に熊本城下の漢学者の家に生まれ、維新後に東京の勧学義塾などで英語を学んだ後、同郷の徳富蘇峰らの仲介で同志社に転学したが、在学中から赤松連城・南条文雄ら真宗僧侶と交わり仏教へと傾倒していった。その後帰郷した中西は、一八八一（明治一四）年に郷土熊本で神水義塾を開いた。神水義塾はのちに八淵蟠龍との共同事業となり、八淵蟠龍が『三国仏法伝通縁起』『八宗綱要』をテキストに仏教総論を講じ、中西牛郎が英語・仏語を担当し、牛郎の父惟格が漢学を受持った。その際に生徒数は一五〇名に達し、適宜仏教学者を招いて講演会も開かれたようである。そのかたわら中西は、済々黌でも教鞭を執り、翌八二年に佐々友房・津田静一らが『紫溟雑誌』を創刊するとその主筆となり、同誌が隔日新聞『紫溟新報』（のちに日刊）となってからも、引続き主筆として健筆をふるった。『紫溟雑誌』『紫溟新報』は紫溟会から発行され、八八年に『九州日日新聞』と改題されている。また発行元の紫溟会は、明治一四年の政変の最中の一八八一年九月に結成され、「皇室を翼載し立憲政体を賛立し以て国権を拡張す」などを規約に掲げ、当初は民権派の相愛社関係者も参加したが、のちに離反した。八五年に紫溟学会に改組され、八九年一月には紫溟学会の世務部として熊本国権党が結成されている[6]。

当時、一八九〇年七月の第一回帝国議会の衆議院選挙をひかえて政治的緊張が高まるなか、中西牛郎の関わった済々黌・神水義塾——『紫溟雑誌』——紫溟会・国権党は、国家主義者側の陣営にあって仏教とも密接な関係を有し[7]、キリスト教者である徳富蘇峰らの大江義塾——『東肥新報』——相愛社・九州改進党の自由民権論者側と対立関係にあったようである。戦前戦後に熊本の地方文化の発展に尽くした荒木精之は、中西と徳富蘇峰の関係について次のようなエピソードを紹介している。

そのころ徳富蘇峰は大江村に大江義塾をひらいて、かたわら東肥新報などに自由民権論をふりまわしていた。かねてそれをにがにがしく思つておつた彼（中西牛郎）は、ある日直接大江義塾に蘇峰をたずねて、

「ルソオの民約論ちゆう本をおかしいただきたい」といつた。

「何をなさるのですか」

「貴公らがさかんに民約論バふりまわすので一ぺん読んでみて、それから貴公らを攻撃しようと思う」

「それはおもしろい」

と蘇峰も微笑んで快く貸してやつたという話がのこつている。(8)

その後中西は一八八九年二月に『宗教革命論』という書を出版し、そのなかで、近い将来に仏教は新たな変革を遂げることによって退勢を挽回し、キリスト教に代って宗教界を席巻するにちがいないという展望を述べた。この書は、本願寺派の法主大谷光尊（明如）の眼にとまり、中西は京都在学時代に親交があった赤松連城の呼び出しを受け、本願寺からの資金援助を受けて海外視察に赴くこととなった。一八八九年六月に渡米した中西は、約半年間滞在して、当地の宗教事情、比較宗教学の研究動向などを見聞した。翌九〇年一月に帰国した中西は、九月に『國教』の創刊に関わり、一〇月には本願寺派経営の文学寮に教頭兼教授として招かれ比較宗教学等の講義を担当した。(9)そのかたわら、『組織仏教論』『宗教大勢論』『新仏教論』などを次々と上梓して精力的な著述活動を展開した。

二　雑誌発行と九州仏教団との関係

『國教』発刊の意図は、創刊号掲載の社説「國教発行之旨趣」とほぼ毎号に掲載された「國教雑誌社規約」に、よくあらわれている。まず「國教発行之旨趣」では、国教を「其人教なるが故に之を国教と謂ふなり。此国家に限るの宗教と謂ふにあらさるなり。其国家の独立生存を保持するの勢力あるが故に之を国教と謂ふなり」と定義づける。そして、こうした国教たる資格を有するものは仏教のほかにはないとして、次のように記している。

故に仏教の外に如何なる宗教あるも。其真理は以て仏教界中の真理たるに過ぎす仏教の外に如何なる学術あるも。其真理は亦以て仏教界中の真理たるに過ぎず。（中略）只天地を貫き万世に経りて変せざるものは仏教あるのみ。故に仏教の信仰に由りて人心一致すれは。其国家斯に富強治平の福祉を招き。其国民斯に独立不覊の気象を生し。四方万国に対し。長く以て優者勝者の地位を保つに足ること論を待たす。而して仏教は世界宗教の最高最大なる真理を具したるものなり。

諸宗教に対する仏教の絶対的優位性は、中西牛郎が前述の『宗教革命論』で強調したことである。また、諸宗教の説く真理はすべて仏教に包摂されるという見解も、中西がアメリカから帰国直後の一八九〇（明治二三）年五月に上梓した『組織仏教論』のなかに示されている。(10) この「國教発行之旨趣」は中西の執筆によるものと考えられ、第一回帝国議会の衆議院議員選挙後に政治的・宗教的対立が深まる熊本にあって、キリスト教者・自由民権論者に対抗するため、仏教者・国家主義の立場を意識して書かれたものと考えられる。

ところで、仏教による国民統合の実現に向けては、宗派間の対立を超えた通仏教的結束が必要となろう。この点の必要性を標榜しているのが「國教雑誌社規約」であり、その最初には次のように記されている。

> 一仏教拡張の初歩として雑誌社を組織し毎月一回雑誌を発行し正会員及ひ賛成員に頒布すべし。本誌は宗派に偏せず教会に党せず普く宗教界に独立して仏教の真理を開闡し仏徒の積弊を洗滌して之が改良を図る。

そして、こうした通仏教的結束の実動団体が九州仏教団であった。佐々木憲徳は『八淵蟠龍伝』のなかで、『國教』を法住教社の機関誌であったとしているが[11]、そのようなことをうかがわせる記述を『國教』の誌面に見出すことはできない。法住教社は、一八八〇年五月に本願寺派の三業派僧俗により組織されたが[12]、結社から『國教』創刊に至るまでの一〇年間に法住教社と九州真宗を取り巻く状況は大きく変化した。『國教』は、八淵蟠龍ら法住教社の関係者が中心的役割を担いつつも、その対抗関係にあった同じく本願寺派の聞信派系の熊本酬恩社も協力し、さらに九州の仏教勢力を糾合して結成された九州仏教団の機関誌として刊行されたと考えるべきであろう[13]。

三　多彩な特別寄書家と諸団体の連携

『國教』は、熊本という一地方からの発行ではあったが、九州地方はもとより、当時の仏教界全体に大きな影響を与え、全国的にも知られた雑誌であった。その一端は、第一号と第二号（以下、号数は通号を記載）に掲載された次の多彩な特別寄書家の顔ぶれからも知ることができる。

井上円了（文学士）、池松豊記（海西日報主筆）、服部宇之吉（文学士）、堀内静宇（浄土教報主筆）、土岐善静、戸城伝七郎、大内青巒（尊王奉仏大同団幹事）、辰巳小次郎（文学士）、東海玄虎（仏教書院院主）、津田静一（文学館主）、南条文雄（文学博士）、中西牛郎、中村六蔵（文学精舎舎長）、中山理賢（法話主筆）、中川小十郎（教育報知主筆）、松山松太郎（海外仏教事情主筆）、藤島了穏（哲学館講師）、藤岡法真（酬恩社社長）、秋山銀二郎（九州之文華記者）、天野為之（文学士）、佐治実然、沢柳政太郎（文学士）、三宅雄二郎（文学士）、平松理英、久松定弘（貴族院議員）、平井金三（オリエンタルホール館主）、鈴木券太郎（哲学館講師）、岩堀知道（密厳教報主筆）、小栗栖香頂（真宗大谷派一等学師）、神代洞通（開明新報）、辻敬之、前田慧雲（真宗問答著者）、藤田祐真（大同新報）、朝比奈知泉（東京新報主筆）、志方熊記（九州日々新聞記者）、釋宗演（錫蘭島史著者）(14)

まず仏教関係者では、当時の仏教界をリードした僧侶・在家信者が宗派に関係なく名を連ねており、特に井上円了・南条文雄・小栗栖香頂・中山理賢など大谷派の有力者が目立つ。本願寺派では、松山松太郎・神代洞通ら普通教校教員・海外宣教会の幹事が名を連ねており、國教雑誌社・九州仏教団と海外宣教会との密接な関係がうかがえる。(15)また、堀内静宇（浄土宗）・岩堀知道（真言宗）ら当時活発であった各宗派の仏教系新聞雑誌の関係者が多い。『國教』一二号に八淵は「仏教の新聞雑誌を連合同盟するは教界の急務」との社説を発表しており、当時、仏教系諸団体・新聞雑誌の提携を目指す動きもあった。その中心的役割を担っていたのが、國教雑誌社とも関係の深い開明新報社であり、その成果は『日本仏教現勢史』にまとめられている。(16)

大内青巒・井上円了・辰巳小次郎・佐治実然・前田慧雲・藤田祐真ら尊皇奉仏大同団の有力メンバーが多数参加していることも注目される。尊皇奉仏大同団は、『國教』創刊に先立つ一八八九（明治二二）年一月に結成され、その規則で「皇室ノ尊栄ヲ保護シ仏教ノ勢力ヲ拡張シテ以テ大日本帝国ノ元気ヲ充実セシムル」ことを目的に掲げ、政治・宗教教育・経済など多様な事業を展開するとしており、その主義主張は國教雑誌社にきわめて近いものがあった(17)。

仏教関係者以外でも教育界・言論界で名を馳せた人物が数多く名前を連ねており、地元熊本で活躍する人物に加えて、中央にあって全国的に知られた知識人も多い。地元熊本では、池松豊記・津田静一・中村六蔵・志方熊記ら熊本国権党に連なる保守系人物が多く名を連ねている。彼らは中西牛郎とも密接な関係があったが、八淵蟠龍とも懇意であったようであり、例えば、熊本市内で文学精舎という私立学校を経営していた中村六蔵は、創刊号に寄せた「國教ノ発刊ヲ祝ス」のなかで、「余ガ知人。八淵蟠龍氏等篤爰ニ大ニ感奮スル所アリ。國教雑誌ヲ発刊シ」と記している(18)。中川小十郎・天野為之・久松定弘・三宅雄二郎・朝比奈知泉ら中央の政界・言論界・教育界で活躍した人物は、中西牛郎の勧誘により参加したものと推察される。のちに東京帝国大学教授・ハーバード大学教授・東方文化学院院長などを歴任した服部宇之吉は、創刊号に「中西君國教と題して一の仏教主義の雑誌を発刊せらる。中西君の仏教に於ける世上自から定論あり」と記している。当時、『反省会雑誌』も中西牛郎を井上円了と並ぶ仏教界の「二大光星」と評しており(19)、中西はすでに中央でも知られた人物であった。

総じて言えば、『國教』は、第一回帝国議会の衆議院議員選挙と国粋主義の台頭を背景として、特に自由民権と国家主義、キリスト教と仏教の対立が激化した熊本にあって、九州の仏教勢力と熊本保守系人脈が結びつき、これを中央の各界有力者も支援して発行されたと言えるであろう。

四　雑誌名変更とその後の展開

創刊後の『國教』は六号まで毎月二五日に刊行されており、当初の雑誌の発行事業は順調に推移したようである。三・四号掲載の「本社正社員姓名」から熊本の僧俗が続々と加入したことがうかがえ、一八九一（明治二四）年六月下旬には正社員二千余名に達した。[20] 四号「特別社告」では好評につき一千余部を増刷し正社員外にも販売することが告知された。また、四号の巻末に本誌特約大売捌所として、熊本・佐賀・京都・大阪・神戸の書店等が記載されている。七号と八号の発行は隔月刊行となっているが、七号「社告」によれば、編輯者の病気が原因であり、編輯者は九号より吉村真治に変更されている。[21]

ところが、八号発行後の一八九一年七月に、熊本県知事松平正直より「出版条例第二条但書範囲外ニ渉リ候ニ付客年九月九日許可ノ指令取消候旨其筋ヨリ達アリタルニ付此旨相達ス」との指令を受けた。[22] 出版条例の当該条文は以下のとおりである。

第二条　新聞紙又ハ時々ニ発行スル雑誌ヲ除クノ外文書図書ノ出版ハ総テ此条例ニ依ルヘシ但雑誌ニシテ専ラ学術技芸ニ関スル事項ヲ記載スルモノハ内務大臣ノ許可ヲ得テ此条例ニ依ルコトヲ得[23]

この条文から察するに、本来、内務大臣の許可を得るべきところ、熊本県知事の許可を得て雑誌を発行していたことが問題とされたようである。國教雑誌社側は改めて『第二國教』として発行する旨を申請して許可を得たようであるが、一二号掲載の「特別社告」には、逓信省の郵送料の減免認可を得られず、月二回発行として二冊分を発送することにしたことが記されている。この時期に『國教』発行の許認可を改めて問題にし、郵送料の減免申請を不認可とした背景には、何らかの政治的な意図があったことも考えられるが、詳細は不明である。
ところで、上述のような事情から、通号九号から一四号までは『第二國教』として発行され、通号一六号から再び『國教』に雑誌名を復し、号数は『第二國教』からの通号とした。各号の雑誌名・発行年月日は以下のとおりである。

（通号　一号）　『國　教』　第　一号　一八九〇（明治二三）年　九月二五日発行
（通号　二号）　『國　教』　第　二号　一八九〇（明治二三）年一〇月二五日発行
（通号　三号）　『國　教』　第　三号　一八九〇（明治二三）年一一月二五日発行
（通号　四号）　『國　教』　第　四号　一八九〇（明治二三）年一二月二五日発行
（通号　五号）　『國　教』　第　五号　一八九一（明治二四）年　一月二五日発行
（通号　六号）　『國　教』　第　六号　一八九一（明治二四）年　二月二五日発行
（通号　七号）　『國　教』　第　七号　一八九一（明治二四）年　四月二五日発行
（通号　八号）　『國　教』　第　八号　一八九一（明治二四）年　六月二五日発行
（通号　九号）　『第二國教』　第　一号　一八九一（明治二四）年一〇月一〇日発行
（通号一〇号）　『第二國教』　第　二号　一八九一（明治二四）年一一月二〇日発行
（通号一一号）　『第二國教』　第　三号　一八九一（明治二四）年一二月一七日発行

（通号一二号）　『第二國教』第　四号　一八九一（明治二四）年一二月三〇日発行
（通号一三号）　『第二國教』第　五号　一八九二（明治二五）年　一月（発行日不明・欠本）
（通号一四号）　『第二國教』第　六号　一八九二（明治二五）年　二月　五日発行
（通号一五号）　『國　教』　第　七号　一八九二（明治二五）年　二月二九日発行
（通号一六号）　『國　教』　第　八号　一八九二（明治二五）年　三月二五日発行
（通号一七〜二〇号）　『國　教』第九〜一二号　一八九二（明治二五）年（発行月日不明・欠本）
（通号二一号）　『國　教』　第一三号　一八九二（明治二五）年　八月一五日発行
（通号二二号）　『國　教』　第一四号　一八九二（明治二五）年　八月三〇日発行
（通号二三号）　『國　教』　第一五号　一八九二（明治二五）年　九月二〇日発行
（通号二四号）　『國　教』　第一六号　一八九二（明治二五）年一〇月二七日発行
（通号二五号）　『國　教』　第一七号　一八九二（明治二五）年一一月二〇日発行
（通号二六号）　『國　教』　第一八号　一八九二（明治二五）年一二月二〇日発行
（通号二七号）　『國　教』　第一九号　一八九三（明治二六）年　一月二五日発行
（通号二八号）　『國　教』　第二〇号　一八九三（明治二六）年　三月三〇日発行
（通号二九号）　『國　教』　第二一号　一八九三（明治二六）年　四月三〇日発行
（通号三〇号）　『國　教』　第二二号　一八九三（明治二六）年　六月　七日発行
（通号三一号）　『國　教』　第二三号　一八九三（明治二六）年　六月三〇日発行
（通号三二号）　『國　教』　第二四号　一八九三（明治二六）年　八月　五日発行

（通号三三号）　『國　教』　第二五号　一八九三（明治二六）年　八月三〇日発行
（通号三四号）　『國　教』　第二六号　一八九三（明治二六）年　九月三〇日発行
（通号三五号）　『國　教』　第二七号　一八九三（明治二六）年一一月　六日発行
（通号三六号）　『國　教』　第二八号　一八九三（明治二六）年一二月　七日発行
（通号三七号）　『國　教』　第二九号　一八九三（明治二六）年一二月三〇日発行
（通号三八号）　『國　教』　第三〇号　一八九四（明治二七）年　三月　三日発行
（通号三九号）　『國　教』　第三一号　一八九四（明治二七）年　六月一一日発行

上記のうち、通号一三号と一七号から二〇号までは現物を確認できず欠本となっている。また、佐々木憲徳著『八淵蟠龍伝』には、三四号まで発行されていたとの説があると記されているが[24]、現時点で三一号（通号三九号）までの存在しか確認できていない。

雑誌の前半期に目立つのはキリスト教批判である。「耶蘇教は之を排斥せざるべからず仏教は之を改良せざるべからず」（一～三号）、「耶蘇教は父子倫を破壊する宗教なり」（三号）、「耶蘇教排斥論」（四号）、「耶仏の二教」（七号）、「宗教取捨弁」（八・九号）、「尾濃の戦に基督教奇兵を用て仏教の大群に敵す」（一〇号）、「基督教徒に謝し併せて其教の衰頽に就くを吊ふ」（一一号）、「耶蘇教と戦ふ可きは斯時に在り」（一六号）、「八代町基督教徒の暴逆事件に就て」（二二号）、「仏教如水耶蘇教如火」（二四号）など、毎号のようにキリスト教を意識した論説・寄書が掲載されている。

ところが、一八九二年一一月発行の二五号くらいから誌面にはやや変化がみられる。露骨なキリスト教批判は影をひそめ、シカゴ万国宗教大会と夏期講習会などの具体的事業に関する記事が多く掲載されるようになった。(25) この間、四月には海外宣教会の松山松太郎が九州を訪れ、國教雑誌社との提携を模索したようである。(26) また二一号の段階では、編輯者が森直樹に変更されている。森直樹の経歴は詳らかではないが、一八九三年五月に國教雑誌社から刊行された『仏教対外論』の編者としても名が挙がっており、その序文「仏教対外論に題す」のなかで仏教の世界的運動の必要性を主張している。(27) このほか、「森直樹」または「黙々居士」のペンネームで『國教』や『反省会雑誌』にいくつかの論説を発表している。(28) おそらく森は、國教雑誌社の編集責任者として、同社内に九州仏教同盟会本部を設置して、八淵蟠龍の万国宗教大会への派遣資金の募集に尽力し、八淵の渡米中は『國教』の編集発行の中心的役割を担ったと考えられる。広く熊本県下僧俗もこの募金に応じ、『國教』三四号・三七号附録に寄附者の氏名が報告されている。

この万国宗教大会への派遣事業が、國教雑誌社の最大かつ最後の関連事業となったようであり、八淵蟠龍の凱旋帰国を記念する一八九四年六月発行の三九号が、現存を確認できる最後の号となっている。翌月には日清戦争が勃発しており、キリスト教との対立から通仏教的に結束する意義も薄れるなかで、おそらく三九号をもって廃刊になったと推察される。

五　雑誌『九州仏教軍』『真仏教軍』『仏教青年軍』

『國教』以外にも、当時の九州仏教勢力の結束により刊行された雑誌が数誌存在したようである。その一つが『九州仏教軍』である。『九州仏教軍』は、中西牛郎を主筆とし、九州仏教倶楽部の機関誌として、一八九一（明治二四）年七月に創刊された。当時、中西牛郎が文学寮の教頭兼教授として京都に居を構え、そのもとに集まった九州出身者の親睦団体として組織されたのが九州仏教倶楽部であった。ところが、九州仏教団が内部分裂などにより次第に活動が停滞していくと、九州仏教倶楽部は、その事業を継承しようとする動きをみせ、前述の九州夏期講習会も同倶楽部の事業として開催された(29)。この『九州仏教軍』は現時点で創刊号しか存在を確認できていない。さらに一八九二年七月に起こった文学寮改正事件で中西牛郎が失脚すると、九州仏教倶楽部の活動も停滞していったようである(30)。

このほか、一八九二年四月頃には、福岡県御井郡金島村（現・久留米市）にあった真仏教社から『真仏教軍』という雑誌が発行された。同誌は「仏教の真理を顕揚するにありて宗派と政党に関せず」を主義とし、中西牛郎が主筆をつとめていた(31)。真仏教社は、御井郡金島村の本社以外に、福岡市博多土居町と久留米市寺町にも支社を置いていた。九州仏教団と連携する仏教者は、福岡県内にも一定の勢力を有していたようである。『真仏教軍』誌上には、主筆の中西牛郎のほか、島地黙雷・赤松連城・大洲鉄然・小栗栖香頂・江村秀山ら、本願寺派・大谷派の有力者の論考が掲載された。この雑誌は、一〇号（一八九三年一月二五日発行）から一八号（同年九月三〇日発行）までが、慶應義塾大学附属斯道文庫に所蔵されており(32)、そこから上述のことが把握できる。また『真仏教軍』第一号が成田山仏教図書館に所蔵されている。しかし、それ以外の号の存在は確認できていない。おそらく、この雑誌も一八九三年九月発行の一八号以後、ほどなく廃刊されたと考えられる。

さらに、一八九三年には、長崎県佐世保に大日本仏教軍が結成された。慶應義塾の卒業生である和田耕月が中心となり、青年会・婦人会・少年教会等を組織し、私立学校や慈善病院の設立も計画していた(33)。団体名称から、九州仏教軍・真仏教軍の影響を受けて設立されたものと考えられる。東京大学大学院法学政治学研究科附属近代日本法政史料センター（明治新聞雑誌文庫）には、大日本仏教軍の機関誌『仏教青年軍』第二号（一八九四年七月発行）が所蔵されているが、この雑誌もこれ以外の号の存在を確認できていない。今後の資料発掘が望まれる。

一八九〇年七月の第一回帝国議会の衆議院選挙による政治的対立に、仏教・キリスト教の勢力争いがからんで、熊本を中心に九州地方では広く通仏教的結束が高揚した。しかし、一八九四年に日清戦争の勃発により、こうした対立構図が崩れると、一挙にその通仏教的結束は終息に向かっていったと考えられる(34)。

註

（1）『國教』の発行兼印刷人は、通号九号（『第二國教』一号）から志垣弘に変更されている。同誌通号二七号巻末の新年の挨拶で、篠方典の肩書が「福岡県三池郡大牟田町熊本監獄支署在勤」と記されていることから、教誨師として職務のため自坊を離れ、発行兼印刷人も変更になったのかもしれない。『國教』の奥書によれば、その後、國教雑誌社の所在地は同じ町内に移転しているが、詳しい事情は不明である。なお、本論中の『國教』の号数は、すべて通号記載を原則とした。

（2）佐々木憲徳著『八淵蟠龍伝――明治教界の大伝道者――』には、「編集並に経済面の事実上の責任者は八淵蟠龍であった」と記されている（百華苑、一九六八年、三五頁）。『國教』誌上でも、二七号巻末の新年の挨拶や三四号巻頭の広告などで「社主八淵蟠龍」と記載されている。

（3）『國教』三号の社説の冒頭で、中西牛郎が「本社の社説は余が担当に係るを以て」と記していることから、初期には中西牛郎が主筆として社説を担当したと考えられる。一号から六号までの社説には執筆者名が明記されておらず、七号に島地黙雷、八号に八淵蟠龍の氏名が記載され、その後、草野本誓・中西牛郎・八淵蟠龍・森直樹らが執筆しており、無記名の場合もある。なお、『國教』二七号巻末の新年の挨拶での中西の肩書は「発起人」となっている。

（4）八淵蟠龍の経歴は、前掲註（2）『八淵蟠龍伝』のほか、常光浩然著『日本仏教渡米史』（仏教出版局、一九六四

年、三六四〜三六八頁。のちに中西直樹編『仏教海外開教史資料集成〈北米編〉』第五巻所収〈不二出版、二〇〇九年〉）を参照。

（5）　中西牛郎の経歴については、荒木精之著『熊本県人物誌』（日本談義社、一九五九年、三八九〜三九二頁）、角田政治著『肥後人名辞書』（肥後地歴叢書刊行会、一九三六年、一一一頁）、中西自身の著書『神の実現としての天理教』の序（平凡社、一九二九年）、「新仏教論の目的を明にす」（『反省会雑誌』七年二号、一八九二年二月）などによった。

（6）　紫溟会・熊本国権党については、上村希美雄著「熊本国権党の成立」（『近代熊本』一七号、熊本近代史研究会、一九七五年九月）、能田益貴編『梅溪津田先生伝纂』（津田静一先生二十五回忌追悼会、一九三三年）を参照。

（7）　『國教』三号掲載の「日刊新聞発行の計画」には、九州仏教団の機関新聞の発行に頭山満（熊本国権党党首）が資金を拠出すると記されている。この計画は実現しなかったようだが、九州仏教団と『國教』、熊本国権党との密接な関係があったことがうかがえる。津田静一も「夫れ我国従来の宗教は、神道仏教の二道にして（中略）共に我国に鴻益を与ふるものにして、吾党飽まで維持せんと欲する所のものなり」と述べ、「外教撲滅」を主張している（前掲『梅溪津田先生伝纂』一六六頁）。

（8）　前掲註（5）『熊本県人物誌』。このエピソードは、荒木精之著『熊本人物鉱脈』（熊本日々新聞社、一九六三年、一三八〜一四〇頁）にも記されている。

（9）　中西の米国視察期間は、「中西牛郎氏」（『反省会雑誌』五年二号、一八九〇年二月）の記事より知れる。また中西が文学寮教頭兼教授に採用されたことは、「中西牛郎氏」（『反省会雑誌』五年一〇号、一八九〇年一〇月）の記事より判る。

（10）　中西牛郎著『組織仏教論』（敬虔社、一八九〇年）。この点は、中西直樹著「日本ユニテリアン協会の試みと挫折――宗教的寛容と雑居性との狭間のなかで――」（『龍谷史壇』一一四号、二〇〇〇年三月）のなかで、かつて論じた。

（11）　前掲註（2）『八淵蟠龍伝』三五頁。

（12）　磨墨功洞編『法住教団百年史――能化の水は涸れず――』（法住教団、二〇〇九年）を参照。

(13) この点は、中西直樹・吉永進一著『仏教国際ネットワークの源流――海外宣教会(1888年～1893年)の光と影――』第三章(三人社、二〇一五年)のなかで論じた。
(14) 『國教』二八号によれば、その後、杉浦重剛(東京文学院教頭・日本中学校長)・西松二郎(理学士)・菅虎雄(文学士)・今井常郎(東京文学院講師)の四名が特別寄書家に加えられている。
(15) この点に関しては、別稿で詳しく論じた(前掲註(13)『仏教国際ネットワークの源流』第一章)。
(16) 月輪正遵編兼発行『日本仏教現勢史』(一八九二年)。全国の仏教系諸団体・新聞雑誌の現況掲載を懇請する広告は、『海外仏教事情』二三集(一八九一年八月)などに掲載されている。
(17) 大内青巒著『尊皇奉仏論』(尊皇奉仏大同団事務取扱所、一八八九年)。
(18) 中村六蔵の経歴は、高橋義夫著『幻の明治維新――やさしき志士の群――』(創世社、一九七七年)に詳しく紹介されている。
(19) 化堂(菊池謙譲)著「著述家として井上中西二氏、宗教大勢論を許す」(『反省会雑誌』六年三号、一八九一年三月)。
(20) 『國教』九号(『第二國教』一号、一八九一年一〇月)所載の「第二國教発刊に就て」。
(21) 九号掲載「社告」によれば、吉村真治は一八九〇年八月より『國教』の京都記者をしていたが、九一年六月に帰郷し、國教雑誌社で『第二國教』の編集を担当することになった。しかし、一一号掲載「社告」によれば、九一年一二月に吉村はいったん退社し、引き続き客員として編集に従事したようである。なお吉村は、一八九九年七月に京都で『僧侶政権論』という僧侶への参政権付与を求めた冊子を出版している。吉村は『國教』に数編の評論を発表しているが、六号の無名生「僧侶被撰挙権の請願に就て」も吉村の執筆によるものかもしれない。
(22) 註(16)参照。
(23) 『明治二十年法令全書』上巻、二四五頁(内閣官報局)。
(24) 前掲註(2)『八淵蟠龍伝』四一頁。
(25) 万国宗教会議と夏期講習会については、すでに前掲註(13)『仏教国際ネットワークの源流』第三章のなかで論じた。

(26) この点についても、前掲註(13)『仏教国際ネットワークの源流』第一章のなかで論じた。
(27) 森直樹編『仏教対外論』（國教雑誌社、一八九三年）。
(28) 『反省会雑誌』及び『國教』に、森直樹または黙々居士の名で掲載された論説は、以下のとおりである。
京都　森直樹「血涙を揮つて満天下の仏教徒に訴ふ」（『反省会雑誌』第六年六号、一八九一年六月）
黙々居士「中西氏の新仏教論将さに出てん」（『反省会雑誌』第六年七号、一八九一年七月）
鎮西東肥生　森直樹「印度仏陀伽耶回復に就ひて日本全国の仏教徒に檄す」（『反省会雑誌』第六年八号、一八九一年八月）
黙々居士「我国宗教上に於ける九州の形勢を論ず」（『反省会雑誌』第六年一〇号、一八九一年一〇月）
森直樹「我国宗教上に於ける九州の形勢を論す（承前）」（『國教』一四号、一八九二年二月）
森直樹「井上圓了氏と中西牛郎氏を対照論評す」（『國教』一五・一六号、一八九二年二月・三月）
黙々居士「我国宗教上に於ける九州の形勢を論す（承前）」（『國教』二一号、一八九二年八月）
黙々居士「儀式習慣の宗教に関する効力」（『國教』二三号、一八九二年九月）
森直樹「印度仏陀伽耶回復に就て九州仏教徒に檄す」（『國教』二五号、一八九二年一一月）
黙々居士「明治二十五年の歳晩に臨み満腔の感慨を迸洩す」（『國教』二六号、一八九二年一二月）
森直樹「印度仏陀伽耶回復に就て九州仏教徒に檄す（接続）」（『國教』二六号、一八九二年一二月）
森直樹「印度仏陀伽耶回復に就て九州仏教徒に檄す（接続）」（『國教』二七号、一八九三年一月）
黙々居士「日本仏教の運動と四囲境遇の変遷」（『國教』二九号、一八九三年四月）
黙々居士「日本仏教徒と世界的観念」（『國教』三〇号、一八九三年六月）
森直樹「九州仏教徒の夏期講習会」（『國教』三二号、一八九三年八月）
森直樹「亡友清水吉太郎を哭す」（『國教』三四号、一八九三年九月）
黙々居士「明治二十六年の仏界を回顧す」（『國教』三七号、一八九三年一二月）
森直樹「万国宗教大会凱旋者八淵蟠龍師を歓迎す」（『國教』三九号、一八九四年六月）
上記の内、「我国宗教上に於ける九州の形勢を論す」が森直樹と黙々居士の名で、『反省会雑誌』と『國教』の両誌に掲載されていることから、両者が同一人物であることが知れる。

また上記の論説から類推するに、森は当初、京都にあって中西牛郎の強い影響を受け、その後、帰熊して『國教』の編集に従事したと考えられる。前掲註(27)『仏教対外論』の奥書で、森の住所は熊本県玉名郡石貫村と記されている。

(29) 九州仏教倶楽部のことについても、すでに前掲註(13)『仏教国際ネットワークの源流』第三章のなかで論じた。
(30) 文学寮改正事件に関しては、「明治期仏教教団の在家者教育の一齣――一八九二年「文学寮改正事件」と中西牛郎――」(『雑誌『國教』と九州真宗　解題・総目次・索引』〈不二出版、二〇一六年〉)。を参照。
(31) 『海外仏教事情』二八号(一八九二年九月)巻末の広告による。
(32) 慶應義塾大学附属斯道文庫の所蔵雑誌は、一九三三年設立の「明治仏教編纂所」より寄託されたものである。
(33) 「大日本仏教軍」(『法之雨』六一編、一八九三年一月)、「大日本仏教軍」(『婦人雑誌』六一号、一八九三年二月)。
(34) 日清戦争後の宗教界の動向に関しては、中西直樹「日清戦争後宗教の動向――戦後世論と宗教家懇談会をめぐって――」(『佛教史研究』三四号、一九九八年四月)を参照。

【付記】　本稿は『雑誌『國教』と九州真宗　解題・総目次・索引』(不二出版、二〇一六年)収録論文を加筆・訂正したものである。なお、長谷川琢哉氏(親鸞仏教センター)より、『真仏教軍』第一号が成田山仏教図書館に所蔵されていることをご教示いただいた。記して一言お礼申し上げたい。

第二部　各誌総目次

中西直樹

【凡例】

一、仮名遣いは原文のままとし、旧漢字表記が通例となっている一部の姓名を除いて、旧漢字、異体字はそれぞれ新漢字、正字にあらためた。また、明らかな誤植、誤字以外は原文のままとし、人名その他もあえて統一を図らなかった。

一、漢数字などの表記は、一部で統一を図るため修正した。

一、総目次はできるかぎり詳細に記載するようにつとめ、目次に記載されていない内容も記載したが、広告等は一部省略した。

一、目次と本文中と表記が異なる場合は、その都度適切と判断される表記とした。

一、号・異名等については、判明する者のみを一覧表にして示した。

【付記】

本総目録の作成にあたって、以下のデータを活用させていただいた。データを提供いただいた先生方に甚深の謝意を表したい。

中川洋子氏作成『反省会雑誌』目次データ（『龍谷大学仏教文化研究所紀要』第四三集に収録、二〇〇四年）

藤原正信氏（龍谷大学教授）作成『令知会雑誌』目次データ

中川未来氏（愛媛大学講師）作成『海外仏教事情』目次データ（中西直樹・吉永進一著『仏教国際ネットワークの源流——海外宣教会（1888年～1893年）の光と影——』に収録、三人社、二〇一五年）

雑誌『反省会雑誌』総目次

『反省会雑誌』初号

一八八七（明治二〇）年八月五日発行

反省会雑誌

反省会雑誌発刊主意

朝鮮ノ文明ヲ誘導スルハ日本仏教者ノ責任ナリ　古河　勇

人心支配者ノ交代　寺本　静

玉石共焚ヲ如何セン　掬月玄千代

仏教者夫レ多忙ナリ　梅原　融

真理ノ花ニ月ニ遊バンカ　澤井　洵

演説筆記

反省会雑誌ノ発行

本校監事　里見了念演説（会員某甲筆記）

寄贈詩文

寄反省会　東陽　円月

山本　貫通

石村　貞一

赤松　連城

中臣　俊嶺

島地　黙雷

シ・エッチ・ホルドウイン（手島春治訳）

ゼームス・ツループ（松山松太郎訳）

蒐録

○禁酒格言○教語英訳○各種書簡（澤井洵・フエノロサ・ツループ・南条文雄・サムマース・松山松太郎・ヂヤツヂ・セリダン）○新体詩二首（土岐善静）○歌二首（佐伯旭雅・会友某）

訳説

○メイン州禁酒ノ件○アイルランド酒弊ノ件○博士ビショツプノ説○神智協会雑誌抜萃○ツループ氏真宗教

旨抜萃

教学要報

○米国神智協会略況○万国通信会○順承女学会○麦酒の効用○本校の大坂移転○女学生の布教○哲学要報○

校報

本会記事

○第十一回総会。本会規約改定・雑誌刊行・正会員醵金につき議定。事務員選挙（会幹に澤井洵・菅実丸、会計係に常光得然・弓削正雄、編輯係に菅実丸・古河勇・小原松千代）○討論会筆記録（論題・反省会ノ目的）

本会報告

○会外寄付○会員出金○退会○本会規約○会員姓名（正会員九十九名・賛成員三十六名）○地方賛成員募集広告○特別寄書募集広告○普通教校法話会（毎日曜午前本校講堂で開会）

附録

欧米仏教通信会趣意書

『反省会雑誌』第一号

一八八七（明治二〇）年一一月発行（一二月一〇日再刊）

賛成員募集広告

反省会雑誌

願くは清き生涯を送れ

雑報

○通信（合衆国雑誌記者チヤーレス・マーセイルス、ウイリアム・キユー・ヂヤツジ）

○校報（当期受持教師・舎監長沼清忠・用務係神代洞通・監事補日野義淵・法話会・予備門・新聞縦覧所・校内演説私会・演説私会連合演説会・撰科設置・本校生徒教師の資格・生徒行軍状況・普通教校大阪移転否決・欧米通信会）

○雑件（原口師の話・河原晋氏・禁酒党の勢力・催眠術の禁酒・須磨土産・青梅の失望・大阪のビール店・禁酒雑報数件）

寄贈詩文

反省会ニ贈ル　小山　憲栄

止酒詩　大賀　旭川

〔寄反省会〕　エドマンド・ゼー・セリダン

酒ノ害　賛成員　日野光円

蒐録

○詞藻（嗜甘楼主人・失名）

○内外酒事（飲酒者に罪人多し・欧州諸邦酒の害・ペルシア王酒店を禁ず・明治二十年十月中神戸港酒類出入高）

論説

一盞ニテモシカルヘキ歟　会員　小山達千代

大方諸子ノ賛成ヲ望ム　会員　稗田雪崖

本会記事

○第十二回総会。雑誌一号成行の報告、雑誌二号発行につき議定。事務員改選（会幹に菅実丸・中臣融、会計に弓削正雄・常光得然・編輯に小林洵・菅実丸・中臣融・古河勇・今村恵猛、書記に寺本静・小原松千代）○死亡（賛成員長澤博寿・正員亀田譲）

本会報告

○入会者○賛成員加入○会員外寄付○東京在留有志寄付○会衆寄付○正会員出金○賛成員寄付○寄贈新紙物品○改姓名（稗田雪崖・旧藤永雪崖、小林洵・旧澤井洵、河近頼母・旧藤井頼母、高務祐廣・旧寶閣善教、中臣融・旧梅原賢融）

広告

○禁酒・酒害に関する報知募集○女子教育・矯風会・法話会・蚕業紡績等に関する報知募集○本誌を無定期刊から毎月一回定期発行に変更

『反省会雑誌』第二号　一八八八（明治二一）年一月一〇日発行

賛成員募集広告

反省会雑誌

反省会第三回の新年

雑報

○普通教校の宗乗に正信偈等の科目増設の本山通達○校報（報恩講概況・学期試業・日野監事補・舎監和気善雄・小山教授・里見監事・歳末勤行・法主と本校生徒の新年御礼）○新年の感○愛国舎○女学校（神戸親和女学校・前橋清揚女学校・順承女学会・徳山白蓮女学校・広島県立女学校・筑前国福岡女学校設立計画・広島県備後国世羅郡本郷村女学校設立計画）

○反省会員諸君に白す　高楠　しも

○麦工事業○下戸の便利○我等は老ぬ○本利報恩講

寄贈詩文

反省会ニ贈ル（承前）　小山　憲栄

反省会ニ贈ル　斎藤　聞精

飲酒ノ弊害ヲ論シテ京都反省会ニ寄ス　赤松　照幢

蒐録
○日耳曼の酒造高○酒業禁止の出願○明治二十年十一月神戸港酒類輸出入の酒表

論説
新年ノ所感ヲ述ヘテ諸兄姉ニ望ム所アリ　会員　秦千代丸

欧米仏教通信会報
○本欄開設の趣旨・経緯○チヤーレス・マーセイルス氏ノ問ニ答フ○カルホルニア州東オークランドヨリノ来信（時事新報掲載の桑港発米国通信を付載）○日本仏教評論（昨年九月二五日ヒラデルヒア、プレス新聞掲載）○各地愛友諸氏に白ふす（欧米通信会員日野義淵・神代洞通）

特別広告
○欧米仏教通信会との提携告知（反省会）○禁酒・酒害に関する報知募集○女子教育・矯風会・蚕業紡績等に関する報知募集○反省会雑誌百部買上げ会員への無償配布の告知（欧米仏教通信会）

本会報告
○入会○賛成員加入○会員外寄付○正会員出金○賛成員寄付○寄贈新紙

広告
○改姓（小原に復籍、旧長沼清忠）○出版（本誌初号・本誌第一号・教学論集）○謹賀新年（神代洞通）○賛成員寄付納付方法

『反省会雑誌』第三号
一八八八（明治二一）年二月一〇日発行

○賛成員条件・申込方法等

社説
甘んずべからざるに甘んじ、安んずべからざるに安んずるは、宗教家の職に非ず

寄書
反省会員ニ贈ル　鈴木　天遊
酒をたしなめる人のかたにをくらんとてよめる歌　藤井　祐貞
反省会に寄せて諸兄姉の禁酒を勧告す　神代　洞通

蒐録
○詞藻（松島善海・中臣俊嶺）○内外酒事（各酒類の

アルコール度数・伊太利人の諺）
論説
是モ仏陀ノ恵ミナリ　会員　中臣融
食物概論　賛成員　松山松太郎
雑報
○校報（帰省中の監事里見・内学教授小山憲栄・舎監和気善雄、帰校）○教会彙報（大教校生徒宝城行仁らの少年英学教授・会員河近頼母の少年教会・東温譲らの相愛教会・島原遊郭教会）○警官の夜学会○京都婦人法話会○至道会○上毛婦人教育会○オルコット氏招聘○演説彙報
欧米仏教通信会報
日本仏教評論（前号ノ続）
エヂス・ジヨンストン嬢ヨリ来信（大英スコツトラント発）
印度ブダバンズ新誌抄訳
広告
○婦人教会設立並に雑誌発行○慈愍小学校資金募集
本会記事
○第十三回総会。雑誌改題・事務員編輯員の再選重任不可・事務員編輯員の任期改定につき議定。事務員改選（会幹に秦千代丸、書記に河近頼母・吉田隆千代、会計に小山達千代、編輯員に酒生恵眼・井上峰吉・東温譲・掬月玄千代・渋谷為次郎）
本会報告
○賛成員加入・雑誌進呈方法○禁酒・酒害に関する報知募集○女子教育・矯風会・法話会・蚕業紡績等に関する報知募集○賛成員加入○正会員加入○会員外寄付○賛成員寄付○正会員寄付○寄贈雑誌○本誌各号広告
広告
○出版（教学論集・少年教会演説・道徳のすゝめ・英文仏教問答・他）○禁酒宣言○金員物品寄贈人名（欧米仏教通信会）○賛成員寄付納付方法

『反省会雑誌』第四号

一八八八（明治二一）年三月一〇日発行

社説
麦酒
欧米仏教通信会報

エヂス・ジヨンストン嬢ヨリ来信（前号ノ続）
英国フランシスカ・アランデール嬢書簡
印度エッチ・ドン・ダビツドヨリノ書簡
寄書
反省会ノ主義ヲ賛成シ併セテ同胞兄姉ニ告ク　賛成員　一二三尽演
贈反省会　清水　享
英詩　イ・エッチ・セッパード
蒐録
○詞藻（三島毅・小栗栖香頂）○内外酒事（クリスマス時期の罪人の増加）
学芸叢談
食物概論（接前）　賛成員　松山松太郎
論説
仏教ト厭世教ノ関係　会員　松谷慈乗
雑報
○暹羅遊学○演説○大津婦人会○麦工の報知○大教校第一回卒業生○愛知普通教校○東京女学雑誌○印度人の徳義
広告
○出版（教学論集・能潤会雑誌・令知会雑誌・他）
本会報告
○賛成員加入○正会員加入○正会員寄付○賛成員寄付○寄贈雑誌○賛成員加入・雑誌進呈方法○禁酒・酒害に関する報知募集○女子教育・蚕業紡績等に関する報知募集○本会購求外国新聞雑誌○賛成員寄付納付方法○正誤

『反省会雑誌』第五号

一八八八（明治二一）年四月一〇日発行

社説
青年仏教徒思想の光景
欧米仏教通信会報
米国ロチエストル同胞会長ゼー・カブルス女史書簡
米国カール・カツソー会社よりの来信附仏光新誌抄訳
欧州理学の景況（抄出）　津田　静一
米国発兌ノ仏光新誌ヲ読ンテ諸君ニ告ク　通信会員某
寄書
飲酒功害論　本多　澄雲

反省会ニ贈ル（歌二首）　斎藤　聞精
蒐録
○詞藻（禁酒の歌）
ダブルユー・ストリート原著（中川太郎訳）
○内外酒事（欧州麦酒醸造額・東京日日新聞）
学芸叢談
禁酒論　色川　圀士
論説
梁武帝ヲ論シテ世ノ仏徒ニ告ク　賛成員　鱸天遊
雑報
○春期大行軍○大和通信○三氏の行を餞す（一二三尽演、弘中唯見、鈴木法琛九州教勢視察）○通信（英国禁酒同盟会ロバート・レー書簡、米国デイー・エス・スミス書簡）○去月来賛成員中より尋問されたる諸項中一、二を答弁す○神智学の義○近刊雑誌（婦人教会雑誌）○日本人
本会記事
○総会員集会（議事・委員選挙及び編輯人改選は次号掲載）
広告
○出版（農工商雑誌予約購読者一千名募集・共潤会雑誌・東洋学会雑誌・他）○禁酒宣言
本会報告
○賛成員加入○正会員加入○賛成員外寄付○賛成員寄付○寄贈雑誌○大方諸君ニ白ス（本会主義拡張協力要請）○賛成員加入・雑誌進呈方法○本誌各号広告○賛成員寄付送金方法

『反省会雑誌』第六号

一八八八（明治二一）年五月一〇日発行

社説
仏教上に関する隠闇の勢力
欧米仏教通信会報
印度ダンマパーラ・ヘバビサラナ書簡
仏教の慈恵（仏光新誌抄訳）　博士　マックスミユラー
寄書
摸装の説　農学士　菊地熊太郎
贈反省会　中村　鼎五
論説

仏教青年徒諸君ニ望ム　会員　鈴木藤丸
学芸叢談
禁酒論（承前）　色川　圀士
雑報
○本校生徒春季行軍状況○博愛社○福田行誡師寂○宝物縦覧会○明治専門学校○監獄教誨○近事要報
本会記事
○総会での編輯員・委員改選結果（編輯員に菅実丸・中臣融・小林洵・古河勇・寺本静、委員に秦千代丸・酒生恵眼・古河勇・小林洵・東温譲・今村恵猛・中臣融・小山達千代・菅実丸・寺本静）
広告
○出版（日本之教学・文学世界・仏光新聞・他）○禁酒宣言○防長ノ貴婦人令嬢書姉へ稟告ス（白蓮女学校内防長婦人相愛会）
本会報告
○内外寄贈新誌○賛成員寄付○賛成員外寄付○正会員出金○正会員加入○賛成員加入

『反省会雑誌』第七号

一八八八（明治二一）年六月一〇日発行

社説
新旧思想の調和は西洋主義に依らざる可らず
欧米仏教通信会報
通信○米国セント、ルイ府エリオト・ビー・ページ
旧約創世記批評（愛蘭国チャールス・ジヨンストン）
海外教報（米国仏光新聞抄出）
れりじょん（宗教）トハ何乎（桑港ノスチック雑誌社説抄訳）
寄書
婦人会の組織　人見　松溪
「アルコホール」ト学理　米国　テイー・ビー・ヴオークマン
蒐録
○戒酒論
○夢遊芳野山　会員　中臣融
論説
吾党青年特殊ノ希望　会員　酒生慧眼

勇気アル集合体及其活動　備後　賛成員　為政以徳
雑報
○高祖降誕会○五月は誕生の月歟○僧家の洋行○勝友会と青年伝道会○神智学に関する新聞○英国禁酒会の勢力○婦人教育雑誌○近事
本会報告
○内外寄贈新誌○賛成員寄付○正会員寄付○会員外寄付○新加入正会員○新加入賛成員○本会賛成員募集尽力者
広告
○賛成員寄付送金方法○出版（本誌各号・書方改良国民必携・文学世界・日本の軍備・他）

『反省会雑誌』第八号

一八八八（明治二一）年七月一〇日発行

社説
地方僧侶の潜勢力
欧米仏教通信会報
通信○愛蘭国エディス・ジョンストン○印度国クリシユー・チヤウドリー
雑録○龍動府出版会社○米国仏光新聞批評○魯国ヘレナ・ブラバツキー女史
寄書
文化の進むに従ひ酒精の用量減却すべし　菅　了法
〔寄反省会〕　賛成員　服部範嶺
論説
仏教界中の新組織　筑前　賛成員　楢崎森丸
輿論必シモ是ナラズ　正会員　梅田定
青年社会向後ノ業務　正会員　井上峰吉
蒐録
○幼稚園○主一の精神○大賀旭川
○大賀旭川読節用論　中村　敬宇
○寄題光明寺檻泉　大賀　旭川
雑報
○亜細亜の宝珠○東洋新聞紙の嚆矢○東本願寺の毛綱○京都の門徒寺○両管長の還俗○第二のメイン州○禁酒の利得○幻灯の応用○婦人雑誌の批評○両女学校の開校式○平安志学会○熊本哲学会○神智学会に関する新聞紙○魯西亜の女学○サムマーバケーション○新刊

雑誌○近事
本会報告
○新加入賛成員○新加入正会員○賛成員寄付○正会員寄付○会員外寄付○死亡（大内大利・武田勝之進）○賛成員募集尽力者○内外寄贈雑誌○通信会受贈新書
広告
○賛成員寄付送金方法○論説寄書掲載の方針○出版（本誌・亜細亜の宝珠発行・宗教小説改革新話・他）

『反省会雑誌』第九号

一八八八（明治二一）年八月一〇日発行

社説
新思想と旧思想
欧米仏教通信会報
通信○米国博士ゼー・ジー・ホフマン
雑録○仏者スウイデンボリー○米国神智学会員○仏光○基督教ノ敵半宗教新聞○仏者ノ友○仏教ノ性情○婦人ト仏教○スマンガラ僧正ノ書簡日本ヨリ来信○日本皇室ノ基督教○れりじよんトハ如何（承前）（桑港スチック雑誌社説抄訳）
寄書
普通教校生徒諸君ニ告ケ併セテ望ム所アリ
松山松太郎演説（桜井義肇筆記）
「テンペランス」と「インテンペランス」
愛蘭国　エデイス・ジヨンストン
本願寺禁酒会員ニ寄ス　米国エドワアド・ウオレップ
蒐録
○貧源○禁酒の美音○詞藻（松山緑陰・阿満得聞）
論説
田中鶴吉の伝を読む　古河　勇
亜細亜の宝珠ノ発刊ヲ祝ス　正会員　東温譲
仏教青年ノ集合体ヲ要ス　正会員　今村恵猛
雑報
○通信会の改革○宣教会の録事○磐梯山の破裂○反省会賛成員募集○近事
本会記事
○第十六回総会（役員改選〔会幹に小林洵、書記に中臣融・古河勇、寺本静、会計に吉田隆千代、編輯員に酒生恵眼・外四名）○第十三回総会での被選役員辞任

に伴う補充（書記に桜井義肇、会計に藤堂智順）

本会報告

○新加入正会員○新加入賛成員○賛成員寄付○賛成員外寄付○本会賛成募集尽力者○右の四名（記載内容が墨塗抹消）○死亡（杉原法林）○内外寄贈雑誌

広告

○北海道出張・函館別院滞在（加藤恵証）○会事務経歴報告（前会幹秦千代丸、任期途中辞任し小林洵に交代）○改姓（能仁寂雲、旧細川寂雲）○出版（積善会雑誌・文学界・婦人教育雑誌・他）○普通教校予備門生徒募集広告○各地有志者に告く（地方暑中巡回中止）○オルコット招聘報告・招聘趣旨書の頒布方法（オルコット氏招聘事務所）

附録

○宣教会設立趣意書及其規約○本会員勧募広告

『反省会雑誌』第一〇号

一八八八（明治二一）年九月一〇日発行

社説

禁酒

教会

海外通信

万国禁酒大会招待状

米国ウイリヤム・ジヤツヂ氏書簡の抜抄

米国エフアルドリツチ氏の書簡の抜抄

フランシスカ・アーランデール嬢の書簡

聖ジョー・レーン・フオツクス氏の書簡

寄書

仏家将来之教育策　人見　松渓

蒐録

○酒量に関する計算比較○北海禁酒会○旅の暮○送東温譲之印度詩一首○禁酒の利益○同英文

論説

偶惑　正会員　掬月玄千代

反省の美徳　大和　賛成員　佐々木恵雲

雑報

○印度留学○伊丹の衰微○純仏教新聞○勢地会員の出張○伯耆通信○熊本県の仏教党○九州巡回○広島県の同胞本会々員の為に救はる○諸雑誌論説の略評（教育

報知、六合雑誌、護国の楯、三重日報、大日本教育会雑誌、日本人、国民之友、政論）○近事

本会報告

○新加入賛成員○賛成員寄付○正会員寄付○賛成員募集尽力者○内外寄贈新誌

広告

○特別広告（賛成員寄付・郵便切手代用・雑誌延着・雑誌不着等につき連絡）○出版（伝道会雑誌・六合雑誌・教学論集・他）○以文会友社設立○改良印刷○告別（東温譲）○賛成員寄付納付方法

『反省会雑誌』第一一号　一八八八（明治二一）年一〇月一〇日発行

○反省会広告（目的・会員・入会手続）

社説

宗体革新の初期

海外通信

○朝鮮通信○暹羅通信○印度通信○米国通信○印度ダンマパーラ氏書簡拔抄

寄書

仏家将来之教育策（接続）　人見　松溪

酒の害を論して大日本節酒会員諸氏に忠告す　在独逸国　医学士　宮下俊吉

蒐録

○酒類分析表○酒は罪悪の原因○詩歌数種○僧俗各有短○禁酒の効果○同英文

論説

宗教の前途　賛成員　川根温三

酒精ノ肉体ニ及ホス感作　賛成員　武内義春

雑報

○美なる思立○興正寺派の反対党○オルコット氏来朝延期○英国宣教師の総引上○改過の美音○留学生と保護教育○熊本県仏教上の運動○七里恒順師の余聞○大阪両郡長の尽力○「教育及政治」○我が行く道○近事

海外宣教会録事

○宣教会起源○「亜細亜之宝珠」発送○会務報告○暹羅チヤンドルタツタ氏の書翰

本会報告

○新加入正会員○新加入賛成員○正会員寄付○賛成員

寄付○会員外寄付○賛成募集尽力者○備中国本教寺私立教校へ英学教授として出張（正会員白石甚五郎）○内外寄贈新誌

広告

○出版（法話・和洋酒類醸造法書・教育及政治・奏功確証内外大医之秘法集）○造士学会自宅独修会員募集

『反省会雑誌』第一二号

一八八八（明治二一）年一一月一〇日発行

社説

万国禁酒公会報告の顚末

日本の禁酒運動

海外通信

○論説（神魂不滅ノ念ヲ論ス・龍動神智学出版会社刊本抄出）○書信（アイオワ州禁酒家ヂー・エス・スミス、ニユー・ハムプシア州パーカー・ピルスバリー○寄贈雑誌

寄書

仏家将来之教育策（接前）　人見　松溪

酒の害を論して大日本節酒会員諸氏に忠告す（接前）　在独逸国　宮下俊吉

蒐録

○仏国の葡萄酒○神智学会の運動○詩（小山憲栄・独醒子）

○誡酗酒書　中村　栗園

○嗚呼狂せる哉○同原文　ミルトン

論説

失ヒ易キモノハ夫機乎　正会員　白石甚五郎

布教者ハ活潑心ナカル可ラス　賛成員　日野光圓

雑報

○新学制の発布○宿老所と宗会○孔夫子の後裔欧州に遊ぶ○新説の禁酒会○暴飲者と偽禁酒者○前者覆へり後者警せよ○日本美術雑誌○善事業を為すこと果して容易なるか（赤十字社　米国に於ける万国伝道会社）○哲学館講義録○北海道の開教（付・北海道本派教域一覧表）○法の雨○近事

海外宣教会録事

○来信（ウイリアム・ジヤツジ氏の書翰、基督教国ヲ化シテ仏教国トナサントス（ニウヨーク府サン新聞抄

訳」）○記事（地方幹事委嘱・海外宣教会録事第一輯の刊行・海外からの寄贈書目・亜細亜之宝珠の定期刊行を総会で議定・正会員人名・賛成会員人名）

本会報告

○編輯員・委員改選（編集員に秦千代丸・稗田雪崖、委員に小林洵・酒生恵眼・今村恵明・菅実丸・古河勇・秦千代丸・梅原融・桜井義肇・寺本静・吉田隆千代）○河内国枚方駅有志より本会会員演説要請、本会賛成員牧浦実応の紹介にて菅実丸・酒生恵眼が該地出張○新加入正会員○新加入賛成員○正会員寄付○賛成員寄付○会員外寄付○賛成員募集尽力者

広告

○本会広告（紙幅都合上、諸方広告不掲載を陳謝）○出版（亜細亜之宝珠・海外仏教事情・哲学会雑誌・他）

『反省会雑誌』第一三号

一八八八（明治二一）年一二月一〇日発行

○反省会広告（目的・会員・入会手続）○禁酒旗下の志士に告く（反省禁酒会及仏事禁酒同盟部）○敢て本会賛成員に白す（反省会々計部）○海外宣教会々員募集広告

社説

日本の禁酒運動

北海禁酒会の運動

終る一週年間の出来事

海外通信

論文（神魂不滅ノ念ヲ論ス（接前））

書信○印度来信（ダンマパーラ・ヘバビタラナ、善連法彦）○米国来信（ニユーゼルゼー州ジヨン・フレミング、ミネソタ州チー・ゼー・マクス・アフイー、クウインスランド州セオドア・ウライト）

寄贈雑誌

蒐録

○酒戒二十条○澳太利メレーンの酒客　人見　松溪

○兵庫県下醸酒石高ニ付テ

○将之布哇次韵東温譲君印度行之作留別　曜日　蒼龍

○寄善連法彦在印度　有馬　憲文

雑報

○禁酒家の義金○見よ見よわが友○禁酒の知らせ○三池集治監○長野監獄○諸職業衛生上の利害○露国の女医○日本の女医○仏教配下の人民○世界第一の神智学会○機敏なる勝友会員○扶宗会員海外に派出す○基督教者牛戦の遊びを為す○批評の妙用○近事

海外宣教会録事

○セオドルライト氏来信（十月クインスランド発）○記事（海外宣教会録事を海外仏教事情と改題・本願寺集会々衆一同の本部来会・地方幹事委嘱・特別会員推挙・正会員人名・賛成会員人名）

本会報告

○大和国佐々木恵雲を本会書記に任命○本会報恩講執行後、亀田譲・大内大利・武田勝之進・堀治三郎の追弔法会○人見松溪・古河勇の論説は次号掲載○新加入正会員○新加入賛成員○正会員寄付○賛成員寄付○会員外寄付○賛成員募集尽力者○仏事禁酒同盟員○寄贈雑誌

広告

○本会広告（入会申込・寄贈の書翰・転居の際の留意事項）○出版（亜細亜の宝珠・婦人教会雑誌・説教五悪段因果実験録・他）

附録

禁酒旗下の諸士に告ぐ

『反省会雑誌』第一四号　一八八九（明治二二）年一月一〇日発行

○反省会広告（目的・会員・入会手続）

社説

明治二十二年の大問題

海外通信

論文（日本人ニ諫告スル所アリ）　エドワード・ウオーレップ

書信○フヒリツピン群島来信（アレツキス・アル・ウエツブ）○米国来信（昨年十一月二十七日カリフオルニヤ州発）

寄贈雑誌

論説

布教上仏者の着眼　正会員　古河勇

節酒家諸君ニ望ム　賛成員　福地龍一郎

明治二十二年新感　　　　賛成員　有馬憲文

翻訳

博士マクスミユーラー氏略伝　　　　C．H．生

雑報

○米国婦人禁酒年会の報告○米国各州婦人禁酒年会○平均一人に四十八壜○一簣学会○酒屋の廃業○奥尻島の祭礼○一州の禁酒は憲法に背かず○禁酒バザー○禁酒演説○仏事禁酒○びんかま会○仏文十二宗綱要○進徳会○未代の伝道○大学林細則○普通教校の精神滅せず○反省会の基礎是より固からん○顕道学校○関西女学会○普通教校予備門及大教校附属校○六和女学校○鳥取女子高等学校○大和真利教校○相愛小学校○仏国連華雑誌○近事

本会報告

○死亡（佐竹直千代・萩生明達・貝塚佐納権次）○寄贈雑誌は年末報告○寄付金額及会員募集尽力者氏名は而今年末報告書に掲示○年末報告者は次回頒布○新加入正会員○新加入賛成員○仏事禁酒同盟員

広告

○本会特別広告（賛成員への雑誌送付条件・寄付依頼、寄付金未納付者への対応、郵券代用一割増、今後書信は玉本町に送付・今月中は元の西八百屋町へ送付のこと、他）○出版（日本之教学・他）○光映晴雨計○新年挨拶、他

『反省会雑誌』第一五号

一八八九（明治二二）年二月一〇日発行

○反省会広告（目的・会員・入会手続）

社説

仏事禁酒に付て（だれでも読めます）

海外通信

○論文（神魂不滅ノ念ヲ論ス（接前））

○書信（サミユーエル・プロゼツト、ミセスアル・エ・プロゼット（昨年十二月二日北米合衆国フロリダ発）、ウオーター・ヂー・ウールカム（昨年十月一日英京龍動発）、横山文園（本年一月十二日朝鮮仁川港発））

○埃及の敗将アラビー・パツシヤ侯と会員東温譲氏との対話○寄贈書類

雑報
○亜細亜之宝珠○日本の仏教○印度女学士ラマバイ女史○禁酒の功力何れにかある○フイスク将軍の禁酒会○米国の飲酒新聞○愛媛県の禁酒○上戸を変して下戸と為す秘宝○禁酒新聞日の丸○酒、人を殺す○禁酒旋下の志士に告ぐ○京都禁酒会○仏事禁酒○禁酒だより○禁酒雑誌○居ながら政権を握るの一法○大日本護国会○丹波国天田共同学館○東本願寺の殿堂○近事○米国陸軍大佐万国神智学会総長ヘンリー・エス・オルコツト氏及ひ印度神智学会書記ロヤル大学得業生ダンマパーラ・ヘバビタラナ氏来着の彙報及演説（十二日オルコツト氏演説、訳者平井金三氏）

本会報告
○新加入正会員○新加入賛成員○仏事禁酒同盟員

広告
○出版（哲学会雑誌・婦人教会雑誌・滑稽寓意仏教演説会・他）○本会広告（入会申込・書翰送付・転居の際・送金・寄付金未納等の注意事項）

『反省会雑誌』第一六号

一八八九（明治二二）年三月一〇日発行

社説
カーネル・オルコツト氏（附肖像）

海外通信
書信○フランシスカ・アーランデル嬢ノ書簡○フランシス・イ・ウイラルド嬢ノ書簡○世界禁酒会より万国政府に奉呈する禁酒請願状○寄贈新誌

寄書
カーネル・オルコツト氏の書簡
仏家将来之教育策（十二号の続）　人見　松溪

蒐録
○神智学会に付て○真宗十種の無上
○読奇日新報　大賀　旭川

論説
敢テ我肥前反省禁酒会々員諸君ニ檄ス　福地龍一郎
ダンマパーラ氏病床談話の一班

雑報
○京阪間に於けるオルコツト氏の運動○不幸なるダン

マパーラ氏○知恩院の大会○オルコット氏の信仰○柞原矯風会○禁酒進徳協会○禁酒軍敗後の一言○米国に於ける乱酒の増加○ロード、アイランド○広島高等女学校○同窓会将に起らんとす○近事

本会報告

○新加入正会員○新加入賛成員○仏事禁酒同盟員

広告

○出版（東京婦人矯風会雑誌・横浜禁酒会雑誌・我行道・他）○禁酒宣言○大坂有為会○数学専門学会○本会広告（入会申込・書翰送付・転居の際・送金・寄付金未納等の注意事項）

『反省会雑誌』第一七号

一八八九（明治二二）年四月一〇日発行

特別広告

○禁酒事業の社会的推進のため禁酒義金進募（責任者、小林洵・菅実丸・酒生恵眼・外六名）○禁酒義金寄贈者

社説

反省会の祝日―創立の四周年―

蒐録

勿れ　サラ・ゼーン・ビーン

○神智学会改定規則及目的○印度スマンガラ大僧正より各宗管長に寄せたる書状○印度七大僧正のオルコット氏に与へたる委任書

論説

日本十二宗の高僧に白す

エッチ・エス・オルコット（松山松太郎訳述）

一統宗教ヲ論ス

フイリンビ群島米国領事　ラッセルウエッブ

（中西牛郎訳述）

雑報

○万国禁酒公会の結果○新設の禁酒会○日東禁酒会○仏事禁酒の良法○仏事禁酒同盟会○禁酒の子○禁酒せられたる帝王○大祝日の振舞酒○印度の罪人○酒の生涯○ツループ氏の英文宝章○直打なき駁論○仏教者の連合○オルコット氏の到る処○奇日新報○新刊○反省会創立四週年の祝典○近事

本会報告

○第十二回総会（事務員改選〔会幹に小林洵、商議員に梅原融・桜井義肇・酒生恵眼・寺本静・外十六名、編輯員に菅実丸・秦千代丸・酒生恵眼・他四名〕）○退会者○除名者○新加入正会員○新加入賛成員○新加入仏事禁酒同盟員

広告

○本会広告（寄付金未納者への対応につき説明）○予約出版募集広告（本誌十五号掲載「仏事禁酒に付て」を小冊子に別刷）○本誌五号皆悉売切○本会四周年祝日の寄付金○前号誤報訂正○出版（新案仏教演説・仏教修身要録・一見即識言文一致仏教理言・他）○改名（元浅見暢堂改提山暢堂）○足立普明意見書○禁酒宣言○薬品（酒不可飲）○各国御指定宿

『反省会雑誌』第一八号

一八八九（明治二二）年五月一〇日発行

会説

禁酒事業の進まざる所以

蒐録

○勿れ（基督教に付て）○酒精ノ人体ニ及ホス結果○酒の害毒○和歌浦演習

論説

欧米に於ける釈尊の評伝　米国領事　ラッセル・ウエッブ

反省会に寄す　在京都　ダンマパーラ・ヘバビタラナ

仏家将来之教育策（十六号の続）　人見　松溪

雑報

○北総禁酒会員の請願○辰巳小次郎氏の禁酒○此芳臭差違を奈何せん○在布哇国日本人禁酒会○真宗青年会○忠言耳に逆ふ○菜食主義○高祖大師降生日○三原青年潤徳会○完全なる教師○禁酒同盟会○錫蘭の薔薇隊○大学林春期大運動会○鎮西仏教青年禁酒会○新刊○

近事

公開問答

○第一問・興仏と禁酒の問（備後佐藤寿竹）○第二問・禁酒非難の問（賛成員堀口法隆）○第三問・婚儀供酒の問（大和賛成員某）○第四問・本山法事禁酒の問（大和賛成員某）

本会報告

○会員月報（正会員・賛成員・仏事禁酒同盟員の統計、以後毎号掲載）○大学林内の賛成員の廃止に伴う退会申出者○新加入正会員○新加入賛成員○新加入仏事禁酒同盟員

広告

○本会特別広告（禁酒義金勧募）○禁酒義金寄贈者○本会四周年祝日の寄付金○前号広告「仏事禁酒に付て」発行○出版（本誌在庫・数学誌・積善会雑誌・他）○復姓（元平賀乗圓改山下乗圓）○禁酒宣言○懸賞論文「禁酒主義を拡張する方策」（北海禁酒会事務所）○書店開業○時事通報依頼（奇日新報編輯従事・佐々木恵雲）

『反省会雑誌』第一九号

一八八九（明治二二）年六月一〇日発行

社説

○反省会広告（目的・会員・入会手続）

帝国禁酒公会

蒐録

○醒世訓言○釈尊降誕会灌仏の歌○日本祖国の歌

論説

大聖世尊の真教義　米国領事　ラッセル・ウエッブ

基督教ノ伝道師ヲ論ス　松山　緑陰

仏家将来の教育策（承前）　人見　松溪

基督教徒に謝す　正会員　桜井義肇

雑報

○西洋崇拝主義○世尊の初戒○仏事禁酒請願の勧告○絶世の工事○遠足の功能○オ《雄》ルコット氏の帰天○借問す何人かオ《雄》氏の運動を完成する者ぞ○簡易なる仏教問答○仏教字典○月刊の悲さ○都城仏事禁酒会○潔きこと清水の如し○親切なる助言者○飲酒亡国論○紙面悉く純白色とならん○海外宣教の方向○朝鮮も亦○唯一と全無○酒の定義○金弐円○仏教青年協会○其他の青年会○渡天に就き今古の感○然るに海運の事業○仏教振起会○仏教各宗の紀原

仏光新聞（抜抄）

○今釈迦○ノーマンデイーの仏像○我慢国○仏教の無能力○印度人の天国○仏者としてスイーデンボーグ氏○緬甸の蛮族○宣教会を誤認せるか○日本の学僧○婦

人の本性○純金の指輪○耶蘇宣教師の讃仏○コロンバス以前のコロンバス○新宗教の需用
内外近事
○豪州ドウイン○新智学会総長ウイリヤム・キユージヤッヂ○アリードリヒ・ジンメルマウンの独逸語仏教問答○オルコットの仏教問答○藤島了穏の十二宗仏教論○印度ゴールの大僧正グネラトネの日本仏教評○海外宣教会と印度留学僧○オルコット○曜日蒼龍の布哇布教○沖縄那覇の念珠講○小笠原布教○諸新聞の禁酒報道○宗祖降誕会の禁酒○酔路の光○反省会員最多は石見○各本山の発行雑誌○求友会の運動
公開問答
○前十八号掲載の第一問から第四問までの答
本会報告
○会員月報○退会者○新加入正会員○新加入賛成員○新加入仏事禁酒同盟員○禁酒義金寄贈者第二回報告
広告
○禁酒宣言○出版（伝道会雑誌・酔路の光・他）○仏教拡張の一策（教育報知）○反省会雑誌見本進呈

『反省会雑誌』第二〇号　一八八九（明治二二）年七月一〇日発行

○反省会広告（目的・会員・入会手続）○特別広告（海外仏教事情）
社説
基督教徒は果して日本帝国を蹂躙するの価値あるか
米国金門神智学会長　ジー・エドワード・ウオレップ
蒐録
○醒世訓言○仏教不飲酒戒の起源
玉の緒の歌　井上哲次郎訳
論説
転生及涅槃を論ず　米国領事　ラッセル・ウエッブ
仏教家伝道化俗の順路方便は果して那辺に在て存するか　大和　賛成員　生駒藤太郎
反省ハ禁酒ニ限ラズ　賛成員　辰巳小次郎
雑報
○真宗本派の仏事禁酒○最多数の最大福祉○教会組織の第一着○東温譲の転学○ダンマパーラ氏○グネラトネ大居士の身上○会員吉丸徹太郎氏○東北禁酒会○ホ

ワイトクロス○日本全国の禁酒会○教育者禁酒同盟会○酒、医師を殺す○酔放人の戯言○盲唖の原因○飲酒者の新危険○火酒の害○黒蛇酒を嗜む○酔路の光○湯里村の仏事禁酒

寄書

児童のため　正会員　吉田隆千代訳送

ジヨセフ・クレウオース述

雄ルコット氏仏教問答ノ駁論　会員　吉村真次郎訳送

公開問答

○第五問・精進に就いての疑問（奇日旧報）○第六問・酒不可飲に就ての疑問（越前仏事禁酒同盟員酒の中の仙人）○第七問・酒と仏教に就いての問（周防林文七）○第八問・天学に関する問（肥後禿安慧）

本会報告

○会員月表○新加入正会員○新加入賛成員○新加入仏事禁酒同盟員○禁酒義金寄付者芳名第三回報告

広告

○出版（興教書院・酔路の光・子女の教育・他）○禁酒宣言○京都数学専門会○転居（吉丸徹太郎）○薬品（酒不可飲）

『反省会雑誌』第二一号

一八八九（明治二二）年八月一〇日発行

○反省会広告（目的・会員・入会手続）

社説

夏期運動……禁酒旨義確張……の方針

蒐録

○醒世訓言○仏教所説の酒の害○十界依正の歌○誡酒煙草○ウエサク日の讃美歌

論説

基督教ノ伝道師ヲ論ス（第二回）　松山　緑陰

仏教徒何故に泰西旨義を容れさる乎　会員　菊地謙譲

飲酒は野蛮時代の遺習なり　同盟員　戸城伝七郎

雑報

○仏事禁酒諭達の消滅○門末信者の不幸○一社二会の連合運動○済世禁酒会○ペンシルヴアニア州禁酒の模様○然るに同州共和党方法官○中井知事の禁酒○仏事禁酒漸く其版図を弘めんとす○文学寮里見了念氏の辞職○彼れにも亦身中の害あるか○会員C．H生とミレツト氏との談話○越後兼利教校○北海の好伴侶○一夫

一婦の建白要領○惜むべし物代議会○椅子の置替○政論冷語叢の一枝○賞盃廃止の建白○印度にて仏の遺物を発見す

本会報告

○改正反省会規約○会員月表○新加入正会員○新加入賛成員○新加入仏事禁酒同盟員○禁酒義金寄付者芳名

第四回報告

広告

○本会特別広告（規約改正にともなう会員等区分の変更）○禁酒禁煙宣言○死亡（田中慶市）○出版（学術技芸一見早覚終身不忘之奇術・仏教・法の園・他）○薬品（たむしの妙薬神液・船病新薬・酒不可飲・節酒散）○数学専門学会○越後兼利教校在勤（鈴木藤丸）○播磨国正覚寺帰休（鈴木法琛）

『反省会雑誌』第二二号

一八八九（明治二二）年九月一〇日発行

社説

○婦人の世界　発行の主意

先覚者の責任

禁酒政の原理、百年の大業

蒐録

○醒世箴言○仁和寺の法師

論説

殷鑒不遠　獣医学士　生駒藤太郎

反省会に望む所あり　在京都　人見松溪

仏尊ノ教戒　米国領事　ラッセル・ウエップ

雑報

○本山の教育○藤島了穏氏○酒、人を殺す○上保村仏事禁酒会○高輪の新文庫○家内の法義○日本文学の独立○日本の災害○酒、人をして放火せしむ○口の中の火事○大酒家は人間に非ず○世界第一の飲酒国○ゼ・ブツディスト○欧米仏教新論集○求道会○仏事禁酒と再報○仏事禁酒と宗義○酔路の光○酒にも亦西尊東卑の別あるか○悪質の麦酒○酒類輸入の増加○日本酒の将来○中西牛郎氏の書信○ダンマパーラ氏の書信○洗垢会の主義○禁酒の軍旗○愛媛禁酒会○謝状○飲酒は悪魔の母なるか○婦人の世界○近事

本会報告

○会員月表（統計の会員区分を会員・節酒同盟員・仏事禁酒同盟員に変更）○禁酒義金寄付者芳名第五回報告○新加入会員○新加入節酒同盟員○新加入仏事禁酒同盟員

広告

○出版（禁酒の軍旗・日本僧侶の位置・伝道会雑誌・他）○改姓（細間卓雄・元西本卓雄）○滋賀県金亀教校在勤（曾我長太郎）○転居（吉丸徹太郎）○禁酒宣言（佐藤最勝・豊島了寛）○薬品（鉄飴・護身必需蛇頂石・酒不可飲・節酒散）○反省会広告（目的・会員・入会手続）

『反省会雑誌』第二三号

一八八九（明治二二）年一〇月一〇日発行

○出版広告（亜細亜の光輝・仏法或問・酔路の光）

社説

仏事禁酒の解

蒐録

○醒世箴言○西洋俚言○奇異なる款待○酒屋の独語

論説

秘密仏教義　米国領事 ラッセル・ウエッブ

基督教ノ伝道師ヲ論ス（第三回）　松山　緑陰

反省会に望む所あり（接続）　人見　松溪

反省会記者に柬す　宗沢　文山

雑報

○十九世紀の大詩人○エドイン・アーノルド氏の書簡○仏法或問と亜細亜の光輝○在天竺の学友○本願寺の仏事禁酒○大谷派の譲就式○和歌山仏事禁酒会○医学士ノルマンケール氏○酒客は中風症に罹り易し○癲病の原因○万国禁酒会議○第二のレビット夫人○北海道の酒造税○帝国人民の酒類消費高○哀れなる基督教徒○災害の義捐金○岩手県禁酒会○一言の勧告○酒の祟り○近事○エドウイン・アーノルド氏の敵顕はれたり

本会報告

○会幹小林洵辞任○商議員会開催、役員改選（会幹に梅原融、編輯員に梅原融・寺本静・笠原松次郎・桜井義肇・稗田雪崖・弓削正雄・友松宗英・横山泰次郎・花崎鎮）○商議員欠員選挙（徳澤龍象当選）○小林洵、商議員就任○退会者（福島隆一）○会員月表○地方支

部規則○新加入会員○新加入節酒同盟員○新加入仏事禁酒同盟員
広告
○前号より紙質・誌面改良、愛読を懇請○出版（婦人世界・我行道・伝道会雑誌・他）○広島鎮台入営報告○哲学館内外員募集○反省会広告（目的・会員・入会手続）

『反省会雑誌』第二四号
一八八九（明治二二）年一一月一〇日発行

社説
経済的反省の意義
禁酒と青年
蒐録
○飲酒家の後悔○酒を戒む○想像の三聖、今代の智人○二世安楽経と題する写本の内に○余老人遺稿
夢想兵衛禁酒日記　曲亭　馬琴
論説
酒豪、衣を忘れて酒害を悟る、世の飲酒家に警告す　本多　澄雲
教育家の方針　生駒藤太郎
一般仏教者に仏事禁酒の実行を勧む　神代　洞通
不可思議境界ヲシテ益々不可思議的タラシムルモノハ勢力ニアルヲ論ス　武田　篤初
皇太子の紀念
○立太子の詔文○宝剣伝進の勅語○栄職の任命○皇太子明宮殿下○皇太子明宮殿下の御性行○東宮職の任命○立太子式の歌○大礼の慶辞
訳伝
附アーノルド肖像
サー・エドウイン・アーノルド氏の評伝
雑報
○万国禁酒公会○公会委員の書状○支那罘芝禁酒会○酒客膽妄病と酒癖病○仏事禁酒同盟会○禁酒肉入門○亜爾箇保児排斥列国会議○節酒は我々の主眼にあらず○すきとても○三々五々○近事日鈔
本会報告
○会員月表○死亡（花山淡晴・山下乗圓）○禁酒義金寄付者芳名第七回報告○新加入会員○新加入節酒同盟

員○新加入仏事禁酒同盟員○社告（元賛成員の会員加入手続方法）○正誤
広告
○出版（法の園・密厳教報・仏教或問・他）○死亡（山下乗圓）○汚辱飲料絶宣言○改名（藤堂哲・元藤堂智順）○生徒募集（数学専門学会）○薬品（酒不可飲）○反省会広告（目的・会員・入会手続）

『反省会雑誌』第二五号

一八八九（明治二二）年一二月一〇日発行

社説
反省の極度は表裏相応に在り　附道義的反省の意義
終る一週年の出来事
蒐録
○醒世訓言○西洋俚言○夢想兵衛禁酒日記
論説
少年ノ禁酒教育　米国　ゼ・ビ・ノース女史
「亜細亜の光輝」翻訳に就て　在印度　東温譲
六金色の旗章に就て　斉藤聞精（談話）
雑報
○サー・エドウイン・アーノルド氏○海外宣教会の運動○福澤翁に禅学を勧む○サタラマ教○反省会同盟員に告ぐ○謝詞○禁酒と基督教○酔人処分の新法○瘋癲病の原因○飲酒に関する取調○徳島禁酒会○東北禁酒会○村山禁酒会○南総長柄禁酒会○上毛青年連合会○今治仏教青年会○外教瑣談○錫蘭通信○海外近事○会員吉丸徹太郎氏○戒酒勧言○緬甸国の新宗教○美なる蓮華士○仏教西漸の原始○一切経西渡の原始
本会報告
○会員月表○禁酒義金寄付者芳名第八回報告○本月発行遅延により広告等は次号に掲載○反省会終身禁酒会員節酒同盟員仏事同盟員の方々に白す
広告
○本号遅延○出版（仏教或問・尊皇奉仏論・確有事実明治新百座因縁・他）○薬品（酒不可飲）○反省会終身禁酒会員節酒同盟員仏事禁酒同盟員の方々に白す（雑誌残部・頒布方法等）○反省会広告（目的・会員・入会手続）

『反省会雑誌』第五年第一号

一八九〇（明治二三）年一月一〇日発行（通号二六号）

社説
○巻頭詩文○敬賀新年（執筆方針等告知）

青年意向の趨勢
現今青年の真相

論説
反省の要点　東京　島地黙雷
反省ノ説　京都　赤松連城

蒐録
○醒世箴言○仏、経に衛生の要を説き玉ふ○人有二十難○弘法大師いろは書○聖徳太子の訓誡○醍醐天皇十二条の訓誡○上杉謙信機縁○浄土真宗立創の典拠

寄書
日本赤十字社の欠点　M. K. 生
禁酒会を賛成する言　松筠青士
偶感一束　子卓学人

雑報
○清新なる二十三年を迎ふ○愛国者を優遇するの特例○四条畷神社○本願寺派本願寺移転の三百年紀念祭○大谷派本願寺の議会○清浄なる報恩の営み○熱心なる禁酒家○不潔業廃止の問題○各地に於ける其運動○両本願寺の展覧会○独断なる哉○両雄相争ふ○禁酒の新法○二十三年の酔初め○風俗改良青年進取会○仏教演義科○雄弁学○ユーゴー氏のビスマーク公に贈れる書簡○各宗懇親会○六条の賑ひ○法之栞○新刊雑誌○海外近事

本会報告
○会員月表○禁酒義金寄付者芳名第九回報告○新加入会員○新加入節酒同盟員○新加入仏事禁酒同盟員

広告
○出版（八宗綱要抄啓蒙録・法の園・同志社文学会雑誌・他）○新年挨拶数件○大和仏教青年会員諸士に告ぐ○反省会広告（目的・会員・入会手続）○仏事禁酒同盟員の心得

『反省会雑誌』第五年第二号
一八九〇（明治二三）年二月一〇日発行（通号二七号）

社説
〇巻頭詩文
僧俗統制の本府
教会組織の困難

論説
仏教青年者の大同団結　東京　菊地謙譲
見よ今後の社会　京都　梅田定

蒐録
〇醒世箴言〇南溪師法語〇酒害標〇賢を学ふは賢なり（兼好法師）〇酒のいましめ（兼好法師）〇子供に刀
〇ブラウンとスミスの話

寄書
基督教社会今時の現象　大阪　箕峰生
敢て管見を陳せん　京都　東山道人

演説
宇宙ノ主人（大阪別院ニ於ケル海外宣教会ノ演説）　京都　一二三尽演
崇徳会に於て（崇徳の演意）　京都　赤松連城

雑報
〇本願寺蒐覧会〇海外宣教会〇東京海外宣教会〇松山松太郎氏〇欧米大学の今日〇阿片売買〇血誓の禁酒〇日下氏の労を謝す〇最多数の同盟員〇アイノ土人上代の酒戒〇人皆之を云ふ〇理事会〇酔眼大臣〇夥しき嗜酒家〇中西牛郎氏〇新島氏の就眠〇漸進廃娼論〇山県総理大臣〇第三高等中学仏教青年会〇内外近事

本会報告
〇会員月表〇禁酒義金寄付者芳名第十回報告〇新加入終身禁酒会員〇新加入節酒同盟員〇新加入仏事禁酒同盟員

広告
〇本山月報発行（細川寂雲）〇出版（日本仏教一貫論・魔界之灯明・哲学書院発売書目・他）〇終身禁酒宣言（菊城道端）〇反省会広告（目的・会員・入会手続）〇仏事禁酒同盟員の心得

『反省会雑誌』第五年第三号
一八九〇（明治二三）年三月一〇日発行（通号二八号）

○巻頭詩文

社説

日本仏教の形勢　教家の実力

論説

時事ノ感　大和　生駒藤太郎

我党ノ中心点　京都　徳澤龍象

我々向後の道行き　京都　佐々木慧雲

蒐録

○醒世箴言○無明違順の十心○精進日の心得（釈玄智景耀）○降誕会の心得○青年と老人（兼好法師）○禁酒の人は寒熱も之を害する能はず○帽匠の話○模範の勢力○各国飲酒消費の比較表

寄書

反動的運動の最後　東京　廬山人

理性と感情　京都　宗像逸郎

演説

崇徳会ニ就テ（崇徳の演意）（前号の続）　赤松　連城

雑報

○二精四了○村上専精師の断決心○米国に於ける羅馬教の勢力○高田派新法主○禁酒誓言の来歴○深海青年教会○エドウイン・アルノルド氏○獅子洲誌○組織仏教論○日の丸に光○教育報知に教育週報○禁酒の軍隊○基督教徒は嘆せり○米国禁酒党の勢力○上娯き下苦む○禁酒同盟帝国義会○仏教一貫論○古学研究の必要○増税の風説○北海道の仏教○世俗的仏教の勢力歟○

海外近事

本会報告

○会員月表○正誤○禁酒義金寄付者芳名第十一回報告○新加入終身禁酒会員○新加入節酒同盟員○新加入仏事禁酒同盟員

広告

○栃木茨城岩手宮城秋田青森北海道巡遊（反省会員吉丸徹太郎）○吉丸巡遊地域での斡旋要請（反省会本部）○出版（速記彙報・真理・尊皇奉仏論・他）○改名（清水精一郎・旧清水幾松）○反省会広告（目的・会員・入会手続）○仏事禁酒同盟員の心得

『反省会雑誌』第五年第四号
一八九〇（明治二三）年四月一〇日発行（通号二九号）

○巻頭詩文

社説

新仏教徒運動の本色

禁酒論

論説

真宗一派の独行　東京　古河勇

本願寺移転三百年に就て感有り　京都　稗田雪崖

蒐録

○学は之を行ふを上とす（蕪窓漫筆）○尊きは道より尊きはなし（教譚津集）○貧民学校と監獄署○如温武雷土の演説○酒器を破壊す

普通教校人士　天外散士

寄書

理性と感情（接前）　京都　宗像逸郎

改革の勢力及ひ方略　東京　K．K．生

雑報

○小林洵○反省会創立の五周年○六条境内○人生五十○風潮○禁酒と反省会○地方青年諸子○禁酒家より飲酒家に対する立量○時勢家○熱心なる会員○奇異なる宗教○現今支那人の道徳○光輝の一閃○九州仏教団○ジエー・エー・アツケルマン嬢○上毛婦人教育会春期大会○独立○時論○一代の事業万代の事業○道徳の感化力○上毛青年の初陣○廻瀾始末○東北禁酒之旗鼓○道之友○真宗維新論

祝詞

第五周年を祝す　会員　笠原松次郎

本会報告

○本会主義拡張のため地方委員嘱託（肥前吉丸徹太郎・岩代長澤達彦・肥前福地龍一郎・若狭日下得因）○会員月表○新加入終身禁酒会員○禁酒義金寄付者芳名第十一《ママ》回報告○新加入節酒同盟員○新加入仏事禁酒同盟員

広告

○出版（卍字叢誌・海外仏教事情・真理・他）○改名（桑原文夫・旧井上美次郎）○反省会広告（目的・会員・入会手続）○栃木茨城岩手宮城秋田青森北海道巡遊（反省会員吉丸徹太郎）○仏事禁酒同盟員の心得

『反省会雑誌』第五年第五号
一八九〇（明治二三）年五月一〇日発行（通号三〇号）

社説
禁酒論（接前）
論説
末寺論　肥後　吉成定太郎
我党今後の決心　京都　宮定一
蒐録
○人世　古河　勇
○ヒュー・ミルレル○酒害（梧窓漫筆）○亜細亜の光輝
寄書
仏教社会婦人の事業　東京　楓溪居士
幻灯ノ効用　陸中　耕田農夫
雑報
○仏教の文学○政略家の商売○僧族別置○仏教徒今日の運動○仏教と宗教の関係○青年仏徒現今の覚悟○臨機応変○此の差あり○行け進め○道徳講話会○大阪居士会○錫蘭仏教徒の気概○神道拡張の計画○来る二十一日○二十一日の注意○何ぞ一般に及ざる○岩村大臣と酒○貧民の涙血○巨鐘の引揚げ○名ある熱心家○禁酒会の紀念会○座主と新聞社の厚意○少壮有為の思想を惑溺せしむる勿れ○学問と見識○美人品評会○亜細亜之光輝○新刊雑誌○小林洵氏○海外近事（自由の大敵、世界人種の終極、奇怪なる婚姻規則、海外宣教会龍動支部長、魯国の新宗教、宣教師の熱心、帰仏者）
東北漫遊第一回報告　地方委員　吉丸徹太郎
本会報告
○会員月表○新加入終身禁酒会員○禁酒義金寄付者芳名第十二回報告○新加入節酒同盟員○新加入仏事禁酒同盟員
広告
○出版（海外仏教事情・法の園・日本主義・他）○朝鮮元山渡航（豊島了寛）○反省会広告（目的・会員・入会手続）○仏事禁酒同盟員の心得

『反省会雑誌』第五年第六号
一八九〇（明治二三）年六月一〇日発行（通号三一号）

○巻頭詩文　天外散士
社説
禁酒論（接前）
蒐録
○西六条　Y. B.
○仏界の真著　T. H.
○真宗説略を紹介す　S. S
○貧民救助小言
○古怪の伽藍　蘆山人
論説
仏教者の一問題に就て　村上英雄
仏教　古河老川
文学寮の拡張を望む　中西牛郎
漫言
○勿れ○我党の狂
寄書
感を記す　白斎道人
我党の強敵　子卓学人
徳育論　J. T.
雑報
○過る五月二十一日○本年大学林降誕会○酒税の減少○汚聞一斑○会員某氏への書簡○方丈落成式○日本には未だ此卿なき乎○貧民増加○禁酒大公会○怪奇の風説○板垣伯○禁酒誓言に就て○本会へ入会するに当て寄せられたる合爪氏の書簡○雑誌の流行○教之友○尽誠会雑誌○婦人の導○宗義講究会雑誌○伝道会雑誌○仏教講義録○教育報知○学の友○錫蘭島志○興学布教改良問答
○東北漫遊第二回報告　地方委員　吉丸徹太郎
本会報告
○会員月表○新加入終身禁酒会員○禁酒義金寄付者芳名第十三回報告○新加入節酒同盟員○新加入仏事禁酒同盟員
広告
○出版（法の園・婦人世界・海外仏教事情・他）○反省会広告（目的・会員・入会手続）○仏事禁酒同盟員の心得

『反省会雑誌』第五年第七号
一八九〇（明治二三）年七月一〇日発行（通号三二号）

特別広告
○旧普通教校及同予備門同窓の諸士に告ぐ（普通教校人士の金蘭簿作製）発起者惣代、古河勇・寺本静・笠原松二郎・稗田雪崖・桜井義肇・神代洞通

社説
印度留学の諸兄に望む
全国学生の現状

論説
欧米各国宗教史学の教授法に就て　仏国博士　ゼーン・レビル
吾人の夏休み　古河　老川
末寺経済論　吉成定太郎

蒐録
○人生　天外散士
○瀕死（上）　梠邨居士

文苑
○故郷（一）　廬山人
○赤壁賦ヲ読ム　古河　老川
○黄昏録　地影居士

寄書
笠原研寿君　東京　愛人堂主
三世因果之組織　真宗大徳某

雑報
○管長会議○九州仏教団○夢東北○禁酒の歌○独逸の仏教徒○仏国の仏教徒○印度神智学会雑誌○梵文の字母○英国々会の禁酒論○大和仏事禁酒会
○東北漫遊第三回報告　地方委員　吉丸徹太郎

本会報告
○会員月表○新加入終身禁酒会員○禁酒義金寄付者芳名第十四回報告○新加入節酒同盟員○新加入仏事禁酒同盟員は次号記載

広告
○出版（尽誠・青年之標準・法苑珠林・他）○学生募集（大学林文学寮）○生徒募集（大学林支校）○帰省本会主義拡張尽力（徳澤龍象）○終身汚穢飲料絶つ（安国寺圓晋）○改姓（圓尾廣之助・旧北風廣之助）○特別夏期講修（京都数学専門学会）○帰国禁酒尽力

（笠原松次郎）

『反省会雑誌』第五年第八号
一八九〇（明治二三）年八月一〇日発行（通号三三号）

○会員章牌規定
社説
欧州に於ける東洋学校
禁酒論（続稿）
演説
英国東洋学校開業式に於ける演説　博士　マクス・ムユーレル
論説
護法と弘法　植村　三郎
天下ノ教育者及学生諸氏ニ禁酒ノ断行ヲ勧告ス　吉津　知天
文苑
○李白詩を読む　K．K．
○叡峰覧古　冷々子
○故郷（二）　廬山人
蒐録
○高祖　オールド、リバー
○瀕死（下）　椙邨居士
○六色仏光に関して　善連法彦・東温譲
○日本の海と陸　サー・エドウイン・アーノルド（東城生訳）
寄書
愛人堂主の寄書に就て　大内青巒・南条文雄
仏教徒の学校を評す　楓溪居士
雑報
○露国の仏教徒数百万人○コレラと飲酒○南北仏教徒統計○カルホルニア州の禁烟令○喫烟の十害○驚くべき書籍の出版○本願寺の安居○あゝ濁世○会員岡崎香岳氏の死去○平田磧水居士○心のかゝ美○仏教青年会誌○章牌の事
本会報告
○会員月表○新加入終身禁酒会員○禁酒義金寄付者芳名第十五回報告○新加入節酒同盟員○新加入仏事禁酒同盟員○本会拡張のため地方委員嘱託（下野国星野了教・阿波国長谷部石郎・伊予国松本道男・大阪市梶原

薫）○正誤
広告
○飲酒病大妙薬　疾病者入院勧告（会員梶原薫）○出版（三国仏教略史・金剛・真宗問答・心境）○帰国本会主義尽力（姫路匡匪）○破壊ニ付終身禁酒同盟員除名○旧普通教校及同予備門同窓の諸士に告ぐ

『反省会雑誌』第五年第九号
一八九〇（明治二三）年九月一〇日発行（通号三四号）

○会員章牌規定
社説
禁酒論（続稿）
論説
文学界の仏教徒　天野　外一
天爵と人爵の衝突　吉成定太郎
文苑
○濁世　黄昏　地影居士
○死人の冠　盧　山　人
○五家行遊　菊地　化堂
寄書
娼妓存廃論　山口　村江清士
自治の原力　大和　平田積水居士
広島に一大仏教学校を設立せん事を中国人に望む　千　界　子
蒐録
○六色仏光に関して（接前）　在印度　善連法彦
○六色仏光に関して（接前）　東　温　譲
○南条文雄師　旧　川　生
○醒世叢談　風　木　子
雑報
○神道者の分離非分離○酒害の統計○葡萄酒の格魯児○同盟員勧募文○禁酒の歌○徹心居士吉丸徹太郎氏○警諭○我々の警告○オリエンタルホール○本願寺梵鐘鋳造○衆議院議員の仏教徒○仏海の波瀾○北海の美風○仏事禁酒に就ての悪風説○我党の志士○小原（元長沼）清忠氏の逝去○真宗問答○三国仏教史○近刊雑誌の紹介
常洲稲田及板敷山　東京　山陰石峰
本会報告

○会員月表○新加入終身禁酒会員○禁酒義金寄付者芳名第十六回報告○新加入節酒同盟員○新加入仏事禁酒同盟員

『反省会雑誌』第五年第一〇号
一八九〇（明治二三）年一〇月一〇日発行（通号三五号）

○会員章牌規定
社説
精神的教育者の欠乏
論説
禁酒と文学との関係（上）　第一木螟子
人傑ヲ論ス　菊地　化堂
文苑
○橋　霧廼舎椙邨訳
○兵庫行　山　眼　子訳
○長恨歌
○五家行遊（接前）　廬　山　人
蒐録
○上大洲執行長書　千　界　子
○日本清教徒　クロンウエル
○深思案　正宗閣信暁
○六色仏光に関して（接前）　在東京　秦敏之
○小原清忠氏を弔す
○小原清忠氏を弔す　古河　老川
○東北漫遊第四回報告　地方委員　吉丸徹太郎
寄書
東洋の仏教西洋の耶蘇教　会員　中西牛郎
仏教徒婦人の義務　徳山女学校　浅田さた
雑報
○基督教海の乱潮○出版月評の批評○歴史上の古木○北海の反省園○土耳其軍艦の沈没○日蓮宗の軋轢○徳永満之君○ユニテリアン教○大頓挫無きを愁ふ○仏教家の著述○耶馬溪仏教青年会○中西牛郎氏○真宗道徳新編を紹介す○マドラスに於ける外国人
本会報告
○会員月表○本会章牌製造の都合に依り仮事務所設置（大阪市南区堺筋長堀橋通り一丁目九十番屋敷）○章牌申込方法（章牌申込所反省会本部）○新加入終身禁酒会員○禁酒義金寄付者芳名第十七回報告○新加入節

酒同盟員○新加入仏事禁酒同盟員
広告
○出版（禁酒之軍隊・利と道・哲学館講義録）○反省会章牌部仮事務所出張（反省会章牌部長梶原薫）○日本美術建築請負業（伊藤平左衛門）

『反省会雑誌』第五年第一一号
一八九〇（明治二三）年一一月一〇日発行（通号三六号）

○会員章牌規定
社説
理想的仏教の一大学校
蒐録
○日本の事物　附箱根紀行　東京麻布鳥井坂　サー・エドウイン・アルノルド
○天外風筆　天外散士
○韓僧問答　駐在元山津　三車外史
論説
禁酒と文学との関係（下）　第一木螟子
伝道会社の新組織　国塚松太郎
禁煙の記　三谷　浩
文苑
○「涙」と「骨」の序　椙邨居士
○浅草観音に詣す　古河老川
○随感記　廬山人
○五家行遊　廬山人
寄書
過去と将来に於けるの文学寮　静観自得居士
批評海中ノ船　呑天居士
通信
龍動通信　小林　洵
東北漫遊第五回報告　地方委員　吉丸徹太郎
雑報
○徳義及教育に関する勅語○両留学生の帰朝○高僧グーナナンダ師逝去す○基督教の僧正普氏の演説を求む○酒害標○今古英雄の最後○恐るべき飲酒の余響○本願寺議会○普通教校人士○近刊雑誌批評
広告
○出版（國教・山口県下各宗寺院細見・令知会雑誌・他）○哲学館々外員募集）

『反省会雑誌』第五年第一二号
一八九〇（明治二三）年一二月一〇日発行（通号三七号）

社説
○謹祝帝国議会万歳
理想的仏教の一大学校
終る一週年間の出来事
文苑
○涙と骨　涙骨生
○随感記　廬山人
○墓　吟畔生
通信
龍動通信（つゞき）　小林洵
印度「ミユウジアム」に就ての感　在龍動会員　禿了教
大ニ感謝ス　吉丸徹太郎
東北漫遊第五回報　地方委員　吉丸徹太郎
蒐録
○千古の奇巻、西遊真詮　天外散士
○木南風筆　西山穏士
○ベリクルスの伝　在東京　秦敏之
○禁酒党沿革史　会員　福地龍一郎訳述
批評
経世博議出づ中西君弥よ真文陣に出軍す　天野外一
亜細亜の光輝第一巻　在独国　篝村生
顕正活論巻一（井上円了著）　箕峰生
寄書
禁酒軍の征路　吉成定太郎
真宗　前田慧雲
雑報
○カーネル・オルコツトと神智学会○基督教者伝道の利器○路傍演説○立憲の政化に均霑せしめよ○基督教国の戦争○咄這堕落の沙門○帝国大学の比較宗教学○聖賢の書を読め○中西牛郎氏の文壇○一行の値十七弗○懇親会の概況○仏国人口減少の原因○市中に暴飲する者五十人○岩手禁酒会来信○海外仏教徒の近状
本会報告
○会員月表○新加入終身禁酒会員○禁酒義金寄付者芳名第十八回報告○新加入節酒同盟員○新加入仏事禁酒同盟員○会員死亡人（肥後国桐野宇太郎・外五名）

広告
○出版（青年之標準・東京商業雑誌・仏教道徳十善誌・他）
特別広告
○地方委員吉丸徹太郎、本会主義拡張のため東京発、東海・南海・北陸・山陽・西海を巡遊（反省会本部）○同漫遊に際し周旋依頼（吉丸徹太郎）○吉丸の東北・北海道巡遊の際の協力陳謝（反省会本部・吉丸徹太郎）○反省会主義拡張・章牌要務のため関西巡遊予告（章牌部長兼地方委員梶原薫）○病中訪問敬謝（佐々木慧雲）○会員章牌規定○本誌改良の予告（反省会編輯員）

『反省会雑誌』第六年第一号

一八九一（明治二四）年一月一〇日発行（通号三八号）

会告
○反省会大会開催○誌面改良告知・各地景況通報依頼、他○地方委員等の地方巡遊（関西に吉丸徹太郎・近県に梶原薫・河内に牧浦実応が巡遊、反省会本部）○関西漫遊報告（吉丸徹太郎）○年賀挨拶（古河老川、他）
社説
二十四年以後の禁酒問題
二十四年以後の二大教徒　東京　化堂
論説
仏教徒の三大潮流
年頭第一の希望　横山泰次郎
蒐録
○涙と骨　涙　骨　生
○牙墨界　ン　鉄　樵
○日本の事物　附箱根紀行（つゞき）　サー・エドウイン・アーノルド
木　嬰　子
○警醒漫録　印度　東温譲
○再び六色仏光に関して
○藤島了穏氏に与ふ　紅　石　生
○両親の注意（龍動禁酒新聞抄訳）　東　城　生訳
○余の一月一日　天　外　散　士
雑報
○二十四年○神智会の大会議○印度留学生の転学○英

京倫動の市街○発言壇上酒気芬々○北畠道龍君○存娼と廃娼○収賄○馬鹿の天井抜け○胆岳藤島君○アルコールと食物消化○仏事禁酒の反対者○仏事禁酒に就て○一快報○反省園○印度洋上獅子吼説法○東毛禁酒会と牧方支局○我党の志士○疑難徴集○各宗綱要編纂事業

○東北漫遊報告第六回（つゞき）　吉丸徹太郎

本会報告

○会員月表○新加入終身禁酒会員住所氏名○新加入節酒同盟員○新加入仏事禁酒同盟員○退会者○退会者の再入会

広告

○反省会章牌部枚方支局設置○同事務取扱等連絡（牧浦実応）○仏教疑義徴集募集（生田得能）○出版（伝道会雑誌・新式速記話法・真宗源流編、他）○会員章牌規定

『反省会雑誌』第六年第二号
一八九一（明治二四）年二月一〇日発行（通号三九号）

会告

○反省会大会開催○会員章牌規定

社説

二十四年已後の二大教徒（続）

医学生

論説

亜細亜に於ける三大教徒　菊地　謙譲

経済の念慮　東京　弓削正雄

蒐録

○遺恨十年　化　堂

○禁酒党沿革史（第二回）　会員　福地龍一郎訳述

○巷の酔人　盧　山　人

○旧洛陽　盧　山　人

○ニコライ堂　虎白　山人

○縛馬答（上）　縦　横　生

寄書

麦酒は果して強壮剤なりや　大原　嘉吉

僧家の生計　坂口　祐道
吉丸徹太郎君の西遊を告白す
反省園開拓の旨趣　吉丸徹太郎
雑報
○仏教青年協会の現状○南条文雄師と井上哲次郎氏○哲次郎氏と円了氏○終身不忘の奇術を読む○東京書生の近色○哲次郎氏の演説○咄、基督教徒這般の無礼をなす○右に付基督教徒の手段○内村鑑三氏の解職○死刑廃止の請願○諸師の紹介○日本基督教会○望みある仏教家の二大事業○国家的教育○東洋新報○和歌山来信○大同団報
本会報告
○会員月表○禁酒義金寄付者芳名第十九回報告○新加入終身禁酒会員○新加入節酒同盟員○新加入仏事禁酒同盟員○負傷につき関西漫遊延引（吉丸徹太郎・反省会本部）○疾病・漫遊延期報告（反省会章牌部長兼地方委員梶原薫）
広告
○出版（真誌・光・国文学、他）

『反省会雑誌』第六年第三号
一八九一（明治二四）年三月一〇日発行（通号四〇号）

社告
○大会予告○規約に就ての注意
社説
二十四年已後の二大教徒（続）
軍人の禁酒
論説
亜細亜に於ける三大教徒　菊地　謙譲
一夕夢想　東京　麻郷学人
蒐録
○涙と骨　涙　骨　生
○基督教徒脳髄中真理の分析　虎白山人
○村巷の地蔵　牛谷居士
○一剣在手　椙邨居士
○基督教徒の不敬事件をして遥に千年の古へを追回せしむ　礫川　処士
○著述家として井上中西二氏、宗教大勢論を評す　化　堂

○大針光　飛　天　生
寄書
「経済の念慮」を読む　東京 中島宗平
基督教と偶像　伊豆熱海 天竺浪人
村上博士ニ質ス　東京 山中逸
雑報
○三条公薨ず○英国仏教の景勢○名古屋に於ける大懇話会○仏教青年会医学校に起る○国礼禁酒○尊敬か礼拝か○普氏の来朝延期○愛蘭人の酒癖○土京に於ける仏教徒の消息○酒造税に就て○同盟休業の風説○代議士と酒毒○日蓮宗の紛々○朝鮮の名士○支部発会式の景況○同○英訳仏書○アルコホールと肺炎○死刑廃止論○宗教病院○顕如宗主三百年法会○光○無礼漢○新著の紹介○管長会議○欧州に於ける麦酒の消費高○廃娼の気焔
本会報告
○会員月表○本部事務員改撰結果（副会長に中西牛郎、会幹に寺本静、商議員に桜井義肇・横山泰二郎・友松宗英・徳澤龍象・外八名）○禁酒義金寄付者芳名第二十回報告○新加入終身禁酒会員○新加入節酒同盟員○新加入仏事禁酒同盟員○枚方支局事務員（支局長兼地方委員牧浦実応、他）
広告
○酒肉煙に加え禁菓子類宣言・改名（杉本昇道・旧昇之輔）○出版広告（東京商業雑誌・宗教汎論・法之園、他）○会員章牌規定
附録
改訂規約

『反省会雑誌』第六年第四号
一八九一（明治二四）年四月一〇日発行（通号四一号）
会告
○大会予告○規約に就ての注意○附録（会員清水晉筆絵画）
社説
第六周年の述懐
二十四年已後の二大教徒（続）
論説
一夕夢想（続）　東京本郷 麻郷学人

亜細亜に於ける三大教徒　菊地　謙譲
石山軍の功績　越前　北蓮岳人
蒐録
○印度毘那列府の状況　在ベナーレス府会員　徳澤智慧蔵
○首途　梠邨居士
○米国禁酒党沿革史　福地龍一郎訳述
○余の三月二十九日　天外散士
○金銭消費の比較（英国に於ける比較にして英国々教禁酒会の統計に依る）
○飲酒と生命　チー・ゼー・ボール
○節酒の定義　東城生訳
○龍動府民の飲酒に就て　ゼー・ハークス
○一里塚　在東都　杭畔漁史
○「涙と骨」に就て　涙骨生
寄書
節酒主義廃すべし　在東京　鶴峯居士
村上学師に質するに就ての弁妄　京都　弓波定寿
反省園開拓賛助員の芳名を告白す　反省園開拓主任　吉丸徹太郎
雑報
○反省会第六週年○東京反省会演説○海外仏教徒の消息○在東京反省会員第一回会合○同志社に仏教の一科を設く○反省会の趣意を表示す○名古屋懇話会に対するの建議○全国教育者に向つての紹介○雑聞○酔狂○厄介○乱暴○会議○中止○礼帽○改題○附録○殺風景○新著の紹介○新嘉坡に於る仏教徒の活動○愛知県に於る仏教徒の激昂
本会報告
○会員月表
広告
○愛知県漫遊（吉松徹太郎）○転居（菊池謙譲）○改名（玄智、元掬月玄千代）○出版（禁酒之軍隊・教学論集・耶蘇教鼇正論頂門一針、他）

『反省会雑誌』第六年第五号

一八九一（明治二四）年五月一〇日発行（通号四二号）

会告
○大会来会謝礼○会員章牌規定

社説
日本と仏教　中西　牛郎
二十四年已後の二大教徒（続）
蒐録
○大会祝歌　中川　太郎
○大会祝歌　浅田　四郎
○反省会禁酒事讃頌　元山居人　承周弼謹書
○祝詞　杉村廣太郎
○ニコライ堂を観る　虎　白　山　人
○禁酒者＝非禁酒者死亡比較
○仮宿（一）　梠　邨　居　士
○米国禁酒党沿革史
米国　レッバス・アームストロング氏原著（福地龍一郎訳述）
○一剣在手（第二）　縦　横　生
寄書
真宗の学者に望む　京都　愛人比丘
経済の念慮を読む（接前）　同　中島宗平
春日偶感　弓削　鴻浦
反省園開拓の趣旨（付・賛助員第二回報告）
反省会員・開拓主任　吉丸徹太郎
大会彙報
○四月二日、河原町四条上る共楽館で開催、来会者二九二人○会幹の開会旨趣説明・本会報告、副会長中西牛郎・松山松太郎の演説、祝詞朗読、武田篤初の演説、D681大坂支部長報告、余興などの後、提出議案を付議○可決議案（各宗管長への禁酒勧奨の請求、外六件）○否決議案（少年部婦人部の別置、外四件）
雑報
○京都反省会大演説○全国仏教上の会合は必ず禁酒すへき事○其他の決議○巴黎通信○阿片販売の禁止○南洋の開教○山梨県に於る演説会○岩手禁酒会第二紀念会○反省会徳島支部○仏教団体の懇親○京都市内の最大悪弊○岡山医学部仏教青年会○改良○改称○建築○出発○正誤○日下氏の労を謝す
本会報告
○会員月表○反省会演説会義金・支出報告（於東京帝国大学講義室）○禁酒義金寄付者芳名第二十一回報告○新加入終身禁酒会員
広告

○疾病帰国報告（佐賀県木山定山）○本会主義拡張のため各地巡回（熊本清源寺中島導圓）出版（海外仏教事情・立教大論・道の友、他）○京都仏教団体懇親会開催告知

『反省会雑誌』第六年第六号

一八九一（明治二四）年六月一〇日発行（通号四三号）

社告

○規約に就ての注意○会員章牌規定

広告

○反省園開拓義募集○反省園開拓義募集寄贈者芳名第一回報告○出版広告（伝道会雑誌）○日本局方純良薬品粉末発売

社説

日本と仏教（続）　中西　牛郎

二十四年已後の二大教徒（続）

論説

血涙を揮つて満天下の仏教徒に訴ふ　京都　森直樹

社会制度の革新者としての仏教徒の地位を論ず

蒐録

○仮宿（二）　快山生

○米国禁酒党沿革史　椙邨居士

米国　レッバス・アームストロング氏原著（福地龍一郎訳述）

○一剣在手（第三）　吟畔子

○松平楽翁公が酒弊を挙たる筆記

○子孫延命丹

寄書

経済の念慮を読む（接前）　東都　中島宗平

方今天下頗多事　男子須起当大難　彼車夫将靖国患豈況青年有為徒　掬粋庵主人

雑報

○千載名教の地○印度内地の巡遊○其旅費○胃に及ぼすの酒毒○一壜の麦酒全家の滅亡○水兵の暴行○巴里に於ける仏教徒の運動○毘那列府の争動○反省園開拓に就て○我党の志士○舞台と説教壇○基督教雑誌の調子○禁酒島民の激昂○真宗青年伝道会○海外留学仏教徒の帰朝○醸造雑誌将に酒造家の機関たらんとす○馬

車貯酒と鹿車貯酒
関西紀行　吉丸徹太郎
本会報告
○会員月表
広告
○五年間禁酒宣言（常木教本・長野覚真・江龍祐照）○官海を辞し本会のため尽力宣言（会員竹馬光彦）○反省園開拓は吉丸個人の主義で発意計画（反省園開拓主任吉丸徹太郎）○大日本教育界章贈与（表彰者氏名）

『反省会雑誌』第六年第七号

一八九一（明治二四）年七月一〇日発行（通号四四号）

社告
○規約に就ての注意○会員章牌規定
社説
境遇
夏期休暇に際し学生の帰郷を促す
論説
学海維新論（其一）　安田　格
青年仏教徒の連合及真理の討究は夏期にあり　秦　敏之
蒐録
○仮宿（三）　梠邨居士
○ブッダガヤの霊地を望む　化　堂
○宗教学　ゼームス・フリーマン・クラーク
○断酒戯作　鬼木　沃洲
○廃酒　会員　藤波十空
○三大学者の禁酒談　縦　横　生
○気取豪傑　縦　横　生
寄書
仏教々科書に付て　東京　亭如学人
中西氏の新仏教論将さに出てん　黙々居士
雑報
○僧園○印度ベナレス府報（徳澤智慧蔵）○日本現今の基督教幷に将来の基督教○中村正直氏逝く○一種の酒不可飲○管長撰挙○飲酒と交際○日蓮上人と史学会○同志社に於ける島田三郎氏○東宮殿下の御仁徳馬丁に及ぶ○神奈川県庁婦人の渡航を禁ぜんとす○固執派

の頑固○新聞発行
九州漫遊第一回報告　北海道反省園開拓主任　吉丸徹太郎
本会報告
○会員月表○禁酒義金寄付者芳名第二十二回報告○新加入終身禁酒会員○新加入節酒同盟員
広告
○反省園開拓費義金募集広告○反省園開拓費義金寄贈者芳名第二回報告○出版（光）

『反省会雑誌』第六年第八号
一八九一（明治二四）年八月一〇日発行（通号四五号）

社告
○熇暑見舞○会員章牌規定
社説
仏教徒をして羅甸民族たらしむ勿れ
禁酒家と酒筵
論説
学海維新論（其二）　安田　格
物心二力の関係を論じて護国扶宗の方策に及ぶ　筑水漁父
蒐録
○仮宿（四）　相郎居士
○第十九世紀てふ語　虎白山人
○禁酒と社会改良問題
○一剣在手（第四）　賤の女
○迷信の谷（其一）　楓溪居士
○近時の快文学を紹介す　天外散士
○涼床茶話　天外散士
○今様の譜（徳山婦人慈善会に於ける唱歌）
寄書
印度仏陀伽耶回復に就ひて日本全国の仏教徒に檄す　鎮西東肥生　森直樹
雑報
○仏陀伽耶事件彙報○九州仏教倶楽部○九州仏教軍○路傍演説、田中智学居士○レビット夫人世界週遊を畢へて帰る○井手三郎氏の計画○中島裁之氏は既に進発せり○狡奴の徘徊○不敬に非るか○支那内地の宗教○醜聞一括○来往○新刊紹介○好風儀○窮遁辞○雑誌の

夏休み○本願寺安居大衆に寄す○禁酒の結婚式○外務大臣某法主を評す○菅桐南了法氏の主筆○北海禁酒会夏期親睦会
本会報告
○会員月表○新加入終身禁酒会員○新加入仏事禁酒同盟員○反省園開拓費義金寄贈者芳名第三回報告
広告
○北海道に渡り反省園開拓従事（反省園開拓主任吉丸徹太郎○出版（九州仏教軍・伝道会雑誌・大乗起信論和解、他）

『反省会雑誌』第六年第九号
一八九一（明治二四）年九月一〇日発行（通号四六号）

社告
○会員章牌規定○本誌第六年第八号目次
社説
海外の事業
内国の事業
論説
物心二力の関係を論じて護国扶宗の方策に及ぶ（其二）　筑水漁父
遅延乍ら「節酒主義廃すべし」を駁す　虎白山人
蒐録
○高野にまうづ　相郇居士
○夢中感得仏像記事　准水老人　南溪
○夏休み土産　老　川
○一剣在手（第五）　黒　偉　人
○飲酒に関する医士大会の結議　ゼ・ボイス（えむ、えー訳）
○禁酒問答　反　省　子
寄書
鹿児島に於ける基督教徒　田上　靖
「ユニテリアン」と仏教　隈井　求馬
仏教界の双璧　東京　冷々居士
青年仏徒の覚悟　苓　陽　外　史
雑報
○漫遊雑誌（一）（日本婦人美徳会　該会に於ける演説　日本風俗の流行　飲酒の勢力）○梵吠府の報（徳沢智慧蔵）（毘那例出達　ポムペイの海風　英人の不

道徳　日本女子の醜行　ペノン氏日本漫遊を望む）○北海道禁酒会アイヌ矯風部を設立す○犯罪増加の源因○日蓮上人の銅像○真宗罵詈演舌○危険の防腐液○美談一則（越前通信）○日本奉仏会（大坂来報）○仏教国地図○硯地漫遊（英晋、徳澤龍象）○改革○改革の時機○仏蹟興復会○亜米利加外国伝道会社○オルコット氏○阿部宥乗師印度に赴く

本会報告
○会員月表

広告
○出版（海外仏教事情・大聖釈迦・和釈原人論、他）○物故者（石津灌園・長安定圓・新井謙二郎・松浦菊寿・山村音三郎・芦月恵海）○病気可養につき上京（本願寺大学林木山定生・光永純成）○病気再発につき上京見合（越前内島勇）○豊筑漫遊歓待への謝辞・帰京報告（立雪英晋）○関西漫遊延期報告（梶原薫）○改姓○石地漫遊歓待への謝辞（英晋・徳澤龍象）○同（大久保、旧安田格（松島、旧中島宗平）

『反省会雑誌』第六年第一〇号
一八九一（明治二四）年一〇月一〇日発行（通号四七号）

社告
○本誌改良・本部移転（西若松町）・十一月分本誌休刊○本誌第六年九号目次

社説
我誌の改良を予告す

論説
我国宗教上に於ける九州の形勢を論ず　黙々居士
歴史的仏教の講究　紅石生

蒐録
○印度仏陀伽耶聖蹟歌　狷庵　藤井籛　尾張人
○仮宿（五）　椙邨居士
○秋夜の黙思　孤月庵主人
○石津灌園先生逝く　古河　老川
○禁酒問答（二）　反省子

寄書
早速ながら「遅延乍ら（節酒主義廃すべし）を駁す」を駁す　鶴峯居士

仏教とユニテリアン（接前）　　隈井　求馬

上会衆諸老書　　筑水漁父

雑報

○仏陀の聖地○廃娼論者大に東京に集まらんとす○松方総理の禁酒○仏教徒に関するヂヤパンメイルの批評○神の恩恵と禁酒なり○麦酒と寿命○酒精及煙草（大日本衛生会新誌）○第二高等中学校仏教青年会○禁酒島民の災厄解けたり○北海開拓○新刊紹介（支那現勢論・真仏教軍）○桑港の二大国辱○オルコット氏の再来

本会報告

○会員月表○補欠選挙、現委員（副会頭に中西牛郎、会幹に桜井義肇、委員に徳澤龍象・花崎鎮・小池智覚・笠原什山、外八名）○退会の理由（吉丸徹太郎）

○新加入会員○新加入節酒同盟員

広告

○出版（法話・法之園・伝道会雑誌、他）○反省会規約・地方支部規則○薬品（大法湯）○退会報告（吉丸徹太郎）○退会命ず○禁酒（菊池淳）

『反省会雑誌』号外

一八九二（明治二五）年一月七日発行

号外

○新年挨拶（本部 会幹・委員・書記・主計）○海外仏教事情との合同断念・反省会機関誌として継続発刊など報告○反省会規約・地方支部規則○目的の一班○仏事禁酒同盟員の心得○入会の手続○興教書院広告○恭賀新年（新年挨拶）数件

『反省会雑誌』第七年第一号

一八九二（明治二五）年一月一九日発行（通号四八号）

広告

○新年挨拶数件○上京（寺本泰厳）○海外宣教本部移転（西若松町第四番戸）○告白（九州仏教倶楽部本部）○出版（光・仏教講義録・宗教）

会説

反省的戒律

仏教徒の海外移住

蒐録
○阿母の十三回忌　古河　老川
○睡余漫録　柳村　迂客
○西京雑記（第一）　愛楳仙士
○芳原　天外散士
○秋閨怨　方外散士
論説
禁酒主義普及の一方便　服部宇之吉
明治仏教第二の青年　梅田　定
海外彙報
○在裡白蓮の二大教徒○万国婦人禁酒会○アンニー・ビーサント夫人○ユニテリアン教徒の大会○基督教国の汚点○火葬の廃止
学淵
比較宗教学（講義第一回）　藤島了穏述（大久保格記）
仏教俗難篰　前田　慧雲
質問
京都　桃崖生投寄
壬辰新年　荒　洲　生
批評
中西氏の新仏教論を評す　凹　山　人
雑報
○明治二十五年○本年の宗教問題○藤宮規平氏の蜃気楼○浄土門の本領○進歩は○将に飽んか○愚は執○理にして非○文学寮学生の勇勉○僧侶の不徳○鳥取の禁酒同志会○賞杯の辞退○団体概況○注意せよ二月十五日まで○豊華義塾○全国仏教者の懇親会○文学寮新築の近況○会員の出発○仏教者の新年会
本会報告
○会員月表○本部総会で委員補欠選挙（当選者に原純磨・朝枝豊丸・温井徹照）○新加入会員○新加入節酒同盟員○新加入仏事禁酒同盟員
広告
○出版（新仏教論・宗教大勢論・組織仏教論、他）

『反省会雑誌』第七年第二号
一八九二（明治二五）年二月二〇日発行（通号四九号）

広告
○本誌第七年一号目次○本会報告欄の取扱○入会の手

続き○規則十五・十六条抄出○他
会説
世の所謂基督教徒
蒐録
○睡余漫録（二）　柳村　迂客
○西京雑記　愛楳仙士
○始めて福沢先生を訪ふ　在東京　一会員
○仮宿（六）　椙邨居士
○一人の恵み天下の恵み　老　川
○ドクトル・クローサー云く
○菅殿寿君を哭す　東京　華邱山人
○再修真宗説略序
○議論の秘訣　氷潭居士
○飲酒の風習は何に因りて起るか（米国　時事評論）
論説
新仏教論の目的を明にす　中西　牛郎
村上専精氏基督教の会堂に説法す　天野　外一
海外彙報
○羅馬法王とブラジル大統領○禁酒小説家死す○二十八万人の寡婦○巴里に於ける狂人の増加○英国宗教事情一斑○英国通信
○漫遊紀行　井手　素行
学淵
原始信仰ノ梗概　服部宇之吉
仏教俗難篇　前田　慧雲
比較宗教学（講義第二回）　藤島了穏述（大久保格記）
批評
○哲学一朝話（第一篇）（井上円了述）○三経宗体（小栗栖香頂述）○真宗本派学匠著述目録（前田慧雲編）○近世大家仏教演説（佐々木恵雲編）○成仏の直路（故慈等師述）○源頭論（古月筌師著）○古徳法話集（神代洞通氏編）　凹　山　人
雑報
○洪川禅師寂す○政海の近事○違勅問題に関する基督教徒の運動○三浦中将法華経の書写を畢る○禁酒事業の為に一万枚の油画を描く○南船北馬○根尾谷の惨状に涙す○医家と仏教家○神国の威徳著しき哉○釈迦降誕会○時事新報記者の漫言○笠松に於ける青年禁酒会○学校の創設団体の運動○総選挙の結果○窮策○村上

専精師の一大著述○北畠道龍師と藤宮規平氏○日宗の余紛○全村禁酒を実行す○基督教の一科○仏典講義録の発行○仏典講義録発刊趣意○信徒に向ての講義録を請願す○仏界の日刊新聞

広告

○出版（死及死後・真宗道徳新編・大無量寿経大意、他）○仏旗六金色調進所（高橋正意）

『反省会雑誌』第七年第三号

一八九二（明治二五）年三月二〇日発行（通号五〇号）

広告

○本誌第七年三号目次○次号より毎月十日定期発行○雑誌前金郵送督促○入会の手続き○規則十五・十六条抄出○他

会説

現今仏門の学生

司獄官吏の禁酒

蒐録

○花神歎　林下子

○睡余漫録（三）　柳村　迂客

○仮宿（七）　椙邨居士

○甲申春伴管殿寿山内晋遊月瀬偶邂逅于桜洲中井先生倶賦　酒堂　西川均

○甲申三月伴三重県令石井君遊月瀬偶邂逅于千酒堂詞兄席上走筆以贈　桜洲　中井弘

○アイヌ人の禁酒演説を聞く　天外散士

○西京雑記　愛楳仙士

○看梅小言　東京　小言子

○勉強児　華邸山人

論説

東京に仏教寄宿舎を設立すへし　東京　麻郷学人

仏典講義録に望む　天野　外一

学淵

比較宗教学（講義第三回）　藤島了穏述（大久保格記）

原始信仰ノ梗概（承前）　服部宇之吉

撃竹一声　靄々　大内青巒

仏教俗難箒（前号の続）　前田　慧雲

質問

○初初の人間と現今の人間の問（他八問）　東京本郷　山本啓造
○業感縁起頼耶縁起真如縁起の問（他四問）　京都　桃崖生
○苦楽の問（他一問）　西海の一仏教徒
海外彙報
○朝鮮の奇習　在韓　豊島三車
○米国禁酒党の運動○三蔵経英訳の事業○神智会長オルコット氏○禁酒国を興す○厭世楽天二主義の中間○聖地興復に関して○蘇格蘭に於ける基督教一派の伝道費○オーストリア国維也納府の大学生○印度ジエン人の断食○露国に於る惨天悲地
批評
○尊王奉仏国之基（幡多乗之氏編纂）○駁邪演説筆記（田島教恵氏編輯）○聴聞第一号（牧野神爽氏著）○同行の鏡（月輪正遵氏編輯）　凹　山　人
雑報
○京都に於ける懇話会○神道はこれ祭天の古俗○詩伯アーノルド○軍人の禁酒○信教の自由を許さず○華族酒の為に死す○本願寺文学寮砂持○平井龍華氏の欧米漫遊○一休和尚と蓮生坊○二新聞と二雑誌○海外仏教事情○仏教病院
広告
○全国仏教有志懇話会○真宗伝道会○出版（伝道会雑誌）
本会報告
○会員月表○役員改選投票結果（会幹に桜井義肇、委員に大久保格・梅田定・宮定一・立花大心、外八名）○退会命ず○義金芳名○会員紹介者○新加入会員○新加入節酒同盟員
広告
○有感終身禁酒（滋賀県廣瀬乗信）○改名（在大学林辰丸事、脩山謙尚）○出版（仏典講義録・海外仏教事情・大悲之友、他）

雑誌『伝道会雑誌』総目次

『伝道会雑誌』第一号　一八八八（明治二一）年六月二三日発行

伝道会

本会旨義ノ一班

論説

祝詞　菅　了法

宗教論　獣医学士　生駒藤太郎

有為活発ナル僧侶諸士ニ呈ス　理学士　和田義軌

講義

縁起一班

大教校教授　斎藤聞精講義（正会員　蟹谷永成筆記）

如来説法義　正会員　浅見暢堂

雑録

○ナップ氏と赤松氏トノ問答

○七値ヲ求ムルノ法　農学士　佐久間信恭

○祝詞　武田　篤初

○祝詞　教員惣代　小野正巳

○歌二首（藤井玄珠）○詩一首（セツフアード）

雑報

○降誕会と設立式○京都婦人慈善会○菅了法氏の手翰

本会記事

○五月十日第一総会開催。来二十一日本会設立式挙行、告文・条規を編成、職員選挙○条規○会長は追て選任。副会長に金谷尋奥・大島照順、会計に國司廣勝・東伯道、布教長に岩谷教淳、教育長に遠山季若、出版長に寺谷珍祥、書記に操屋藤馬・乗永兵田○本会事業（布教・教育）

本会報告

○本会創立寄付金○名誉会員姓名（次号ニ譲）○賛成会員姓名（次号ニ譲）○正会員姓名

稟告

○雑誌発刊の目的・方法・購入方法など

特別広告

○次号に島地黙雷・辰巳小二郎等の論文掲載予告

『伝道会雑誌』第二号

一八八八（明治二一）年七月二一日発行

稟告
○雑誌発刊の目的・方法・購入方法など
伝道会
仏教の現象
講義
真如覚知有無ノ説　大教校教授　斎藤聞精
是心作仏是心是仏　大教校教授　伊井智量
信心仏性　大教校教授　名和宗瀛
論説
青年伝道会ノ設立ヲ賀シ併セテ諸子ノ注意ヲ乞フ　島地　黙雷
覚悟セヨ我青年党　正会員　間山達玄
社会学の管見　農学士　菊池熊太郎
雑録
○耶蘇復活日ヲ求ムルノ法　農学士　佐久間信恭
○東洋道徳訓言序　菅了　法撰
○真正の理学・真正の宗教（英文）　ハクスレイ
雑報
○水谷天爵大神○各府県に於ける監獄教誨○集会中止
本会記事
○六月二十七日第二総会開催。仏教真理の宣布・本会目的の拡張のため、夏期休業中に演説者十名の各地派出を議定
本会報告
○本会創立寄付金○賛成会員寄贈金○賛成会員人名○正会員人名（承前）○正会員退会○死亡（正会員杉林原法）○会員募集諸君○本会へ寄贈ノ雑誌
広告
○地方ノ会員ニ白ス（投稿募集）（青年伝道会編集輯係）○夏期休業中の地方演説の照会（青年伝道会布教係）○出版（伝道会雑誌・説教演説集反響・教学論集・通俗十七宗綱要）○帰省報告（間山達玄）○大教校退校（金谷尋奥）○夏期帰省途上、豊後で会員募集・演説告知（寺谷珍祥）○移転（教訓新聞社）

『伝道会雑誌』第三号

一八八八（明治二一）年八月二一日発行

稟告

○雑誌発刊の目的・方法・購入方法など

伝道会

現時仏教に対するの方針

論説

教法の前途に就ての意見　菅　了法

宗教論（承前）　獣医学士　生駒藤太郎

蓄妻噉肉論　正会員　竹内保寧

講義

縁起一班（承前）　大教校教授　斎藤聞精

如来説法義（承前）　正会員　浅見暢堂

雑録

○通俗十七宗綱要序論　田嶋　象二

○祝辞（大教校本科卒業第二回証書授与式）　大教校監事々務取扱　武田篤初

○祝辞（大教校本科卒業第二回証書授与式）　緇門教員惣代　小野正巳

雑報

○卒業証書授与式○山岡鉄太郎君逝去す○海外宣教会創設○亜細亜の宝珠○宣教師と本会員との問答○オルコット氏○磐梯山の噴火と大垣の水害

本会記事

○七月二十日第三総会開催。総職員改選、副会長に名和宝瀛・遠山季若、会計に東伯道・嶋田敬順、布教長に岩谷教淳、教育長に西山幸教、出版長に寺谷珍祥、書記に操屋藤馬・乗永兵田○夏期休業中の派出演説者を投票で決定。三丹地方に旭恢恩・熊谷智浄、伊予土佐に日野湊・操屋藤馬、紀州に日溪僧俊・竹内保寧、豊前豊後に寺谷珍祥

本会報告

○賛成会員寄贈金○正会員寄付○会員外特別寄付○賛成会員人名○正会員人名○死亡（正会員清水坊相）○会員募集諸君○正誤○本会へ寄贈ノ雑誌

広告

○生徒募集（普通教校予備門）○出版（活人新論・婦人教育雑誌・教学論集・他）○特別広告（青年伝道会正会員に加入後の義務金）

『伝道会雑誌』第四号

一八八八（明治二一）年九月二一日発行

稟告

○雑誌発刊の目的・方法・購入方法など

伝道会

我れ時を追ふも時をして我れを追はしむる勿れ

講義

霊魂滅不

如来説法義（承前）　正会員　浅見暢堂

論説

六哲論附四論　巽　義知

仏教と道徳　正会員　南此農夫

雑録

○有馬温泉行ノ感　賛成会員　田邊正直

○聖道権化方便の話　故　泰巌

○詩三首（松洲大塚・青洲舘）

雑報

○伝道会五条支部○大洲鉄然師に望む○哲学者耶蘇教に対するの意見○夏期演説巡廻概況○丹波但馬巡回概況○高知県概況○飲酒広告○大教校近事○騒々敷哉○オルコット氏○心の療治○宗教博物館○朝鮮布教○婦人教会○監獄教報

本会報告

○会員外特別寄付○賛成会員人名（承前）○正会員人名（承前）○正誤○広告○本会へ寄贈ノ雑誌書籍○本会特別広告（雑誌改良・投稿募集など）

広告

○改姓（日種普説、松山成章ト改称）○飲酒家同盟の酔友勧奨（共潤会々員一木治三郎）○出版（教学論集・法之雨・共潤会雑誌・他）○郷里滞在（緇川義淳）○改名（旧義善事、南此農夫）○無料差上（和漢洋対年代記）

『伝道会雑誌』第五号

一八八八（明治二一）年一〇月二一日発行

稟告

○雑誌発刊の目的・方法・購入方法など

伝道会

我れ時を追ふも時をして我れを追はしむる勿れ（接前）
講義
真如覚知有無ノ説（接前）　大教校教授　斎藤聞精
論説
伝道の心得　賛成会員　赤松連城
社会の進歩と仏教の進歩　正会員　溝部実磨
国教果して設くべき乎　正会員　鎌田淵海
雑録
○ビゲロー氏と松浦雷響氏の往復書翰並附言
○耶蘇教公許の建白　賛成会員　静堂
海外宣教会録事
○記事○フアチツクチリイ氏の書翰抄訳
雑報
○布哇国伝道○高島伝道○夏期演説高知概況（承前）
○紀州概況○楠公社殿の椿事○宣教会○大教校近事○
基督教非公許の建白○監獄教報
本会記事
○本月十日総会開催○職員改選、布教長に照山西雲○
伝道会支部仮規約を議定（条文掲載）
本会報告
○正会員人名（承前）○賛成会員人名（承前）○会員
特別寄付金○正会員寄贈金○賛成会員寄贈金○会員募
集諸君○本会へ寄贈ノ新聞雑誌○特別広告（雑誌改
良・投稿募集など）
広告
○改姓（盛井玄瑞事、林伝）○起ヨ同胞同胞起ヨ（大
日本風俗改良会幹事）○出版（教学論集・山口積善会
雑誌・日本教学・他）○新奇発明光映晴雨計○弘告
（以文会友社）

『伝道会雑誌』第六号

一八八八（明治二一）年一一月二一日発行

稟告
○雑誌発刊の目的・方法・購入方法など
伝道会
我れ時を追ふも時をして我れを追はしむる勿れ（接
前）
論説

伝道の基礎（名古屋伝道会支部発会式演説筆記）
賛成会員　赤松連城
日本固有の性質
正会員　暉峻堂主人
此れ彼れを殺すに非れは彼れ必す此れを殺さん
正会員　隈井求馬

雑録
○輪廻論第一（定義及根拠ヲ論ス）第二（万物ノ輪廻ヲ論ス）
正会員　岡村周薩
○詩二首（小泉塵芥・青洲舘）

海外宣教会録事
○エッチエン、マーキュフ氏の書翰○記事

雑報
○伝道会名古屋支部○高島伝道○解惑○夏期演説紀州概況○両豊概況○新学令発布○アッキンソン氏演説後聞○同志社大学○大教校近事三件○オルコット氏の来朝延引○彙報（真宗女学校・日本仏教学会・海外宣教会・集会・公道会・仏教家政党団結の用意）○釈迦教○印度僧来遊す○帰路の栞

本会記事
○名古屋支部設置○報恩講○本年四月以降の出張講話の人名○同前半期出張演説の人名○同前半期教育従事の人名

本会報告
○正会員人名（承前）○賛成会員人名（承前）○会員特別寄付金○正会員寄贈金○賛成会員寄贈金○会員募集尽力之諸君○本会へ寄贈ノ新聞雑誌○正誤○特別広告（雑誌改良・投稿募集など）

広告
○出版（教育及政治・浄土和讃問答記・帰路の栞・他）○帰省（矢田省三）

『伝道会雑誌』第七号

一八八八（明治二一）年一二月二一日発行

稟告
○雑誌発刊の目的・方法・購入方法など

伝道会
明治二十一年を送る

講義
是心作仏是心是仏（第二号ノ続）

論説
東洋政治宗教沿革史　大教校教授　伊井智量
仏教者国会の準備　巽　義知
英雄宗教論　正会員　九日堂主人
雑録　正会員　溝部実磨
○輪廻論第三（二種ノ輪廻及有情類三世ノ輪廻）第四（結論）（承前）　正会員　岡村周薩
雑録
○聖道権化方便ノ話（第四号ノ続）　故　泰巌
海外宣教会録事
○耶蘇教不信者の批評
雑報
○憲法の発布近きに在り○自由と幸福とは無神説の賜なり○播州教報○惜陰会○荒木つる子の書簡○国会議員資格年齢及び住居○新聞雑誌の発行○大教校近事、祝詞二章○大学林令細則○彙報（海外宣教会・神戸来報・ユニテリアン派・同志社大学設立非難の演説）○伝道会本部移転○監獄教報
本会記事
○本年九月以降の教育従事の人名○本年九月以降の出張講話の人名○大津英語会に出張演説（旭恢恩・川上貞信）○病死（会員池添菊治）○退会者
本会報告
○正会員人名（承前）○会員外特別寄付金○正会員寄贈金○賛成会員寄贈金○会員募集尽力之諸君○賛成会員人名（承前）○本会へ寄贈ノ新聞雑誌○特別広告（雑誌改良・投稿募集など）
広告
○新奇発明光映晴雨計○京都寄宿（泉伯道・金海暁天）○大教校辞し転居（田中龍泰）○出版（哲学会雑誌・婦人教育雑誌・教学論集・他）

『伝道会雑誌』第八号

一八八九（明治二二）年一月二一日発行

稟告
○雑誌発刊の目的・方法・購入方法など
伝道会
伝道者の三注意

講義
　縁起一斑（第三号ノ続キ）　大学林教授　斎藤聞精
論説
　実力養はさる可らず　獣医学士　生駒藤太郎
　決闘論　正会員　東雲漂仙
　敢て将来の大学林に望む　正会員　戸田定寿
雑録
○真如縁起ノ問ニ答フ
○懐遠行　故勧学　廓亮大徳
○同次韻　村上碩次郎
○送曜日蒼龍子之布哇国　東陽　円月
○寄梅釈教二首　斎藤　聞精
雑報
○日本人を読む○米国来信○外教者に告く○斎東野人の語○我党自ら反省せよ○教会組織○一宗開闢○万国宣教師の会議○各宗共同私立大学の噂○京都寺院の減少○尊皇奉仏大同団○彙報（外教師・大学林・曜日蒼龍氏・仏文十二宗綱領・御移転・オルコット氏・大日本護国会・報恩講・正会員薬師寺晃照氏・正会員緇川義淳・副会長遠山季若氏・大演説会）○正誤
本会報告
○正会員人名（承前）○賛成会員人名（承前）○正会員寄贈金○賛成会員寄贈金○会員外特別寄付金○本会資本寄付金○会員募集尽力之諸君（隔月掲載・次号）○本会へ寄贈の新聞雑誌○特別広告（本部移転・本会資本寄付募集など）
広告
○改名（小林三代丸事、小林龍瑞）○赤松大圓の唯識論述記など出講告知（播磨国正圓寺学寮）○出版（共潤会雑誌・教学論集・教育報知・他）○帰郷（森暁山）○海外宣教会広告○新年挨拶数件

『伝道会雑誌』第九号

一八八九（明治二二）年二月二一日発行

稟告
○雑誌発刊の目的・方法・購入方法など
伝道会
　伝道者の三注意（承前）
講義

如来説法義（第四号ノ続キ）　正会員　浅見暢堂

論説

余が仏教を信する所以　神智学会総長　オルコット

実力養はさる可らず（接前）　獣医学士　生駒藤太郎

決闘論（承前）　正会員　東雲漂仙

雑録

○大学林に於けるオルコット氏の演説

○入蝦紀略（其一）　正会員　本多澄雲

○叡山行　正会員　溝部実麿

雑報

○憲法発布○オルコット氏来朝○当時行政真児戯○五条支部概況○心の花○知恩院に於るオルコット氏の演説○外交政略強揵主義○憲法発布に就て○熊本有志団結会○彙報（護寺会臨時大法会・名古屋支部の演説・宣布院・法主殿東上・尊皇奉仏大同団・凶報・憲法発布を祝す・オルコット氏大学林に来る・附属女学校・文学寮長里見了念・正会員阿河厚之氏）○監獄教報

本会記事

○本月三日総会開催、条規改定○真宗青年伝道会条規○職員改選。副会長に蟹谷永成、布教長に木下満恵、教育長に西山幸教、出版長に金谷尋奥、会計に島田敬麿・金海暁天、編輯係に溝部実麿・戸田定寿・金谷尋奥・竹内保寧・西本卓雄・日野湊・坂口祐道・日溪僧俊）○本部で憲法発布の大典を祝す○死亡（正会員紀鉄洲）

本会報告

正会員人名（承前）○賛成会員人名（承前）○正会員寄贈金（承前）○賛成会員寄贈金○本会永続資本金寄付○会員募集尽力者之諸君○特別広告（本会資本寄付募集など）

広告

○出版（学芸・感化懲毖獄事新報・教学論集・他）

『伝道会雑誌』第一〇号

一八八九（明治二二）年三月二一日発行

稟告

○雑誌発刊の目的・方法・購入方法など

伝道会

特立せよや独行せよや

講義
縁起一斑（第八号ノ続キ）　大学林教授　斎藤聞精
論説
仏教の大意　賛成会員　大洲鉄然
所感を陳て普く同胞信徒に告く　獣医学士　生駒藤太郎
仏教と婦人　正会員　岡村周薩
雑録
○仏教分類法　正会員　前田慧雲
○オルコット氏ト阿満得聞氏トノ対話
○入蝦紀略（承前）（其二）　正会員　本多澄雲
○勧孝要談自序　中村　栗園
○少年行　正会員　豊南閑人
雑報
○真宗の勢力是より大ならん○浮田和民氏の駁論○興正寺の再興○ダンマパーラ氏を訪ふ○母の感化力○支那人と耶蘇教徒○将来の桃太郎○何ぞ発行停止の多きや○人生の実相○雑誌縦覧所の設置○京城の春○宗教革命論○奇日新報社の移転○オルコット氏の勢力○憲法発布の祝辞を読む○彙報（歳入歳出予算・法主殿御帰山・大学林の遠行・彼岸会・会員菅了法氏・会員の出張・上棟式・猛進青年会・会員の状況・法主殿御巡教・内学院舎監・オルコット氏・名古屋支部通信）
本会報告
○正会員人名（承前）○賛成会員人名（承前）○本会永続資本金寄付○本会へ寄送の新刊○特別広告（本会資本寄付募集など）
広告
○出版（日本学誌・博聞雑誌・数学誌・他）○伝道会等への期待表明（林文七）○改姓（浅見暢堂事、提山暢堂）○新奇発明光映晴雨計○帰国報告（正会員島本順）

『伝道会雑誌』第一一号

一八八九（明治二二）年四月二一日発行

稟告
○雑誌発刊の目的・方法・購入方法など
伝道会
時ある時に時を得よ

講義
国土論　同盟会員　提山暢堂
論説
伝道者の分任　賛成会員　人見松溪
憲法第二十八条を読む　同盟会員　戸田定寿
我邦の農学を賤視する者の多きは抑も何等の源因に由るや　獣医学士　生駒藤太郎
説話
聞其名号　七里　恒順
何をか魔と云ふ　同盟会員　蟹谷永成
雑録
○迷悟差別　大学林助教授　熱田霊知
○入蝦紀略（其一）（承前）　正会員　本多澄雲
○漫吟　賛成会員　鈴木鱸生
雑報
○仏経は大学に隠遁する耶○大派本願寺の上棟式○善ひ哉質素○試験廃すべし○暮春既に至れり○諸雑誌の批評○六条基督教青年会○オ氏来朝後の仏教○清川香霊氏ダ氏を訪ふ○其言や切にして其意や悲し○来る五月二十一日○布哇国来信○彙報（大法主殿・オルコット氏・ダンマパーラ氏・会員出張・会員印度に航せんとす・東海道の鉄道）
本会広告
○正会員寄贈金（承前）○賛成会員寄贈金○本会永続資本金寄付○会員募集尽力の諸彦○特別広告（本会資本寄付募集など）
広告
○出版（なにはのはる・日本文学・人の中を見破る秘伝・他）○復姓（元平賀乗圓、改山下乗圓）○改姓（元小泉義圓、改小泉義圓《ママ》）○死亡（倉田叡達）○寓居（遠山季若・高尾覚城）

『伝道会雑誌』第一二号

一八八九（明治二二）年五月二一日発行

稟告
○雑誌発刊の目的・方法・購入方法など
伝道会
降誕会と一周紀年
講義

縁起一斑（第十号ヲ承ク）　大学林教授　斎藤聞精
論説
祈禱論　賛成会員　鱸天游
快男子活眼を遠近に注げ　同盟会員　凌波逸士
伝道者の分任（接前）　賛成会員　人見松溪
説話
終極の目的　大学林教　斎藤聞精
何をか魔と云ふ（接前）　同盟会員　蟹谷永成
雑録
○童女迦葉と弊宿婆羅門との問答
○少女の心得　ローヤル大学得業生　ダンマパーラ
○山犬　在京都　夢桜山人
雑報
○曜日氏の伝道○オ氏ダ氏の上途を餞す○護持会の風評○天津橋上の杜鵑○同志社大学の運命○大同団の景状○京都日報は純粋の基督主義○日本人の発行○宗制寺法○仏者社交上の主義は如何○西南の仏教団○中西牛郎氏○松溪居士の問に答ふ○護法策○新刊新聞雑誌の批評○彙報（大法主殿・安居会・オルコット氏・ダンマパーラ氏・印度留学・会員出張）
本会報告
○正会員人名（承前）○賛成会員人名（承前）○特別寄付金○本会永続資本金寄付○本会へ寄送の新刊○本会特別広告（曜日蒼龍創立の布哇仏教会堂資本金等の寄付募集）
広告
○「文園」拡張社員募集○出版（美術園・真宗大家説教集誌・真宗各派寺院姓名録・他）○印度錫蘭留学（川上貞信・徳澤智恵蔵）○北海道出張（巌普聞）○終身禁酒禁煙（西本卓雄）
附録
○真宗本願寺派宗制寺法

『伝道会雑誌』第一三号

一八八九（明治二二）年六月二一日発行

稟告
○雑誌発刊の目的・方法・購入方法など
伝道会
教会組織

講義
真如生滅　同盟会員　提山暢堂
論説
勧誡小言　賛成会員　香川葆晃
快男子活眼を遠近に注げ（承前）　同盟会員　凌波逸士
我邦の農学を賤視する者の多きは抑も何等の源因に由るや（接第十一号）　賛成会員　生駒藤太郎
説話
心の病　賛成会員　赤松連城
之を知れるを以て真宗のしるしとす　賛成会員　東播逍遥散史
雑録
○東西心理略評　東京　谷口静吉
○聴雄氏演説有感　正会員　小泉塵芥
○贈曇摩鉢羅氏　同盟会員　日野湊
○祝伝道会一周年　賛成会員　松島善海
○送川上徳澤両氏留学錫蘭嶋　同盟会員　舘青洲
○送川上貞信子之印度（賛成会員　利井明朗）　賛成会員　利井明朗
雑報
○何んぞ女生徒の醜行多きや○君の筆○オルコツト氏の書翰○改正改正又改正○勿論機関雑誌なり○仏者請願○攪眠会○蚊と蛍○今年の惣代会議は如何ん○大派本山の総代会議○耶蘇青年会○一周年の祝意○果遂の願空しからず○上海通信○新刊寄書批評
本会記事並報告
○去月二十一日宗祖降誕会・本会創立一週紀念式挙行○右ニ付キ寄付金○本会永続資本金寄付○布哇国仏教会堂創立寄付金並信徒へ寄贈ノ書冊広告○本会特別広告（曜日蒼龍創立の布哇仏教会堂資本金等の寄付募集）
広告
○出版（真宗・教育週報・入阿毗達磨論通解・他）○各校夏期休業中の特別講習会開催（数学専門学会）

『伝道会雑誌』第一四号
一八八九（明治二二）年七月一六日発行

稟告
○雑誌発刊の目的・方法・購入方法など

伝道会
　惜むべし総代議会
講義
　真如生滅（承前）　同盟会員　提山暢堂
論説
　誰れか仏教を欧米に伝播するや　同盟会員　戸田定寿
　真宗を世外教と云ふは如何なる人ぞや
　同盟会員　憂国生
　伝道者之分任（承前）　賛成会員　人見松溪
説話
　心の病（承前）　賛成会員　赤松連城
　摂抑二門　大学林教授　伊井智量
雑録
○迷悟差別（承第十一号）　大学林助教授　熱田霊知
○東西心理略評（承前）　東京　谷口静吉
○祝伝道会次松嶋君韻　賛成会員　梁瀬我聞
○送会友川上氏於印度　同盟会員　豊南生
雑報
○叡山にぞ亦耶蘇教○建白も事と品とにて価を落す○寺院の養蚕○慶應義塾へ寄付千円○憐むべし学生の死○寄宿舎の改造○小より大に及ばず○起向高楼撞暁鐘○信教自由の註解○井上氏の土産は如何○帰国の学生○本会の大演説○扶桑散人の頌○三田翁と天則博士○京神の珍事○代りて冤を雪く○地方寺院に就ての意見○此風説をして虚ならしめよ○東海道鉄道の影響○世の志士少しく意を留めよ○本年は何ぞ学校の紛擾の多きや○当然○北畠氏の大学○流行流行又流行○御意に叶ねば御免下され○新刊寄書及雑誌批評○二十二君の
通信
本会記事
○六月二十一日総会開催。職員改選。副会長に蟹谷永成、布教兼教育長に木下満恵、出版長に溝部実麿、会計に島田敬順・金海暁天、編輯係に溝部実麿・戸田定寿・西本卓雄・金谷尋奥・旭恢恩・日溪僧俊○同日賛成会員名和宗瀛に本会永続資本金取締方の依頼を可決○五月二十一日降誕会・本会創立一周年紀念式に六条開明倶楽部が生花十瓶寄贈○同日寄付金
本会報告
○正会員寄贈金（承前）○賛成会員寄贈金○本会永続資本金寄付○本会特別広告（曜日蒼龍創立の布哇仏教

会堂資本金等の寄付募集）

広告

○出版（尊皇奉仏論・法の園・速記彙報・他）○生徒募集（高等哲学院事務所）○薬剤（禁酒のはや道）

『伝道会雑誌』第一五号

一八八九（明治二二）年八月二一日発行

本会特別広告

○本会資本金募集○寄付方法○寄付者本誌掲載○本部移転

稟告

○雑誌発刊の目的・方法・購入方法など

伝道会

改革者は須らく公明正大の心を取れ

青年の気象

論説

節倹会の必用　文学士　井上円了

仏教と国家との関係　同盟会員　能野霊達

講義

縁起一斑（第十二号ヲ承）　大学林教授　斎藤聞精（筆記者竹中了厳）

説話

何ぞ片輪の繁殖を防がざる（本会一週年紀念演説）　同盟会員　蟹谷永成

雑録

○迷悟差別（承前）　大学林助教授　熱田霊知

○四十八願の和歌（四十八願の心を読める）　中村はる洲

○寄川上徳澤在印度　同盟会員　戸田踏氷

○感慨十律　正会員　安井承信

○獨逸ゲチンゲン大学博士プエイラング氏の書簡　巽　義知

○嗣法殿下の御巡遊○天災地震の吹寄せ○第二の五代史○十九世紀と二十六世紀○執行長の果断○謝す○哲学館将来の目的○大坂米田の安心○秋の風○同心協力の運動○天主聖堂建てり○教へて倦まず○華族の法話会○新刊寄書批評○前号会説に付て○報告

本会報告

○正会員寄贈金（承前）○賛成会員人名（承前）寄贈

金○本会永続資本金寄付○本会への寄贈の新刊
広告
○暑中見舞数件○哲学館員募集○出版（天則・欧米各国政教日記・仏教活論・他）○死亡（田中廓然・乗永大亮）○改姓（元田中事、熊谷龍泰）

『伝道会雑誌』第一六号　一八八九（明治二二）年九月二一日発行

本会特別広告
○本会資本金募集○寄付方法○誌面改良など
稟告
○雑誌発刊の目的・方法・購入方法など
伝道会
敢て我法海の青年に諗く
論説
青年の針路　同盟会員　九日堂主人
文明は教法の花なり　獣医学士　生駒藤太郎
講義
真如生滅（第十四号ノ続）　同盟会員　提山暢堂
○真如法界　同盟会員　日溪僧俊
説話
○何ぞ片輪の繁殖を防がざる（承前）　同盟会員　蟹谷永成
雑録
○迷悟差別（承前）　大学林助教授　熱田霊知
○四十八願の和歌（四十八願の心を読める）（承前）　中村はる洲
○印度国　同盟会員　静処　坂口祐道
雑報
○旻天夫れ何の意ぞ○事に緩急あり○腐敗の空気○只一人あるのみ○僧侶の眼中に党派なし○結縄の政は以て乱奏の緒を治むべからず○メキシコ地下の旧跡○留学生と地方の小教校○天保の僧侶は如何ん○文学寮の建築○朝鮮の仏教○川上氏の通信○自ら良心に恥づるなき乎○何くも同じ秋の夕暮れ○聊か与論の向背たる所を知れ○吾人の予望を満たしめよ○新刊雑誌寄書批評○正誤
広告
○婦人世界発行の主意（令徳会雑誌部）

本会報告
○本会特別広告（義損金募集・罹災救恤義捐金広告）
○本会永続資金寄付○正会員人名（承前）○賛成会員人名（承前）
広告
○帰郷（五十嵐貫通）○出版（反省会雑誌・小国民・法の園・他）○佐賀滞在（加藤俊治）○死亡（瓜生玄芿）○進呈（記臆顕敏法など）○講習生教授兼監督被申付（名和宝瀛）○帰省（溝部実麿）○改姓（元西本卓雄、細馬卓雄）

『伝道会雑誌』第一七号

一八八九（明治二二）年一〇月二一日発行

本会特別広告
○本会資本金募集○寄付方法○誌面改良など
稟告
○雑誌発刊の目的・方法・購入方法など
伝道会
内地雑居に就て仏教家の準備
論説
勧誡小言（続稿）　賛成会員　香川葆晃
青年の本尊　同盟会員　隈井求馬
礼譲は尊ぶべきを論す　賛成会員　武田篤初
仏教現時の教育を論じ併せて法海の諸老に望む　同盟会員　戸田定寿
講義
真如生滅（承前）　同盟会員　提山暢堂
説話
故明教院僧鎔法師法語
摂抑二門（承前）　大学林教授　伊井智量
雑録
○五事　同盟会員　金谷園主人
○詩二首（小山憲栄）○詩二首（武田篤初）
雑報
○一大改革○宿老所廃すへし○唯笑て之に答んのみ○嗚呼又嗚呼○藤島君帰朝せり○与論と希望は吾党の勢力なり○応用の方法とは何ぞや○本願寺の学風○旧令尹将さに去んとす○秋菊○青年の名を誤まる勿れ○世智弁僧愈々輩出す○伝道会五条支部○善い哉気運○新

刊雑誌批評○教会の功績○彼徒何為者ぞ○無常の常○
諸雑誌評
本会報告
○前編輯人等の辞職に付、九月十九日総会を開き補欠改選。出版長に旭恢恩、発行兼印刷人に戸田定寿、編輯係に旭恢恩・坂口祐道・篠原卒○正会員人名（承前）○賛成会員人名（承前）○罹災救恤義捐金広告○
本会永続資金寄付
広告
○出版（真理之曙・唯識三十頌要解・法の園・他）○志願者募集（建仁寺西来院帝国高等哲学院）○慈恵教会（徳島県脇町奉仏慈恵協会本部）○死亡（山下乗圓）○開明新報発兌

『伝道会雑誌』第一八号

一八八九（明治二二）年一一月二一日発行

本会特別広告
○本会資本金募集○寄付方法など
稟告
○雑誌発刊の目的・方法・購入方法など
伝道会
立皇太子を祝し奉る
皇太子殿下御肖像
論説
謹んで法海の教育を論ず　同盟会員　旭恢恩
敢て大学林と護持会に望む　正会員　小泉塵芥
会員諸兄姉に告ぐ　同盟会員　伊藤恵性
伝道会記者の精神に感じ自主力発達の必要を述ぶ　同盟会員　あさのや主人
教育家の本領　同盟会員　戸田踏氷
伝道者の資格を論じ併せて教育当路の諸子に告ぐ　同盟会員　石井苔巌
礼譲は尊ぶべきを論ず（承前）　賛成会員　武田篤初
使用の方法を誤る勿れ　同盟会員　小林龍瑞
青年の希望　同盟会員　細馬卓雄
会員諸兄姉に質す　同盟会員　真能漂石
説話
仰誓師門弟に示さるるの箴言（実成房仰誓師示門弟）
雑報

○吾党の取らざる所ろ○将来の大学林に望む○又○又○又○又○又○又○又○又○誰か吾党を過激と謂ふか○学者必ずしも事務家ならず○女子教育の程度○開明新報と法の栞の発刊を祝す○開くさへ怖ろし○野菊と造り菊○観楓の感○内虚なることを無きか○事遂に此に至る亦命なる哉

本会報告

○正会員人名（承前）○罹災救恤義捐金広告○本会永続資金寄付○本会へ寄贈の新刊○本会特別広告（雑誌代金納入方法の変更・本誌在庫）

広告

○出版（宗教要論・日本文学・婦人世界）○文園拡張社員募集○化学的実験医学的元理応用実効確証新発明法教授（日本授産館）○帰省等動静（日野湊）○病気療養転居（能野霊達）○転居（瓜生玄洞）○本会雑誌掲載の件で退学処分・帰省（旭恢恩）

『伝道会雑誌』第一九号

一八八九（明治二二）年一二月二一日発行

本会特別広告

○巻頭言（石川丈山壁書）○本会資本金募集○寄付方法など

伝道会

暮年の会

論説

聊か所蔵を記して精神教育の必要に及ぶ　賛成会員　生駒藤太郎

万物生起の原則　同盟会員　木山定生

活眼を開きて活書を読め　同盟会員　池舘速行

説話

真宗の化儀　故勧学　鬼木汰洲（同盟会員　細馬卓雄筆記）

客問に答ふ　同盟会員　九日堂

雑録

○布哇伝道の方針　同盟会員　曜日蒼龍

○一字一涙悲哀曲　同盟会員　溝部実磨

○詩四題（瓜生玄洞・虎溪山人・戸田踏氷・溝部実麿）○歌三首（藤井玄珠）
雑報
○外教徒の熱心○何そ帰俗者の多き○錫蘭の通信○護持会○大道長安仁者○大学又大学○古今寺院の比較○藤島了穏は今如何○ア氏と朝日氏の問答○仏教の勇将亦現れたり○誰か青年の事業を倒すへしと云ふ哉○微言も亦以て取るに足る歟○一事無成人将老○黒奴捕獲用銃薬○新刊雑誌批評○窮と云ふ字○何ぞ優美に年を送らざる
本会報告
○賛成会員人名（承前）○同盟会員特別寄贈金○本会永続資金寄付○布哇開教義捐金○死亡（脇阪浄空）
広告
○出版（大同新報・法の園・公之道・伝道会雑誌）○越中の会員募集を蟹谷永成に嘱託（青年伝道会本部）
○病気療養上京（溝部実麿）

『伝道会雑誌』第二〇号

一八九〇（明治二三）年一月二三日発行

○巻頭言（恵燈大師文明三年春ノ御文）○伝道会雑誌広告
宗祖大師忌辰雑詠
○歌（今小路澤悟・原口針水・斎藤聞精・今小路覚尊・岩橋興隆）○詩（赤松連城・梁瀬我聞・松島善譲・溝部実磨・戸田定寿）
会説
大法主殿下の御直諭を礼聴し奉る
論説
現今の僧侶を以て将来の仏教を維持するに足る可き耶　同盟会員　溝部実磨
学問の目的　同盟会員　梅原崇丸
大ひに女子教育を振起すへし　正会員　加藤俊治
説話
真宗の化儀（承前）　故勧学　鬼木汰洲
三業相応　賛成会員　赤松連城
雑録

○巳丑除夕偶感　正会員　小泉春樹
○氷　同盟会員　真能義洲
○自適　正会員　松山成章
○病中作　賛成会員　石田道人
○読高山彦九郎伝　正会員　自笑山人
○迎年迎世　正会員　日種宗賢
○夢　正会員　藤井いわ尾
雑報
○摂津兵庫○七里恒順師○何の兆候か○京都諸大寺の風色○人生識字憂患始○血を以て血を洗ふ○欧人仏学○大津婦人慈善会○英国貴族社会の醜聞○越前大野婦人会○世の中はさまざま○市川団十郎○教育○墨染の袖○流説真なるか○同志社の徳義○家督相続○寄書批評（護法済衆編・獅子吼・交明之法・為徳会雑誌・法の琴・真理）
本会報告
○同盟会員並正賛両会員特別寄贈金
広告
○出版（みたから・反省会雑誌・婦人世界・他）○新年挨拶数件○死亡（伊藤恵性の母）○東京留学（遠山季若）

『伝道会雑誌』第二一号

一八九〇（明治二三）年二月二一日発行

○巻頭言（宋大宗・見真大師・ボッケストン）○伝道会雑誌広告
伝道会
本年我仏教者を宜しく如何運動すべきや
論説
勧誡小言（続稿）　賛成会員　香川葆晃
還俗者につきて　賛成会員　長廻忠太郎
説話
慈善の話　賛成会員　赤松連城
第三高等中学仏教青年会演説　文学士　徳永満之
第三高等中学仏教青年会講話　賛成会員　斎藤聞精
○宣布院に於ての演説　賛成会員　島地黙雷
雑録
○平井氏＝龍華師＝と会員某との談話
○吊同志社長新島襄君　同盟会員　豊南溝部生

○吊同志社長新島襄君二首　贊成会員　鈴木天游
○歳且用鎌田明府高韻（本荘実）○磨鍼嶺（鑓水桜香）

雑報
○紀元二千五百五十年○共潤会の祝賀○存娼と廃娼○仏教不邪淫会○桃李不言花下成径○吾人心配無用○然れば○学問は土地に依らず○自ら信すると厚し○長寿羨む可し○町田氏○ダンマパーラ氏の書簡○宗教社会の天王山○二十三年の言何ぞ多き○彼れに厚く此れに薄し○来書の儘○寄書批評

本会報告
○同盟会員並正贊両会員特別送金○永続資本金寄付

広告
○本山報告発行報告（発行人細川寂雲）○一二三尽演、副会長就任（真宗青年伝道会）出版（印度哲学通信講義・法の園・教学論集・他）○三舟巡回（矢田省三）○哲学館々外員募集○帝国仏教大学資金募集（オリエンタルホール平井金三）○病気平癒・帰省（一二三尽演）○日曜外謝絶来訪（木山定生）○本会特別広告（会金送付方法）

『伝道会雑誌』第二二号

一八九〇（明治二三）年三月二一日発行

○巻頭言（荘子・シュイッ）○本会特別広告（資本金募集・寄付方法・雑誌購読方法など）

伝道会
方今の仏者須らく偏僻なる抽象的の観念を撤去すべし

論説
勢力論大意　贊成会員　武田篤初
興教の策は地の利を得るに在り　同盟会員　真能漂石生
書生の変更　同盟会員　能野霊達

説話
第三高等中学校仏教青年会演説　本願寺一等巡教使　武田篤初
第三高等中学校仏教青年会演説　文学士　徳永満之

雑録
○帰去来辞　同盟会員　今淵明
○解喩　同盟会員　寒疲子
○高桑師道師碑　入竺沙門　黙雷

○呈鳥尾中将　同盟会員　珠堂日野湊
○燈前梅影　同盟会員　九日堂主人
○長安春夜吟　同盟会員　●○分別生

雑報

○陸海軍大演習○両陛下の御行幸○大法主殿御帰山○クラゲ的○徳育は果して儒教に依る歟○世界の人口○現時の日本○果して実か○聞もうるさし○天道是か非か○ゆにてりあん○妙喜尼○九洲仏教団○言行相反○奥羽の宗教○人世の実相○蒐覧会○全国仏教大懇話会○狂者既に走れり○奇譎変幻○得んと欲せば先つ捨てよ○両本願寺管長の伺ひに対する指令○新刊批評

本会報告

○同盟会員特別寄付

広告

○一二三尽演、副会長就任（真宗青年伝道会）○出版（北陸婦人教会雑誌・正教新報・欧米之仏教・他）○改名（旧芳瀧智導、芳瀧巌）○病気平癒（山田永喜）○哲学館日曜講義

『伝道会雑誌』第三年第一号

一八九〇（明治二三）年一一月二一日発行（通号二三号）

○巻頭言（竹窓三筆）○伝道会雑誌広告

伝道会

降誕会と二周年

三百年紀

仏教団体を論す

論説

我日本の同胞仏教者に告ぐ　錫蘭　ダンマパーラ

崇粋保存に就て一言す　同盟会員　踏氷学人

徳育は心意を先とす可し　賛成会員　武田篤初

義務とは何ぞや　同盟会員　池舘速行

説話

第三高等中学校仏教青年会演説　文学士　徳永満之

第三高等中学校仏教青年会演説　本願寺一等巡教使　香川葆晃

雑録

○将来之文明を読む　同盟会員　豊南溝部生

○旅行之感　同盟会員　隈井変珍子

○奉値宗祖大師降誕会即賦　同盟会員　珠堂日野湊
○奉値宗祖大師降誕会即賦　同盟会員　石井苔巖
○奉値宗祖大師降誕会即賦　同盟会員　木山定生
○為報恩賦　菊池　三舟
○歌二首（土山沢映）

雑報

○憎む可し外教教○心せよ仏教徒○事実を挙けん○又○又○又○又○偽信者○御都合宗教○此れを取らんよりは寧ろ彼れを取れ○然れども○政治的仏教○国粋的仏教○世界的仏教○社会的仏教○哲学的仏教○仏門の制規○新島死後の同志社○吾人の言を容る丶や否や○各宗合同的運動将に起らんとす○併しながら○宗義安心○北海道宗教の将来○アイノ人種の訓戒○五月二十一日○本会に於ては○地方の会員諸兄姉に望む所あり○刮目して待つ○会員諸君に謝す○宗教学○布教部○

新刊書籍批評

本会報告

○特別寄贈金○正会員人名○賛成会員人名

広告

○本会編集員戸田定寿、梅花女学校教員就任（真宗青年伝道会）○出版（一大乗頼耶縁起話解・速記彙報・反省会雑誌・他）○改姓名（旧伊藤恵性事、三蔭直吉）○梅花女学校教授就任・転居（戸田定寿）○履信教校教員嘱託（篠原普現・野々村若雲）○本会特別広告（資本金募集・寄付方法・雑誌購読方法など）

『伝道会雑誌』第三年第二号

一八九〇（明治二三）年一一月二一日発行（通号二四号）

○巻頭言（霊峰山大師山居偈）○本会特別広告（資本金募集・寄付方法・雑誌購読方法など）

伝道会

謹んで去月三十日の聖勅を拝読して感する所を世人に告ぐ

論説

徒らに慷慨するは徐ろに道を行ふに如かず　同盟会員　木山定生
来る明治二十四年には万国仏教連合会を我国に於て開設すべし　同盟会員　戸田定寿
御注文の醜婦　向島天口子

科学ノ進歩ガ法理学ニ及ボセル影響　賛成会員　佐々木牛歩

説話

真成の宗教家は必す愛国者たらざる可らず　佐々木抑堂

摂取光益　足利　義山

講義

法華経題字講義（承前）　斎藤　聞精

雑録

○恭しく天長聖節を祝し奉るの表に私擬す　賛成会員　佐々木狂介

○亡師清狂道人を祭る文　賛成会員　大洲鉄然

○伝道子の病起を祝す　波多野唯次郎

○送横山孤堂帰中越　同盟会員　飛島碩也

○病癒喜賦　同盟会員　光永杉渓

○伝道の友に語る　同盟会員　池舘速行

○秋夕感懐　同盟会員　石井苔巖

○自題写真肖像　同盟会員　珠堂日野湊

雑報

○九州仏教倶楽部の設置○フオンデス氏来朝の予報○経世博議の初陣○仏教社会に寂として声なし○宗教銀行と護国銀行○開拓と開教○基督教の恐慌○生田得能氏○東京に一つの仏教普通学校を設くる事○本派本山の集会○本派新法主閣下○大坂津村別院報恩講○本派教導職試補○本年より明年の集会○断食者何の法ある

社告

○本誌購求代価の送付先

広告数件

○死亡（遠山季若）○学生募集（進徳教校）○出版（経世博議・真宗道徳新論・真宗問答）

『伝道会雑誌』第三年第三号

一八九〇（明治二三）年一二月二一日発行（通号二五号）

○巻頭言（神光法師答唐玄宗皇帝之語）○本会特別広告（資本金募集・寄付方法・雑誌購読方法など）

伝道会

教界に於ける将来の希望

論説

法門不衰于無外護而衰于無内守論

明治二十四年の覚悟は如何　同盟会員　朝日保寧
烈士暮年　壮心不已　同盟会員　真門道厳
冬日ソンブリツク山上観測ノ模様　同盟会員　豊南溝部生
　賛成会員　佐々木牛歩

説話
仏教ト比較宗教学　賛成会員　中西牛郎
吾人は何故に説教を聴くことを要するや　賛成会員　武田篤初
孝のすゝめ　同盟会員　木山定生

雑録
○歳次庚寅十一月二十九日、天皇親臨、盛学帝国議会開院式、微臣不堪感喜之至、恭賦長歌一章　同盟会員　珠堂日野湊
○渓荘観菊　同盟会員　石井苔巌
○観清狂道人剣舞図　賛成会員　小泉春樹
○歳暮の感　同盟会員　石井苔巌

寄書
道心中ニ衣食アルノ解　正会員　島田誠諦

雑報
○被選挙権に関する陳情書○愛国の赤心遂に教会を脱す○スペンサー氏の軽気球○口は禍の門○白道会の景況○武田二等巡教使の談話○条約改正と基督教○藤島了穏氏○謗法も入菩提の門となる

広告
○出版（法之園・反省会雑誌・國教）○特別広告（本会雑誌誌面改良など）○支店開業（山本活版所）

『伝道会雑誌』第四年第一号
一八九一（明治二四）年一月二一日発行（通号二六号）欠本

『伝道会雑誌』第四年第二号
一八九一（明治二四）年二月二一日発行（通号二七号）

○巻頭言（魏叔子日録）○本会特別広告（寄付方法・雑誌購読方法など）○大法主殿御直諭書取

伝道会

論説
青年学仏の士須く立志を先んずべし

能く疑ふは知悟の始　賛成会員　服部卯之吉
説話
御注文の醜婦㈡　賛成会員　天口子
大学林内学院法話　賛成会員　松島善海
第三高等中学校生仏教青年会創立一周年賀会演説紀要
文学士　徳永満之君
講義
法華経題名講義（承前）
故勧学　百叡師説（斎藤聞精筆録）
雑録
○仏遺道教経序文　賛成会員　澤柳政太郎
○寄生田得能書　賛成会員　佐々木抑堂
○伝道会雑誌再刊を祝す
徳澤智恵蔵、在印度同盟会員　川上貞信
○祝同盟会員、島田敬順、藤井香暁、木下満恵み、立川照俊諸氏之大学林卒業文
○第三高等中学校生仏教青年会創立第一週年賀会祝詞
正会員　高橋慶太郎
○次島地黙雷師読珠堂日野湊氏贈曇摩鉢羅詩瑤韻以代評語
六十一翁　蓮舶　小栗栖香頂
○題松以欽仰　宗祖大師之懿徳　正会員　小泉春樹
批評
○教海中新著書略評　無能　山人
格言
○簡択師友要心○誹謗八法誡
質疑応答
○第四年第一号（2）是心作仏是仏の問への答案
在京都　日下大痴
○第四年第一号（1）浄土一家の問への答案
在京都　朝日保寧
寄書
○二大宗教の衝突　賛成会員　中西牛郎
雑報
○三条公の薨去○死刑廃止論○光格天皇勅作阿弥陀如来の由来○不敬事件の始末○佐伯旭雅老師の遷化○京都医学校の青年会○アーノルド氏帰国す○オルコット氏の勇健○御用意は如何○夢の世の中○伝道者の注意
○耶蘇教の衰数
本会報告
○本会寄書承諾者（南条文雄・島地黙雷・村上専精・

井上円了・服部卯之吉・堀内静宇・戸城伝七郎・清野勉）○新加入正会員姓名○新加入賛成会員姓名○本会々金広告

広告

○出版（反省会雑誌・暹羅仏教事情・第一義・他）○改姓（戸田定寿改弓波定寿）

『伝道会雑誌』第四年第三号

一八九一（明治二四）年三月二一日発行（通号二八号）

○巻頭言（曾子開）○本会特別広告（寄付方法・雑誌購読方法など）○信楽院顕如宗主三百回忌追善法会の予告

伝道会

青年学仏の士須く立志を先ずべし（嗣前）

論説

間接伝道ニ就キテ　戸城伝七郎

社会改良の事如何　堀内　静宇

心中森羅萬象を蔵するも一執着を為す可らず　武田　篤初

夢ノ説（第一回）　文学士　服部宇之吉

陵伽山阿毘達磨蔵　在陵伽山　同盟会員　川上貞信

講義

法華経題名講義（承前）

故勧学　百叡師説（斎藤聞精筆録）

法話

九州仏教倶楽部に於ける法話　赤松　連城

不邪婬戒　加藤　恵証

雑録

○異部宗輪論述記発軔自序　真宗後学　釈憲栄畔睇

○選択集章目略頌　古勧学　宏遠師撰

○三家差別略頌　作者　未詳

○観清狂道人剣舞図四首節録三首　同盟会員　珠堂日野湊

○春暁聞鶯　同盟会員　山本順道

○春遊　故　野田興顕

○龍谷諸哲ノ墳墓ニ詣シテ感アリ　同盟会員　清水尚雄

格言

○五常の歌（其他数件）　慈鎮和尚作

質疑応答
○第四年第一号（4）正像末三時説の問への答案　在京都　弓波定寿
○質疑（6）蚯蚓の魂の問　会員　ＪＮＭ
雑報
○錫蘭通信（同盟会員川上貞信）○浄土宗の三碩皆逝く矣○全国仏教者大懇話会○米人の惜陰○微なりと雖も亦是れ一団の教徒○日本仏教各宗檀徒
本会報告
○本会寄書承諾者（澤柳政太郎）
広告
○病気帰国（光永純城）○出版（反省会雑誌・四論題略弁）○研響会創立之趣意○伝道会特別広告（雑誌紹介）

『伝道会雑誌』第四年第四号

一八九一（明治二四）年四月二一日発行（通号二九号）

○巻頭言（姑蘇無作譔自保銘）○本会特別広告（寄付方法・雑誌購読方法など）
伝道会
仏教の真理を発揮すべし
論説
遺教の一則　文学博士　南条文雄
学生に檄す　溝部　実磨
夢ノ説（第二回）　文学博士　服部宇之吉
陵伽山阿毘達磨蔵　在陵伽山同盟会員　川上貞信
講義
法華経題名講義（承前）　故勧学　百叡師説（斎藤聞精筆録）
法話
真俗二諦　賛成会員　赤松連城
雑録
○帰西山杖家荘記　賛成会員　武田震陽
○賦首尾吟贈踏氷戸田君　同盟会員　溝部豊南
○遡嵐峡到亀岡舟中之作　正会員　西脇興顕
○感慨
○庚寅歳晩書懐十五絶　正会員　飛島碩也
○迷学友本山定生君帰国　同盟会員　珠堂日野湊
○四月十二日侵雨遊嵐山○同　正会員　大原哲丸

批評
○無量寿経大意を読む　賛成会員　仰信居士
○項門一針を評す　賛成会員　東山迂夫
格言
○離麤悪語妙行○離雑穢語妙行○言過
質疑応答
○第四年第三号（6）蚯蚓の魂の問への答　在京都　弓波踏氷
○質疑（7）幽霊の有無如何の問　在京都　Y.M.生
雑報
○五月二十一日○鴉片禁売の決議○九十春光今将尽○本山法会○天賜恩待○普為十方説微妙法○海軍艦内の布教○闘静堅固○布教秘決
本会報告
○新加入正会員姓名○新加入賛成会員姓名○正会員送付金○特別送付金○本会永続資本金出（再出）
広告
○出版（耶蘇教釐正論頂門一針・法の園・仏説無量寿経大意・他）○改姓（戸田定寿改弓波明哲）○特選巡教使並に宣教員を辞し自由布教に従事（弘中唯見・一二三尽演・鈴木法琛）

『伝道会雑誌』第四年第五号
一八九一（明治二四）年五月二一日発行（通号三〇号）

稟告
○真宗青年伝道会・伝道会雑誌の紹介など
本会の本領
説話
法話　故勧学　陳善院
無常法話　慈鎮和尚
名利の話し　大学林講師　斎藤聞精
不殺生戒　文学士　澤柳政太郎
敢て医学生諸君に望む（京都府立医学校同窓仏教演説会に於て）　鎌田　淵海
妖怪学一斑　文学士　井上円了
講義
法華経題名講義（承前）　故勧学　百叡師説（斎藤聞精筆録）

唯識大意　大学林教授　提山暢堂
原人論講義　大学林教授　熱田霊知
蒐録
○女子教育談○教育と学問との方針○遂に之を如何せん○反省会開拓の趣旨（反省会員吉丸徹太郎）
詞藻
○立言（幽眠子）○雑言○修大師忌辰録感慨○御伝章十五段法如上人御詠
雑報
○本願寺安居の論題○京都仏教徒各団体の御見舞○外国婦人尊厳を冒瀆す
本会報告
○新加入正会員姓名○新加入賛成会員姓名○義捐金○会員寄贈金
広告
○本会広告（本誌改良、講義欄など増設）○真宗青年伝道会本部、業務拡張整理のため以下の四氏に事務嘱託。副会長牧野大蓮・編輯長鎌田淵海・事務長提山暢堂・会計長熱田霊知）○出版（法の園・反省会雑誌）○紙面改良（開明新報）

『伝道会雑誌』第四年第六号
一八九一（明治二四）年六月二一日発行（通号三一号）

○本会報告（本会事務責任者を確定し誌面改良、真宗伝道会）○本願寺派大法主殿御消息
会説
再び本会の本領を告白す
論説
欲達所期者須足践実地　石井　苔巌
説話
無常の信　雲棲　大師
釈門警誡　理綱院法霖師
名利の話し（承前）　大学林講師　斎藤聞精
角を矯めて牛を殺す勿れ　藹々　大内青巒
講義
法華経題名講義（承前）　故勧学　百叡師説（斎藤聞精筆録）
唯識大意（承前）　大学林教授　提山暢堂
原人論（承前）　大学林教授　熱田霊知
蒐録

○念仏篇（香山居士白居易）○歌（順徳院天皇・中納言定家・紀朝臣貫之・加賀千代尼）○玉日君の遺書
雑録
○西倫通信（川上貞信）○在天釈興然氏より各宗諸大徳への上書○仏教外教の薬籠に入らんとす○外教徒皇后陛下の為に祈禱会開く○木伊乃の発見○本願寺帯勲車夫を賞す○美術保存法の困難
本会報告
○明治二十四年五月已降会金送金者○○明治二十四年五月已降寄付金者
広告　数件
○伝道会々計を熱田霊知に引継（徳力重左衛門）○出版（道之友・密厳教報）

『伝道会雑誌』第四年第七号

一八九一（明治二四）年七月二一日発行（通号三二号）

○本会々則摘要
会説
精神の統一
説話
仏教は平和を以て行はる　司教　赤松連城師演説（柿山某筆記）
三徳之弁　江村秀山師演説
心識所在の説　司教　小山憲栄師演説（三浦友寿筆記）
講義
釈門警誡（承前）　理綱院法霖師
法華経題名講義（承前）　故勧学　百叡師説（斎藤聞精筆録）
唯識大意講義（承前）　大学林教授　提山暢堂
原人論講義（承前）　大学林教授　熱田霊知
寄書
近頃外教衰へて仏教盛なりと云ふは皮相か実際か　霊河　秀嶺
蒐録
○大法句経勧誡の偈○続本朝往生伝序（中納言大江匡房選）○歌（定家卿・慈鎮和尚・西行法師・仏心院信暁師）○哭故文学博士　中村敬宇翁二律（王治本）○和歌（山階宮晃親王・板正臣・鎌田正夫・大口鯛二）

雑報
西倫通信（承前）（川上貞信）○仏陀伽耶の霊跡○熱心なる尽力者○拡張者の嘱托○教育上の意見○山口師範学校に又仏教の種子を蒔く○中越玄道会○大学林卒業者○安居会に望む○共潤会に答ふ
本会報告
○明治二十四年六月以降寄付金者○同会金送致者○同入会者○同入会並会金送致者○伝道会正会員（第一回）
本会広告
○本会改良への協力要請○本会入会地方申込先（日向国水間此農農夫・加賀国弓波明哲・肥前国石井苔巌）○佐賀市支部設置（地方幹事・安楽寺住職川本恵開）○地方より続々支部設置の申込あるも追て設置○寄稿・広告掲載の依頼多数につき不掲載を陳謝○鎌田淵海、出雲国帰省し追て同国巡遊○本会送金は真宗伝道会本部会計熱田霊知宛に送金のこと
広告
○本誌広告簡略化するも以下は良好大雑誌（大同団報・法の園・仏教新運動・教学論集・密厳教報・反省会雑誌）
本会広告
○本誌再版の予定○正会員の会金・雑誌購読者の前金の送金方法など

『伝道会雑誌』第四年第八号
一八九一（明治二四）年八月二一日発行（通号三三号）

会説
慈善と経済
説話
印度仏教の近況　在西倫　正会員　椰州　川上貞信手記
一心　朝戸高山処士稿
法語　天桂禅師
法語　無難禅師
京都婦人教会に於ての演説　島地黙雷師演述（高原晩成筆記）
講義
法華経題名講義（承前）　故勧学　百叡師説（斎藤聞精筆録）

唯識大意講義（承前）　大学林教授　提山暢堂
原人論講義（承前）　大学林教授　熱田霊知
寄書
仏教百年の大計　石井　苔巌
蒐録
弘法大師十首無益和歌
雑報
○御降誕祝日○皇女御降誕及御命名式○両本願寺の光栄○本願寺法主の御病状○仏陀伽耶霊跡○大木文部大臣の教科書意見○醜業婦女取締法令○仏国の東方策○機敏を要す○宗教上の統一○居士仏教の弊○僧形の乞食○年賀○補教逝去○大坂に於る会況○周防大島郡通信○改革○正誤
本会報告
○明治二十四年七月以降寄付金者○同会金送付者○同正会員加入並会金送付者○同賛成会員並寄付者○同賛成会員並有志寄付者
本会広告
○編集上不得已都合で原人論の講義を減頁、次号掲載
広告数件
○出版（海外仏教事情・密厳教報・反省会雑誌・他）

『伝道会雑誌』第四年第九号
一八九一（明治二四）年九月二一日発行（通号三四号）

本会広告
○本誌再版の予定○正会員の会金・雑誌購読者の前金の送金方法など
会説
仏教家の識量　柳　堂　逸　史
説話
京都婦人教会に於ての演説（承前）　島地黙雷師演述（高原晩成筆記）
真宗僧侶蓄髪議
心識所在の説（承前々号）　司教　小山憲栄師演説（三浦友寿筆記）
厭穢欣浄篇　故　菩提山西隆師遺著
講義
法華経題名講義（承前）　故勧学　百叡師説（斎藤聞精筆録）

唯識大意講義（承前）　大学林教授　提山暢堂
原人論講義（承前）　大学林教授　熱田霊知
寄書
仏教百年の大計（承前）　石井　苔巌
蒐録
希望　斎藤聞精師
伝道歌　会員　川本恵開稿
雑報
○御額字賞与○内務省訓令第二十二号○基督教派の小学校に対する大木大臣の意見○仏教信徒と他教信徒の比較○支那宣昌の暴挙○仏陀伽耶に就ての書翰○印度仏蹟興復会創立の趣意○印度仏蹟興復会規則
○雲石教況一班　鎌田　淵海
本会報告
○正会員加入並納金人名○八月以下送金寄付者○同賛成会員寄付金人名○同有志寄付金人名○同会員並会金送付者○同賛成会員寄付金者
本会広告
○肥前支部幹事（佐賀市長安寺住職柘寛雄・同市安楽寺川本恵開・同市善定寺木山至善）○地方幹事（佐賀県浄光寺後藤智城・同県光専寺住職甲斐恵行・同県祐正寺住職篠塚勧智・同県妙蓮寺住職木下龍天）○島根県巡回より帰京（鎌田淵海）
広告
○出版（真誌・道之友・海外仏教事情・他）○島地黙雷会長推戴（海外宣教会本部）○病気平癒上京（西本願寺大学林光永純城・木山定生）

『伝道会雑誌』第四年第一〇号
一八九一（明治二四）年一〇月二一日発行（通号三五号）

○本会々則摘要
会説
成敗論
論説
無尽性を論じて転生に及ぶ　獣医学士　生駒藤太郎
説話
真宗僧侶蓄髪議（承前）　柳　堂逸史
昨夢廬談　陳善院僧樸
仏魔一髪　島地　黙雷

宗教各論　鎌田淵海口演
講義
法華経題名講義（承前）
故勧学 百叡師説（斎藤聞精筆録）
原人論講義（承前）　大学林教授 熱田霊知
蒐録
○本派大法主殿常州板敷山大覚寺へ授与せられたる御書
○念仏篇　西　秋谷
雑報
○本会発行人の処刑○本願寺派集会○本願寺通志掛○大学林学生の受賞○日蓮宗の実業○九州各県教誨師連合協議会○遂に如何○金藤証伝氏の書翰○月の詠○耶蘇教信者の統計○旧教興て新教廃る
本会報告
○特別会員（藤井又右衛門、外五名）○九月以降正会員加入並納金人名○伝道会正会員申込者
広告
○御本山御仏具調進所（山崎屋孫兵衛）○出版（浄土三部妙曲鼓吹・活用講述因明学全書・筑前国妙好人長幼郎実伝・他）○帰朝（矢田省三）○本会特別会員大洲鉄也の防長巡回都合により中止○提山暢堂病気につき唯識大意講義休刊

『伝道会雑誌』第四年第一一号
一八九一（明治二四）年一一月二一日発行（通号三六号）

○本会々則摘要
会説
天災地變に就て
論説
無尽性を論じて転生に及ぶ（承前）　獣医学士 生駒藤太郎
寄書
道徳の衰退は仏教廃滅の前兆なり　会員 佐賀 栢寛雄
説話
昨夢廬談（承前）　陳善院僧樸
厭穢欣浄（九号の続）　故 菩提山西隆師
日野資朝卿の事　藹々居士 大内青巒
仏魔一髪（承前）　島地　默雷

宗教各論（承前）　鎌田淵海口演
講義
法華経題名講義（完）
故勧学　百叡師説（斎藤聞精筆録）
唯識大意講義（前号の続）　大学林教授　提山暢堂
文苑
○詩六首（本國寺管長小岱・三千坊門跡孝成・小山憲栄・小野長愿・谷鉄臣）○歌二首（大谷光勝・大谷光尊）
雑報
○大地震○追吊大法会○両本願寺の義挙○本派本願寺学寮の義捐○本派文学寮生徒の特派員○日溪僧俊君○万歳同行の道歌○オルコット氏の要求○プロテスタント宗派○震災地に於ける耶蘇教と仏教○尾張の国大谷派末寺の被害表○伝道会肥前支部仮規則
本会報告
○特別会員芳名（在大学林服部範嶺、外十三名）○明治二十四年九月以降会金送付者人名
本会特別広告
○出雲国会員の会金入金先○会金未納者に会誌配布せず○尾濃震災者見舞送付につき連絡
広告
○愛知岐阜震災送金報告（勝山婦人教会）○執筆材料送付依頼（柘寛雄）○尾濃震災義捐金募集（仏教婦人会中央部・法雨協会本部）○吊慰枕山先生詩文歌等懇望（大村鶴林）○尾濃震災見舞（在備前伝道会副会長牧野大蓮）○改姓（菅原に改姓・石井苔巖）○出版（仏教新運動・真之光・反省会雑誌）○開明新報改良

『伝道会雑誌』第四年第一二号
一八九一（明治二四）年一二月二一日発行（通号三七号）

○本会々則摘要
会説
歳末の感
論説
ベンジヤミンフランクリン氏自伝中の一節
会員　ケイエフ生
説話
鳴動の原因
理学博士　関谷清景

昨夢蘆談（承前）　故　陳善院僧樸
厭穢欣浄（承前）　故　菩提山西隆師
古徳法語　南越　脱山坊写録
令女教会に於て　島地黙雷師
蒐録
○黒谷上人御消息
○板敷山書感　南溪　杜多
雑報
○嗚呼明なる哉明治の新法主○両本願寺の名誉○本願寺派集会の閉会○常在会衆の当撰○被選権の請願○本会肥前支部○西倫通信（川上貞信）○帝国大学総長の依頼○大日本玄道会
本会報告
○特別会員芳名（本願寺議員板敷圓紹、外十三名）○十一月以降会金送付者人名○新加入申込者
本会特別広告
○本部移転（下京区東中筋花屋町下ル）○長崎県地方幹事を立花紹道に依頼○会金納付督促○新年拝賀書状欠礼申上（熱田霊知・提山暢堂・牧野大蓮・鎌田淵海）○岡山留錫（牧野大蓮）
広告
○震災義捐金報告（越前西方寺婦人教会世話係）○真宗伝道会本部への廻送金委託者行衛不明につき照会○尾濃震災志望者追弔法会執行義捐金報告（越前国岡山村真光寺・同村西福寺・越前国吉野村正法寺）○出版（顕道書院新版並発売書籍報告・尊皇奉仏大同団団報）
講義
原人論　大学林教授　熱田霊知

『伝道会雑誌』第五年第一号
一八九二（明治二五）年一月二一日発行（通号三八号）

○本会々則摘要
会説
新年の詞
論説
比較宗教学
講師本願寺文学寮長　藤島了穏（筆記　大久保格）
新仏教論に就て中西牛郎君に質す　鎌田　淵海
説話

閑窓法語　明教院僧鎔
古徳法語（承前）　南越 脱山坊写録
令女教会に於て（承前）　島地黙雷師
文苑
○暁更鶯（大谷光尊）○余寒月（大谷光勝）○或人の間に（佐伯旭雅）○元旦（萩野独園）○題曾我兄弟復讐図（山本竹渓）○悼老僕西村吉蔵長句（蒲生金松）○吊畠山勇子（中村確堂）
雑報
○本願寺派の御正忌○本会々員の大坂紀行○仏教々会堂を起さんとす○北畠道龍師○釈尊霊跡のパノラマ画○基督教徒名古屋に孤児院を設く○基督教徒の陰険手段○宗教保護○ケイエス生の書翰
本会報告
○特別会員芳名（大隅国寺本大蔵、外十名）○十二月以降会金送付者人名○賛成会員寄付○新加入申込者
本会特別報告
○大阪市順正寺に支部設置○大坂支部幹事嘱託（順正寺為貴等・西称寺寸土暁岸・円宗寺宗秀雄）○正誤
広告
○大阪滞在時の謝礼（菅原苔巖・外三名）○九州仏教倶楽部大阪支部設置○死亡（正会員永宮仁平次）○尾濃震災死亡者追吊法会執行義捐金報告（越前国神山村安証寺・同村教善寺）○新年挨拶数件
講義
原人論　大学林教授 熱田霊知

『伝道会雑誌』第五年第二号
一八九二（明治二五）年二月二一日発行（通号三九号）

○本会々則摘要
会説
仏教界何ぞ極端論者の多きや
論説
比較宗教学　講師本願寺文学寮長 藤島了穏
人類界　会員獣医学士 生駒藤太郎
団体を論じて世の仏教未信の諸士に告ぐ　鎌田 淵海
説話
存覚上人の法語
たのむの意　労謙院善譲

女人最要集　脱山　坊写
令女教会講話　大洲鉄然師述
蒐録
○蓮如上人イロハ歌○詩数首（荻野独園・老雨居士）
時事
○本願寺派信徒の慈善心○大派本願寺の勢力○妙心寺の光景○知恩院の現勢○大学林の近況○大学林の卒業生○文学寮の大工事○大内青巒師新字を厭ふ○議員選挙と各宗本山○頑固信者と利用信者○藤宮規平氏○居士平乞食乎○天帝須らく没収すべし○嗚呼才子なる哉徳富猪一郎君新島氏地下に泣かん○土帝回教の宣教師を清国に送らんとす
本会報告
○十二月以降会金送付者人名
特別広告
○地方幹事嘱托（近江国和田皆忍・越前国清水尚雄・兵庫市司田周道・但馬国西池可生）○副会長牧野大蓮、本会拡張のため広島岡山巡回
広告
○改名（旧武内康丸・改竹内宣啓）○転居（提山暢堂）○改姓（横山可生事、西池可生）○出版（反省会雑誌・仏教新運動・漢文学講義録）
講義
原人論　大学林教授　熱田霊知

『伝道会雑誌』第五年第三号
一八九二（明治二五）年三月二一日発行（通号四〇号）

会説
○本会々則摘要
仏教家大に奮起すべきの秋到る
論説
比較宗教学（承前）　文学寮長　藤島了穏
説話
真宗念仏現益弁　僧　樸　師　述
たすけたまへの意　労謙院善譲
信心の意　労謙院善譲
古徳法語　南越脱山坊写録
恵信先徳の御法語
二双四重の判釈に就て　勧学　足利義山師

邪教の女子を娶るべからず　内藤　恥叟

文苑

○奉送松島善海師辞大学林教授帰于郷里（菅原苔巖）

○奉送小山憲栄師辞大学林教授帰于郷国（菅原苔巖）

○奉送勧学小山憲栄師帰郷（木山定生）○奉送小山憲栄師于故郷（日野湊）

時事

○釈尊の降誕会○本願寺の法会○文学寮の落成式○大学林支校の改正○大学林高等科生の受命者○全国仏教者大懇話会に就て○本会は委員たらず○委員は遂に辞すべからず○会員の受任○政治主義と仏教家○博貫舎○同志社教員永眠す

本会報告

○特別会員芳名（備後国清水坊定之進、外二名）○二月以降会金送付者氏名

特別広告

○会金納付督促

広告

○転居（鎌田淵海）○病中見舞敬謝（弓波明哲）○改姓（旧蟹谷事、三松永成）○出版（道之友・宝之林・仏教新運動・尊皇奉仏大同団団報）○来学募集（近江国専宗寺境内博貫舎在学生）

講義

原人論　大学林教授　熱田霊知

雑誌『海外仏教事情』総目次

『海外仏教事情』第一集

一八八八（明治二一）年一二月発行

〔二版により作成・三版と記載に異同あり〕

緒言
　緒言
論説
日本仏教評論　米国 シ、ホーローウエー
真宗教旨　米国 ニース、ピオ、アーバン
何故ニ仏教ナルヤ（米国 仏光新誌訳出）
仏教ノ慈恵　英国 マクス、ムユーラー博士
幽玄仏教論　蘇国 チヤールス、ヂヨンスン
仏教ト基督教トノ比較（印度 サラリビサンテレサ新誌訳出）
基督教国ヲ化シテ仏教国トナサントス（米国 サン新聞訳出）
神智学会トハ何ソヤ（米国 パッス雑誌訳出）
問答
合衆国チヤールス、マーセイルスノ質疑
チヤールス、マーセイルス氏ノ問ニ答フ　会員 斎藤聞精
書信
松山松太郎氏ノ書信 二通
米国 ウイリヤム、キウ、ヂヤッチ氏返信（一八八七年五月十九日紐育発）
米国 ウイリヤム、キウ、チヤッヂ氏書信（一八八七年八月紐育発）
米国 エドワード、ウオレップ氏書信（一八八七年十月米国カリホルニヤ洲発）
蘇格国 エヂス、ジヨンストン嬢書信（一八八七年十一月蘇格蘭発）
英国 フランシスカ、アーランデール嬢書信（一八八七年十二月伊太利羅麻府発）
印度 ダンマパーラ、ヘバビタラナ氏書信（一八八八年一月印度発）
米国 カーネル、カッソー会社の書信（一八八八年二月）

印度　仏教会計書記　クリシユナ、チヤントラ、チヤウドリー氏の信書（一八八八年三月印度チノタゴン発）

印度　ダンマパーラ、ヘバビタラナ氏書信（一八八八年四月印度発）

英国　エリオト、ビー、ページ氏書信（一八八八年四月米国ミヅリー州発）

英国　アーランテール嬢書信（一八八八年七月英国発）

英国　セントジヨージ、レーン、フヲツクス氏書信（一八八八年七月英国発）

暹羅　チヤンドラル、ダツタ氏書信（一八八八年九月サイアム、バンコク発）

雑録

○米国仏教伝播の景況○仏光新誌○米国神智学会員の運動○神智学会の増加○英国の大出版会社○世界の三大運動○錫蘭仏教徒○仏者の友○仏教徒のバザー○二万五千ルーピーの寄付○暹羅に於ける耶蘇宣教師○マトラス基督教大学○仏教問答と亜細亜の光明○英文仏書○神智学会に関する新聞雑誌

本会報告

○本会創設○海外宣教会規則○海外宣教会地方幹事規則○会長推戴（赤松連城）○幹事長選任（里見了念）、幹事選任（内報係に神代洞通、会計兼開教係に服部範嶺、庶務係に日野義淵、外報係に松山松太郎、編輯係に手島春治）○亜細亜之宝珠の海外発送状況（合衆国六十五ヶ所・英国三十三ヶ所・英領印度八十六ヶ所、他）○地方幹事依頼（豊前松島善海・安芸正木鴻融・備後是山恵覚、外六名）○本会賛同者の各地動向（岩手・東京能潤社・反省会・豊前松島善海・安芸正木鴻融）○特別会員推挙（島地黙雷・大洲鉄然・徳永満之・西秋谷）○（正・賛成）会員姓名並寄贈金○本会々募集広告等

広告

○本会趣旨・入会募集・入会方法等○出版（亜細亜之宝珠・海外仏教事情）

『海外仏教事情』第二集

一八八九（明治二二）年五月一一日発行

論説

サイアム王及同国法親王の書翰（仏光新誌抄出）

日本の諸宗教（セラソフイスト雑誌抄出）
人の天然食餌を論す（ホルロウエー氏の仏教者食餌論抄訳）
世尊の称号（印度　ジヤヤサケレ氏基督教仏教比較論抄出）
勿れ
仏陀教に於ける誤解を弁す　米国　セラ、ゼーン、ビー氏
オルゴット氏懇親会席上演説（本年二月二十日智恩院に於て）　英国　シネット氏

雑録

○仏教は将来の宗教たり○唯物論と仏教との勝敗如何○信と不信と同しく迷ふ○大なる哉仏教○新酒の分析○仏教と基督教との差別○仏教徒○我国宗教世界の二大工事○瞿曇の足跡○龍動神智学出版会社○鐘と念珠の原因○廃肉の風大に流行す○三十二名○第三万回の広告○人をして妙円の堺に至らしむるものは何ぞ○涅槃は空滅にあらす○ロチエストル同胞会の機関たる「オッカルド。ウナルド」○仏光新誌の第二年期○欧米の新思想は日本の洪水○仏教は宇内宗教なり○仏教遠く第五大洲に至る○イユージーンフイルド氏仏教に帰依す○亜細亜の宝珠（本会発行の英語仏教新誌）○神智学会総長オルコット氏

書信

蘇国　ヂヨンストン嬢書信（一八八八年五月スコットランド発）
米国　ウイリアム、キユー、ヂヤツジ氏書信（一八八八年七月ニウーヨルク府発）
印度　チアンドル、チヤウドリイ氏書信（一八八八年七月浙池港〔チタゴン〕発）
米国　マギユア氏書信（一八八八年九月オレコン州発）
米国博士　ゼー、シー、ホフマン氏の書信（一八八八年六月ウイスコンシン州発）
澳州　セオルドル、ライト氏書信（一八八八年九月クインスランド発）
澳州　セオルドル、ライト氏書信（一八八八年十月クインスランド発）
英国学士　ウオーター、ヂー、ウールカム氏書信（一八八八年十月龍動発）
米国　チゼー、マクス、アフイー氏書信（一八八八年十月ミンネソタ発）

米国　エドワード、ウオレッツブ氏寄反省会書信（一八八八年十一月カリフオルニヤ州発）
米国　アル、エ、ブローゼッド氏書信（一八八八年十二月フロリタ発）
米国　同氏妻某書信（一八八八年一二月フロリタ発）
米国　エドワード、ウオーレッツブ氏寄反省会雑誌書信（一八八八年十二月カリフオルニヤ州発）
本会報告
○亜細亜之宝珠・海外仏教事情の刊行及び海外発送状況○オルコット・ダンマパーラ動静○釈宗演・釈興然・善連法彦・東温譲の印度留学に本会より慰労金寄贈○本会への寄付（米国人数十名〔人名次集記載〕・佐日野沢依）○特別会員推挙（南条文雄・渥美契縁・佐伯旭雅・済門敬冲・勝峰大徹・荻野独園）○中西牛郎の米国渡航・同盟会員加入○地方幹事依頼（越前村野近良・摂津高楠孫三郎・東京大西譲輔、外二十三名）○（正・賛成）会員姓名並寄付着○本会規則摘要○本会出版（海外仏教事情・亜細亜之宝珠）

『海外仏教事情』第三集

一八八九（明治二二）年一〇月一五日発行

論説
亜細亜州の仏教徒よ何んぞ速やかに奮起せざる
米国　カルホルニヤ州　フイランジ、ダーサ氏
仏教の特質は実際の慈恵なるを論ず
米国　カルホルニヤ州　フイランジ、ダーサ氏
「ブデイズム」を論ず
英国　フオンデス
雑録
○仏教復興の大波サイアム国に及ぶ○仏教は絶望の哲学なり○霊魂洗滌薬○日耳曼の博士ハルトマン氏○コール雑誌に載せたる歌を聞け○英語真宗問答○オルコット氏真宗問答の序○オルコット氏○英国PFOUNDES氏○エドウイン、アーノルド氏の法句経○モニエル、ウイリヤム博士の仏教論○信徒増加の割合○錫蘭に於ける宣教師○独語仏教問答○亜細亜の宝珠
書信
中西牛郎氏の書簡

本会記事

○本会への寄付金（本願寺派法主・米国同胞有志・英国倫敦ハロルド、ウイリアム・大谷派連枝播州亀山大谷昭然・同夫人朴子）○オルコット・ダンマパーラの動静○柳原前光、本会正会員加入・特別会員推撰○正会員加入（播州姫路衛戍旅団長長岡澤令夫人はま子・連隊長陸軍中佐高井敬義・同少佐益田照遠・同少尉阿刀田寛海）○印度在住諸氏本会支部設立（幹事に釈興然、会計係に東温譲、書記に善連法彦）○今立仏教青年会本部、本会地方部設立計画中○大坂石板工河合如風、釈尊真影百枚を本会に寄付し海外仏教徒への送付を懇請○越前真宗出雲路派・誠証派、幹事長里見了念に本会への協力を約言。山元派・三門徒派へ会長より依頼書呈出

雑件

○大坂紡績会社川村利兵衛、錫蘭に到着し神智協会への寄付○東京報知社矢野文雄、スマンガラ僧正に面会○印度・欧州渡航僧侶の動静（東・徳澤・川上・朝倉・小泉・善連・藤島）○欧州東洋学の動向

本会報告

○特別会員推撰（釈雲照・柳原前光・東陽円月）○同盟会員加入（加賀一二三尽演・安芸弘中唯見・播磨鈴木法琛、外三名）○地方幹事依頼（在東京堀内静宇・三河相馬政徳・越前渡邊治郎右衛門、外二名）○幹事更撰（幹事長に里見了念、庶務係に服部範嶺、編輯係に神代洞通、会計係に日野義淵、外報係に松山松太郎、翻訳係に手島春治）○（正・賛成）会員姓名並寄贈金○出版（海外仏教事情・亜細亜之宝珠）

『海外仏教事情』第四集

一八八九（明治二二）年一一月一五日発行

口絵

ヂヤツチ氏肖像

論説

「ブデイズム」を論す（前集の続）　英国　フオンデス

雑録

○米国神智学会○印度に於ける基督教の伝道事業○博士マクス、ミユーラー氏の講演○英人ボウエル氏○仏教新誌の記者英人レツドビーター氏○西倫島僧正スマ

ンガラ氏○英国博士ハクスレイ氏○仏教論益々多し○亜細亜の光及ひ密部仏教論○ウイリヤム、キユー、ヂヤッヂ氏○果して事実なるか○菜食主義の流行

書信

亜細亜の宝珠の批評及ひ来信の抄訳

○米国「オツカルト」新聞

○マニラ府米国領事オセル、ウエブ氏書翰

○同氏書翰

○米国ニウーヨルク府伝道学校内コクーン氏書翰

○米国バスコム、ボーデス氏書翰

○スコツトラント国ジヨンストン嬢書翰

○英国ジヨン、ランドン氏書翰

○米国ドクトル、イングリシ令室書翰

本会記事

○国内外よりの寄付金（真宗山元派法主・ホルランド国ウースタインデ）○特別会員選任（本会報告記載）○同盟会員加入（藤島了穏）○正会員加入（姫路衛戍大隊長吉田清一・同中隊長長野溝四郎）○曜日蒼龍の布哇出張○同盟会員地方出張（弘中唯見は広島・愛媛・香川・岡山へ、一二三尽演は山口へ、鈴木法琛は兵庫へ）。帰京後に同盟委員会議を開催○神戸・兵庫で本会拡張の演説会開催、同盟員会員松山松太郎・一二三・弘中・鈴木出席予定。大坂でも計画中○本会拡張協力への謝辞（越前朝倉教融、他）

雑件

○オルコツトの動静○「ホストントランスクリプト」紙上の日本宗教勢力論○曜日蒼龍の布哇での活動○オルコツトの宮内省への献品

本会報告

（正・団体加入・賛成）会員姓名並寄贈金

『海外仏教事情』第五集

一八八九（明治二二）年一二月一五日発行

論説

「ブデイズム」を論す（前集の続）　英国　フオンデス

真理よりも高等なる宗教は決してなきものなり（セオソスト抄出）

欧米に於ける仏教思想の由来を論す（前集の続）　松山緑陰

書信
英国倫敦フオンデス氏の書翰第一（十月四日発）
本会記事
○本会幹事里見了念、本会拡張のため伊勢一身田専修寺に出張○神戸で本会拡張の大演説会開催。弘中唯見・松山松太郎・日野義淵・鈴木法琛出張○里見・弘中、大坂に本会旨趣弘布のため出張。大阪津村別院で演説会開催、会長赤松連城・松山・弘中・一二三演説○堀江市の劇場で合併演説会開催。大道社副社長本荘宗武演説。本会の一二三・弘中・松山出席○摂津大石村善立寺で本会拡張の演説会開催、一二三演説○特別会員選任（本会報告記載）○本会拡張協力への謝辞（越前滝水薫什・摂津国武内紹進、他）○フオンデスの請求により本会英国部設置
雑件
○米人パウエル氏○グネワーダナ氏の設計○魯国の布教○米国の三居士○独逸ドクトルアムアット氏○独逸少年の信仏○英国龍動のツルプナー商社○印度の霊跡を恢復せんとす○東京芝西久保天徳寺朝日琇宏氏とアーノルド氏の問答○東京諸学士の招請○仏書の英訳出てんとす
本会報告
○特別会員推撰（稲垣湛空、本荘宗武・日野霊瑞・黒田真洞・平賀義美・杉浦重剛・宮崎道正）○地方幹事依頼（下総志賀照林）○（正・団体加入・賛成）会員姓名並寄贈金○出版（仏光新誌・開明新報）

『海外仏教事情』第六集
一八九〇（明治二三）年一月一五日発行

論説
一夕問答　米国 エッチ、オスケーヤイッチインガソール氏言行一班（前集の続）
欧米に於ける仏教思想の由来を論す（前集の続）　松山　緑陰
雑録
○オベター氏の言○虚言も亦甚しい哉○「ウエスタン、ウオッチマン」雑誌○レベレント、ヘンリー、バン、ダイキ氏○耶蘇の再来三人に及ぶ○婦人の軽蔑せらる、は基督教の致す所なり○仏教の感化○海外宣教会

に対する外教師の評言〇インガソル氏嘗て曰く

本会記事

〇松山松太郎東上、在京僧俗と本会拡張相談会開催（多田賢住・水渓智応・堀内静宇発起。島地黙雷・石上北天ら参会）〇松山、東京各界有力者を訪問し協力を得る（詳細次号）〇頭山満、本会に寄付し正会員に入会〇越前地方情報（同盟員佐竹潭瑞出張・本会地方本部設立、他）

雑件

〇米人パウエル氏〇外人仏教者の講義を熱望す〇仏人トロイエ氏〇アーノルド氏〇正誤

本会報告

〇特別会員推撰（七里恒順）〇（正・団体加入・賛成）会員姓名並寄贈金

『海外仏教事情』第七集　**一八九〇（明治二三）年二月二五日**

論説

亜細亜光輝の序（抄訳）　エドイン、アーノルド

日耳曼語仏教問答緒言　スブハドラ、ビクシユ

欧米に於ける仏教思想の由来を論す（前集の続）　松山　緑陰

書翰

英国倫敦フオンデス氏の書翰第一（十月十四日発）

雑記

〇本会の龍動支部〇英人レツドビーター氏〇英国の神智学〇アーノルド氏

本会報告

〇特別会員推撰（久松定弘・三宅雄二郎・辰巳小次郎・菊池熊太郎・澤柳政太郎・柴四郎・大内音密・今北洪川）〇（正・団体加入・賛成）会員姓名並寄贈金〇本会正会員に稟告す（会費納入督促）〇本会出版書目（亜細亜之宝珠・海外仏教事情）

『海外仏教事情』第八集　**一八九〇（明治二三）年三月一五日発行**

論説

正理と温良は仏教の基礎なり　ブイデスト、レイ

欧米に於ける仏教思想の由来を論ず（前集の続）　松山緑陰

雑録

○印度古学の新智識○神智学雑誌第三巻より

書信

日耳曼人スバドラ比丘の書翰

英国フオンデス氏の書翰第二（一八八九年十月二十五日発）

雑記

○新刊英語仏教問答○仏の光○デリイ、ニウス新聞社の記者○仏国博覧会の日本委員及ひオルコツト氏○ボーレスデーリイ氏○スマンガラ僧正○アーノルド氏○北支那日々新聞の仏教論○印度に於ける基督教伝道の結果

本会報告

○特別会員推撰（香川葆晃・霄貫道・鳥尾小弥太）○（正・団体加入・賛成）会員姓名並寄贈金○米人パウエル氏死す○海外宣教会規約要領

広告

○出版（法の園・法話・壮年学会・大悲之友）

『海外仏教事情』第九集

一八九〇（明治二三）年四月二九日発行

論説

インガーソール氏の言行一斑（第六集の続）

神智学に就て　オルコツト氏

英人ハウセツト氏の演説

書翰

アーノルド氏書翰（一八九〇年二月十二日）

ダンマパーラ氏書翰抄訳（一八九〇年二月廿七日）

フィランジ。ダーサ氏書翰（一八八九年三月廿二日米国サンタ、クルーズ府）

米国フオンデス氏の書翰（一八八九年十一月十二日発）

雑記

○新創のバイブル派ケロシヤナイトの説法○貝殻の仏像○有名なる神経学者仏教を信ず○カンボデヤの結婚式○精神的自由○仏光の発現○酒の広告○密仏教○合衆国一領事の書簡抜摘○アーノルド氏は教会的基督教を信せず

本会報告
○（正・団体加入・賛成）会員姓名並寄贈金
広告
○出版（組織仏教論・反省会雑誌・伝道会雑誌・青年之標準・婦人世界・四明余霞）○特別広告（正会員への会金納入依頼・本誌遅延事情と諒察懇望）

『海外仏教事情』第一〇集
一八九〇（明治二三）年五月二七日発行

論説
インガーソール氏の言行一斑（第九集の続）
欧米に於ける仏教思想の由来を論ず（承前）　松山　緑陰
仏教徒の当に為すべき所ろ　英人　レッドピーター氏
雑録
○印度老翁の言○釈迦仏○英国の基督教々会○西倫仏教の状況○英国仏教運動○仏蘭西に於ける火葬の景況○羅馬法王教徒の火葬を禁ず
〔折込〕
BUDDHIST PROPAGATION SOCIETY（HEADQUARTARS-KIOTO, JAPAN）
〔訳文〕海外宣教会（本部日本京都）
海外宣教会龍動支部設立委員　地方幹事　普恩出寿
書信
英国フォンデス氏書翰
ダンマパーラ氏書翰（四月廿八日発）
本会報告
○特別会員推撰（井上円了・棚橋一郎）○（正）会員姓名並寄贈金
広告
○出版（亜細亜の宝珠・反省会雑誌・伝道会雑誌・婦人世界・法の園）

『海外仏教事情』第一一集
一八九〇（明治二三）年六月三〇日発行

論説
空之又空、虚之又虚　西倫文学士　ブウルトゼンス氏
雑記

○仏国パリ府の仏教徒○英国仏教の景況○日耳曼人龍動支部に加入す○オーストリヤ国ヴィエンナ府の仏教運動○仏教と神智学との関係○クリスチヤン、ユニオン○南米アンデス山間の仏教○フレーミング、スウオルド雑誌○鎌倉の大仏○学校及び犯罪○仏教問答○北米合衆国紐育府○龍樹菩薩の事

書信

在龍動会員小林順次郎氏書翰（四月二十九日付）

龍動フオンデス氏の書翰

本会報告

○特別会員推撰（三崎亀之助）○（正・団体加入・賛成）会員姓名並寄贈金

『海外仏教事情』第一二集

一八九〇（明治二三）年七月三〇日発行

論説

インガーソル氏言行一斑（第十集の続）

雑録

○独国宰相カブリヴイ将軍○外交上基督教の勢力○悔悟するも何んぞ及ばんや○欧州に於ける仏教の進歩○エマーソン○英国進化哲学の泰斗たるスペンセル○ヘンリイ、ロバード、レイノルド○基督教の失敗○露国の仏教○耶蘇は一仏教徒なり○仏教及び基督教○イングリッシ女史の演説○唯物主義○普通感情を忽にする勿れ

本会報告

○地方幹事依頼（在薩摩神田達門）○（正・団体加入・賛成）会員姓名並寄贈金

『海外仏教事情』第一三集

一八九〇（明治二三）年八月三一日発行

海外宣教会二週年

論説

亜米利加州古代の仏教徒の事

〔挿絵〕古代亜米利加州釈迦物の像（バレンク宮の遺物）

欧州古代の仏教に就て

伝道的宗教と非伝道的宗教に就て

インガーソル氏の言行一斑（前集の続）
雑録
○ソリ、ジヨ、フイロソフイロソフィカル新聞○仏国仏教大会議○ホワイトホール、リビユー○スペクテートル雑誌○ビスマーク侯○世界各国火葬法の採用に決す○フオンデス氏日本に来らんとす
〔挿絵〕
釈尊成道菩提樹下之旧塔　清水晋画
釈尊成道菩提樹下之新塔　清水晋画
附録
仏陀伽耶大塔の記
附記
正誤
海外仏教事情第十二集正誤
本会報告
○（正・団体加入・賛成）会員姓名並寄贈金○本会広告（会員姓名並寄贈金等等の掲載遅延）

『海外仏教事情』第一四集

一八九〇（明治二三）年一〇月二八日発行

演説
英人デーリイ、ボーレス氏の演説
仏教と神智学とに就ての問答　マダム、ブラバットスキイ
雑録
○正直なる返答○ニウ、ヨルク府の仏教徒○基督教の感化力○聖書に就て某教会監督の説○水に溺れんとするものは荊華を把持す○何故に此地に来らざるや○古代仏教徒の事○世界七代宗教の比較
書信
大英博物館書院長書翰

『海外仏教事情』第一五集

一八九〇（明治二三）年一一月二〇日発行

論説
大小乗の別に就て

現時思想の進歩（ホルトナイトリイ。リヴユー抄訳）

雑録

○欧洲の仏教○パリ府の仏教○仏国に於ける宗教上の反動○パリ府海外宣教会支部に就て○トルストイ伯の文学○西倫仏教徒の運動○仏教徒五億人○仏教問答○古代亜米利加州の仏教徒○北米カルホルニヤ州の神智学会○エドウイン。アーノルド氏と宣教師アシモーア氏○伝道と酒○合衆国に仏陀出現す○英国教会僧徒の一人○希臘亜典府の不妄語会○仏及び耶蘇に就て

龍動通信

会員小林順次郎氏報（八月十一日附）

普氏最近信（十月一日附）

稟告

○フオンデス氏履歴は後集掲載○同氏巡回演説は追て確定

本会報告

○（正・賛成）会員姓名並寄贈金

『海外仏教事情』第一六集

一八九〇（明治二三）年一二月二〇日発行

論説

古代印度に於ける女権の消長を論す

欧州に於ける仏教思想の進歩を論ず

雑録

○フエノロサ氏と赤松連城師との対話○バロン、ヒッキイ氏の幻灯演説○黄金時代○仏国パリ府の仏教○歳末の詞

○本会正会員に稟告す（会費納入督促）○海外仏教事情第十三集本会報告中正誤○海外仏教事情第十五集本会報告中正誤

本会報告

○（正・賛成）会員姓名並寄贈金

『海外仏教事情』第一七集

一八九一（明治二四）年一月三一日発行

論説

宗教上新運動の必要　ロテルノー氏
古代印度に於ける女権の消長を論ず（前集の続）
仏教問答
雑録
○仏耶両教の形勢一変す○ヒリピン島マニラ府米国領事が其本国の或る人に贈りたる書中に云く○天主教徒誣妄の説を伝播す○接神学者の大集会○仏国の神智学会○西倫の火葬会社○開明の野蛮人○阿弗利加大陸将来の希望○反省園
本会報告
○（正・団体加入・賛成）会員姓名並寄贈金

『海外仏教事情』第一八集

一八九一（明治二四）年二月二八日発行

論説
海外宣教の必要を論ず
雄氏の演説
雑録
○英詩訳法句経双要品　エドウイン　アーノルド氏
○欧州人は如何にして大乗仏教を知り得たるや　ホッグゾン氏○西蔵語三蔵の発見○支那訳三蔵の輸送
本会報告
○（正・団体加入・賛成）会員姓名並寄贈金
本会広告
○英国倫敦支部幹事フオンデス氏来日遅延○出版広告（仏教要論）

『海外仏教事情』第一九集

一八九一（明治二四）年三月三一日発行

論説
仏陀の預言者出づ
報知
○合衆国ニウヨルク府に仏寺建立の計画あり○仏光新誌の紙面改良○雄氏の遊歴○西倫島仏教徒○美工市会
雑録
○教主釈尊前生物語の事　英国　ライス　ダビッド
○雲照和上の書翰
通信

英国サンドウイッチ発
印度通信
本会報告
○（正・賛成）会員姓名並寄贈金
広告
○出版（仏教要論・開明新報・経世博議）

『海外仏教事情』第二〇集
一八九一（明治二四）年四月三〇日発行

論説
伝教師の基督教と欧州の基督教に就て
報知
○仏教伝道は甚だ活発なり○菜食教会の設立○仏教問答の反訳○ビルマ仏教同盟会○救世軍の失敗　フィロソヒカル、ジヤーナル○仏蘭西巴黎の仏事法要
雑録
美術上に於ける仏教の効果（英人ビール氏支那仏教論より抄出）○エドウイン、アルノルド氏とスマンガラ僧正との対話（アルノルド氏著印度再遊記より抄出）
○仏入滅の事縁○教主釈尊前生物語の事（前集の続）
通信
スペイン国マドリッツド府発
広告
○出版（仏教要論・反省会雑誌）
本会報告
○赤松連城会長辞任○（正・賛成）会員姓名並寄贈金

『海外仏教事情』第二一集
一八九一（明治二四）年五月三一日発行

論説
謹んで日本全国仏教主義新聞雑誌に訴ふ
報知
○在天釈興然氏より各宗諸大徳への上書○ビルマ僧徒の会合○小泉了諦氏の詩一篇○英国下院議員の仏教帰依○印度仏陀伽耶購入件に就き
雑録
○教主釈尊前生物語の事（前集の続）
通信

北米合衆国ヒラデルヒヤ府発（客月二十日附、グリフィン氏）
仏国パリ府発（三月二十二日発　第一通信、パリ府東洋語学校教諭元吉清蔵氏）
巴黎城中の新仏光
広告
○出版（仏教要論）○開明新報紙面改良
本会報告
○（正・団体加入・賛成）会員姓名並寄贈金

『海外仏教事情』第二二集

一八九一（明治二四）年七月三一日発行

論説
東西両洋発達の源因を論じて海外宣教会に寄す　小笠原大成
報知
○印度聖蹟仏陀伽耶回復に就て（西倫優婆塞ダンマパーラ、ヘバビタラナ「ブデストより抄」）○仏陀伽耶事件彙報○蓮華の流行○オーストリヤ及ひゼルマン両国に於ける仏教の景況に就て○世界の光
雑録
印度仏蹟巡拝紀行　英国　エドウイン、アルノルド
〔折込〕
鹿野園古塔図
通信
ビルマ国ラングン府発ダンマパーラ氏（赤松連城師宛、五月二日附）
西倫コロンボ府六月三日発釈興然師（雲照律師宛）
〔図〕興然師ヨリ今回更ニ送ラレタル仏陀伽耶縮図
本会報告
○（正）会員姓名並寄贈金
広告
○出版（海外仏教事情・九州仏教軍・反省会雑誌）

『海外仏教事情』第二三集

一八九一（明治二四）年八月三一日発行

論説
印度に於ける仏教運動に就て

報知
○仏陀伽耶回復に就て○オルコツト氏○仏教問答○サイアム国親王○東洋学の流行○浸礼教会の牧師○亜米利加外国伝道会社○ヒツケツト嬢○金剛座菩提樹の事○印度仏蹟興復会○阿部宥乗師印度に赴く○神智学会長雄氏は仏陀伽耶興復の事に関して左の宣言書を発せり○仏陀伽耶大菩提会○又同会○仏陀伽耶復興会○マダム、ブラバツトスキイ女○仏教徒の記章
雑録
仏教の発達　ライス、ダビツト
通信
仏国パリ府発（本年六月、神智会員）
特別会告
○本会会長に島地黙雷就任○本会名を騙る各宗本山の宗制・宗政上の諸説は無関係○本誌附録・仏教国地図の頒布方法
本会報告
○（正・団体加入・賛成）会員姓名並寄贈金
広告
○開明新報社より仏教主義新聞雑誌・諸団体の現況掲載の懇請○出版（真宗仮名聖教）
〔折込附録〕
仏教国地図

『海外仏教事情』第二四集

一八九二（明治二五）年三月二七日発行

論説
海外宣教会員諸君に告ぐ　島地　黙雷
寺院の尊厳を守れ　会員　M．M．生
欧米に於ける仏教の進歩に就て　英人　チヤーレス、エフ、ポウエル氏
雄氏演説
雑録
○自由思想○郵便局の賊○降雨法の実験○二万五千弗の所得○罪人は教会にあり○ニウ、ヨルク、ヘラルド新聞の基督教批判○廿七万八千円の伝道費○タ、ナヘータ会の設立○北米合衆国の仏教伝道○オーストリア国ヴイエンナ府の大学生○印度宗教思想の形勢○仏陀伽耶回復事業○エピキユーラ氏とラツクランチアス

氏

学論

宗教起源論

オキスフオルド大学講師　マクス、ミユレル氏講述

瑜伽哲学講義　中西牛郎

会告

○本誌改良、本会急務の主要事業（英国龍動府支部の強化・仏独米に支部設置・欧米人向出版物の刊行・亜細亜之宝珠を龍動府支部より継続発行）○翻訳版『仏教問答』（スブハドラ著）の頒布方法○本会同盟会員松山松太郎の九州地方出張

広告

○全国仏教有志大懇話会○全国仏教各団体へ至急広告

○出版（反省会雑誌）

『海外仏教事情』第二五号

一八九二（明治二五）年四月三〇日発行

論説

文明社会の仏教家

仏教書籍館の設立を望む

中央機関の発行を望む

仏教女子教育の急務なるを論ず

翻訳

仏教の発達（承前）　英人　ライス、ダビッド

仏教の開化力　ジヨンソン

学説

宗教起原論　大学講師　マクス、ミユーレル講述

仏教の輪廻説を論す

フリーマン、クラーク述（中西牛郎訳）

雑録

○亜氏の言○北米合衆国大学及び附属書籍庫所蔵の書巻数○停車場待合室に於て松山緑陰（海外宣教会員）と米人ランク氏との問答○亜氏の再遊○澳国貴族仏教に帰依す

雑報

米国ボストン府ジヨン、ラスキン氏書翰（本年三月五日発）

社告

○第二十六号発行遅延

広告
○出版（法の園・伝道新誌・大悲之友・宗教公論・日本一・経世博議・仏教通信講義・仏教公論）

『海外仏教事情』第二六号
一八九二（明治二五）年七月五日発行

特別広告
正会員会費未納者へ納入督促
論説
シカゴ大博覧会に就て仏教者に望む
総合仏教論抄録　藤宮　規平
翻訳
仏教の開化力（承前）　英人　ジヨンソン
学説
宗教起原論（第一講の続）　マツクス、ミユーラー講述
雑録
○電気機械発明○時計は羅針盤なり○海外近事（コロンボ仏陀伽耶大菩提会、仏書翻訳会社、万国宗教大会、アルノルド氏仏跡興復に関する意見）
雑報
バートン書信（北米シンシンチナイ府、五月廿五日発）
仏教者某書信（北米ヒラデルヒヤ府、五月十一日発）
○巴里府仏教学校
広告
○本会拡張会員募集○九州各地会員・有志者への謝辞（本会幹事松山松太郎の九州地方出張に際する本会拡張への協力に対して）○（正会員・団体加入・賛成会員）会金及寄贈金報告○出版（四明余霞・法之雨・日本仏教現勢史・宗教公論・経世博議）

『海外仏教事情』第二七号
一八九二（明治二五）年八月五日発行

論説
理想と現実
演説
宗教普通の基本と題する雄氏演説より抄出

雑録
○チカゴ大博覧会○仏蹟興復の挙○欧米仏教の実況（禿了教）○仏蘭西共和政府の非宗教主義○旧摩訶国女王○仏国撰択宗
学説
宗教起源論（第一講の続）　マクス、ミユーレル講述
翻訳
仏教の開化力（前承）　ジヨンソン氏（清水生訳）
広告
○（正会員）会金及寄贈金報告○特別広告（会員募集・会金送金に関する正会員への謝辞）○出版（國教・同行の鏡・婦人雑誌・大悲之友・婦人雑誌・日本一）

『海外仏教事情』第二八号

一八九二（明治二五）年九月五日発行

論説
海外宣教の好方便　薗田宗恵
雑録
○自浄其意○表裏相応○渡世と仏法○仏蹟復興○真理の力○印度仏教○ソロモンの知恵
新報
○エルネスト、エム、ボウデン氏○サイアム国の梵語学校○仏教問答新著○大菩提会○宗教大会○雄氏仏教問答○各国宗教略話○亜ルノルド氏
○亜細亜の光輝一節　中川太郎訳
学説
宗教起源論（第一講の続）　マクス、ミユーレル講述
翻訳
欧羅巴に於ける仏教思想の発動　英人　シネツト氏
通信
矢田省三書信（宣教会々員、露領浦塩斯徳港本願寺宣教院出張員）
広告
○（正会員・団体加入・賛成会員）会金及寄贈金報告○出版（真仏教軍・鈔訳仏経要義全書・寺院明細録の日のべ広告・五瀬教報・國教・法之雨・真宗三帖和讃・大悲之友）○哲学館入学募集

『海外仏教事情』第二九号
一八九二（明治二五）年一〇月一〇日発行

論説
大乗教西漸の機運　島地　黙雷
雑報
○梵語文学○書籍発売数○欧洲人評語○仏蹟興復に関する問答○第一根本
○梵語ことわざ草　晒浦居士摘訳
学説
宗教起源論　マクス、ミユーレル講述
通信
ビー、ウエブレイ氏書翰（米国ニユー、ヨルク府八月七日発）
バートン氏書翰（米国ヒラデルヒヤ府八月廿日発）
翻訳
仏教の実力　西倫人 チヤンドラ、ミトラ
特別広告
○英訳四十二章経近刊
広告
○（正会員・賛成会員）会金及寄贈金報告○出版（法話・能仁新報・仏典講義録）○薬品（梅毒専門必治薬解毒強壮円・禁酒進徳飴）

『海外仏教事情』第三〇号
一八九二（明治二五）年一一月一〇日発行

論説
原動と受動　会員　古川老川
シカゴ大博覧会に就て　会員　浜田金太郎
学説
宗教起源論　マクス、ミユーレル氏講述
翻訳
米国の宗教に就て　ラセル、ウツブ氏（マニラ府米国領事）
新報
○仏教宣布会委員○フランス国の仏教現況○スペイン国に就て○漢露字典の発行○東洋学者の集会○ビルミングハム府のユニテリアン○露国南部の仏教徒○亜氏の楽世主義○雄氏の消息○大菩薩会○ダンマパーラ氏

○馬博士演説○英訳四十二章経○施本の計画

通信

仏教者某氏書信（仏国パリ府発、九月七日発）

広告

○（正会員・団体加入）会金及寄贈金報告○本会出版書広告（英訳四十二章経・仏教要論・海外仏教事情）

○出版（徳育・反省雑誌・自由神学・教界万報）

『海外仏教事情』第三一号

一八九二（明治二五）年一二月一六日発行

歳末の辞

論説

転生及び涅槃に就て

オーストラリア州ホバート府　ダウソン氏

雑録

○国際法の元素○哲学と宗教○天台山の問答

エドウイン、アルノルド

○歳暮

新報

○レオン、ド、ロニイ氏○コロンボ府の美工品市○英人の誓詞○独逸の仏教徒○東京大学教授○米国大学講師○迦職色迦王○西倫島の仏教○入楞伽経の反訳○仏蹟興復会○比留間有誠師○小林順次郎氏の通信○フォンデス氏の動静○外山義文氏○世界博覧会建立式○仏国パリ府の開教

学説

宗教起源論（第二講の続）　マクス、ミユレル講述

寄書

大乗仏教徒の眼前に迫れる一大問題　古河　老川

広告

○（正会員・団体加入）会金及寄贈金報告○出版（教海美譚・本願寺論・他多数）

『海外仏教事情』第三二号

一八九三（明治二六）年一月一八日発行

新年の辞

新報

○仏陀の賛美歌○火葬法の伝播○英訳四十二章経の配付○ハワイ国ホノル、府来信○印度大菩提会の運動○

普氏来朝の通知○外教々報一束

雑録

○着服と裸体○問答数則○各国条約改正に就き基督教徒の意見○都会の重要

通信

日耳曼国ベルリン府大学生某書信

学説

宗教起源論（承前）　マクス、ミユーラー講述

広告

○（正会員）会金及寄贈金報告○年賀答礼○本会出版広告（海外仏教事情・英訳四十二章経・仏教要論）○出版（教界万報）○興文堂開店広告○共之社本舗予約出版広告

『海外仏教事情』第三三号

一八九三（明治二六）年三月一九日発行

論説

第十九世紀（演説）　松山　緑陰

雑録

英国の仏教　正会員　禿了教

新報

○普氏来る○普氏の談話○西蔵国の古仏書○伽耶僧侶の襲撃○ハワイ島ホノル、府○世界大博覧会の礼拝堂○新板仏書○宗教大会の出席者

寄書

海外宣教問題と日本仏教の革新　古河　老川

通信

香港在留日本人の書翰（布教師派出歎願）

広告

○会告（第三十三号発行遅延・会費納入督促）○（正会員）会金及寄贈金報告○興文堂発売広告○哲学書院新刊書籍広告

『海外仏教事情』第三四号

一八九三（明治二六）年五月三一日発行

特別広告

チカゴ府大博覧会臨時施本ニ付至急広告　海外宣教会本部

論説
欧米諸国に於ける仏教上智識の進歩
第十九世紀（演説・承前）　松山　緑陰
新報
○スブハドラ比丘の仏教問答○雄氏仏教問答○回々教徒○米国チカゴ府世界大博覧会○開会式○宗教大会発表項目○英語仏書施本○米人スツラウス氏○死傷四千人（シカゴ博覧会建設で）○米国アレナ雑誌○仏陀伽耶の兇徒○オ《雄》氏と仏蹟興復○印度仏典出版会社○東洋聖経集○西蔵語福音書○亜弗利加州の一伝教師○精神学会議○万国婦人大会議○印度国の財産家数名○会員里見法爾氏
通信
北米合衆国バートン氏書翰（本年六月発）
独乙、ミユニヒ府シユレーマン氏書翰（本年四月発）
広告
○本会会金報告は次号掲載○遅延会金納入督促○出版（妖教撲滅真理之裁判、他多数）

『海外仏教事情』第三五号
一八九三（明治二六）年六月三〇日発行

特別広告
チカゴ府大博覧会臨時施本ニ付至急広告
論説
世界　松山　緑陰
印度国民
日耳曼上流社会の宗教思想を陳べて海外宣教の実践を望む　正会員　禿了教
雑録
○米国に於ける仏教上の注意○自由思想と仏教○歴史家バツクルの一説
新報
○チカゴ府支那語新聞○米国における火葬○チカゴ府宗教大会に就て○会員八淵蟠龍氏の渡米○自由思想家の大会○大乗仏教大意○本会施本○第二回夏期講習会
通信
カルカツタ府印度仏典出板会社の通信
ジヨン、サムマース氏書信（北米合衆国ニウ、ヨルク

府発）
広告
○（正会員・団体加入・賛成会員）会金及寄贈金報告
特別広告
○米国チカゴ府世界博覧会施本費寄付金報告第一回○
興文堂発売広告○出版（日本一）

『海外仏教事情』第三六号
一八九三（明治二六）年七月三〇日発行

論説
西蔵国探検の必要　能海　寛
韋陀の攻究　古河　老川
西蔵仏教略記　林　伝治訳
雑録
○真宗綱要（シカゴ博覧会施本三種の一）　前田　慧雲
○渡米者の打合せ○本会の施本に就て
広告
○米国チカゴ府世界博覧会施本費寄付金報告第二回
（金額・地域・姓名）○出版（婦人雑誌・三寶叢誌・
教学論集・他）○興文堂発売広告

『海外仏教事情』第三七号
一八九三（明治二六）年八月三〇日発行

論説
西蔵国に就ての探検
印度カルコッタ府　カンドラ、ダス氏演説
西蔵仏教略記（接前）　林伝　治訳
真宗綱要（承前）　前田　慧雲
雑録
○欧米見聞一東（禿了教著『各国宗教略話』下巻抄
録）」
新報
○日耳曼語仏書新版○トム、ハリソン氏○救世軍○ベ
サント女○又（万国宗教大会出席者）○日本仏教者渡
米○渡米仏書○北米聖書会社○マホメット教祖の墳墓
○ラセル、ウエッブ氏○新聞社員とダンマパーラ氏と
の談話（セイロン、インデペンデントより）○マクス、

ミユーレル氏対神智学会
通信
会員川上貞信書信（印度カルコツタ府発、本年七月四日付）
広告
○（正会員）会金及寄贈金報告○特別会告（世界宗教大会施本尽力者名と謝辞）○出版（妖怪学講義録・國教・万国宗教大会議）

『海外仏教事情』第三八号　一八九三（明治二六）年九月三〇日発行

論説
全世界の七大奇異　松山　緑陰
難易二道及び聖浄二門の略要　京都　阿満得聞
西蔵仏教略記（接前）　林　伝　治訳
仏教者之三代義務（演説）　禿　了　教
雑録
万国宗教大会の結果を夢む　在比叡山　豊水隠士
新報
○四師一居士の安着○万国宗教大会議○同大会議の盛況○サイアム国皇族チヤンドルダツト殿下○西倫仏教徒公会○神智学会大会○チカゴ接神学大会○世界大博覧会に付帯せる万国大会
広告
○（正会員）会金及寄贈金報告○施本寄付金報告正誤○出版（万国宗教大会議・他多数）

『海外仏教事情』第三九号　一八九三（明治二六）年一〇月三一日発行

論説
過去の宗制を論じて今後に及ぶ　会員　菊池謙譲
遥に英領瓦港より九州の同志青年に寄す（國教）　八淵　蟠龍
仏教者之三大義務（演説・承前）　禿　了　教
西蔵仏教略記（接前）　林　伝　治訳
通信
米国シカゴ府九月六日発ケリイ嬢書信（海外宣教会宛）

西倫コロンボ港九月十二日西川梾次郎氏書翰
米国ボストン府発グリーン氏書翰（海外宣教会宛）
新報
○万国宗教大会の景況○万国宗教大会議事録○バーロス氏開会演説○アーサー、リリイ氏の新著○仏蹟興復会○ライス、ダウイト氏の仏教論○仏国東洋学者ド、ニイ氏○婚姻の利害
報告
○本会々金領収報告○本会施本部数及ヒ同収支結算○施本寄付金報告追加
広告
○出版（真之光・御国の母・國教・徳風・法の蔵）

『海外仏教事情』第四〇号

一八九三（明治二六）年一一月三〇日発行

論説
宗教大会が仏教に於けるの影響
仏教徒今日の要務　古河　老川
真宗と海外宣教の関係に就き　在比叡山西塔　豊水隠士
通信
北米ニウ、ヨルク府発十月十日（徳義協会々長　リユウイス、ジイ、ゼイムス氏書信）
北米ニウ、ヨルク府発十月十日（米国神智学会総理事ウイリヤム、キユー、ジャッジ氏書信）
北米テキサス、ワコー発十月十七日（パルピット雑誌主筆ゼー、デー、シヨーウ氏書信）
仏国パリ府発（仏教宣布会々員　ヅウ、パルミエル氏書信）
新報
○万国宗教大会続報○大会の傍聴者○ダンマパーラ氏帰朝○大会出席者帰朝○仏教の好勢○ストラウス氏の帰敬式○神智会員大会
広告
○（正会員）会金及寄贈金報告○施本寄付金報告追加
○出版（仏教通俗講義・黄檗宗教報・能仁新報・他多数）

雑誌『令知会雑誌』総目次

『令知会雑誌』第一号　一八八四（明治一七）年四月二九日発行

社説
会員諸兄ニ告　島地　黙雷
講義
仏教大旨第一　吉谷　覚寿
哲学要領第一段哲学緒論　井上　甫水
万物霊長第一（監獄教題三十条之一）　島地　黙雷
雑報
○水曜日講義○幼稚園○東洋哲学会○教職学校○教導職統計○仏教演説○函館通信○耶蘇教徒ノ奮発○同志社ノ大学校○イビー氏条約改正論○日本人ノ勉励○汽車速力ノ比較○死刑復旧○屍毒可恐○黄石ノ黄石○絵画共進会○柳ケ瀬隧道開業
論説
布教拡張策　平松　理英
学弊論　北条　祐賢
演説　平松　理賢
童心の教育　研洲小史
詩文
○詩（雨田道人・石村貞一・前波小帆・日下芥舟・日高如淵）
蒐録
仏教国ノ現況（錫蘭）
本会記事
○三月五日在京会員仮事務所で会合。本会条規改正・副会長二名投票・四月より雑誌発行を決定○同三十一日会を麴町区六番町廿九番地に移転○四月三日会員本会を開催。副会長選挙開票、島地黙雷・吉谷覚寿当選、島地辞退により多田賢住を推挙。島地は検閲委員を担当。副会長役員選任（幹事に神原精二・大内青巒・石上北天・土岐善静・日下痴龍・伊藤大忍、編輯委員に石村貞一・竹園行潜・瀧川賢流・平松理英、会計検査委員に近藤秀琳・松本順乗、雑誌持主兼印刷人に日下痴龍、編集人に平松理英）○同十四日第一月次会開催（於中六番町六番地）島地・吉谷・石上・小野梓演説

○詩文（小苾蒭土岐善静）○令知会条規

広告

○出版（護法賢聖伝）

『令知会雑誌』第二号

一八八四（明治一七）年五月三〇日発行

社説

学務ノ急要ナルヲ論ス　島地　黙雷

講義

仏教大旨第二（接前）　吉谷　覚寿

唯識三十頌略釈　土岐　善静

受生本懐第二（監獄教題三十条之二）（接前）　島地　黙雷

論説

小学校読本ノ事ヲ論ス　日下　痴龍

童心の教育（接前）　研洲小史

布教拡張策（接前）　平松　理賢

法運将ニ隆起セントスルヲ賀ス　佐野　雪石

雑報

○南条氏帰朝○英仏ノ留学僧○西京太秦ノ宝物○因明講義○政教ノ関係○学校ノ用書○入清帰朝○外教師会西京○露国主教館○同志社設立ノ始末○新発明鎮火水○教学論集○正誤

詩

○詩十四首（長瀬静石・雨田道人・松林了英・平松遜堂・芥舟生痴）

蒐録

言ハ易ク行フハ難シ　桐陰居士

高岳親王求仏法至羅越国薨於沙河上考　亜細亜協会々員　北澤正誠

本会記事

○五月十日月次会開催（於中六番町六番地）島地・吉谷・多田・日下の演説後、将来会務を談義○正会員栗田与三（伊予国）寄附○月簽金納金督促○他

広告

○出版（護法賢聖伝）

『令知会雑誌』第三号

一八八四（明治一七）年六月三〇日発行

学務ノ急要ナルヲ論ス（接前）　島地　默雷

講義

仏教大旨第三（接前）　吉谷　覚寿

哲学要領第二段東洋哲学（接前第一号）　井上　甫水

積習成性第三（監獄教題三十条之三）（接前）　島地　默雷

論説

布教拡張策（接前）　平松　理賢

影法師ノ説　桐陰居士

読時事新報有感　平松　理賢

雑報

○繁成寺創立○浦塩斯徳ノ仏教○頭髪ノ箒○婦人慈善会○仏教講談会○東洋哲学会○曹洞宗大学林○三新開ノ評論○保羅教会○外教ノ蔓延○宗教論○飲酒可慎

詩文

○詩六首（雨田道人・河野荃汀・桐陰居士・河野小石）

○文一篇（北条祐賢）

蒐録

高岳親王求仏法至羅越国薨於沙河上考（接前）

仏教国景況ノ二（緬甸）

問答

レリジヨンノ問　会員　白川俊斎

同答　会員　文学士　天野為之

本会記事

○六月十四日月次会開催（於中六番町六番地）島地・吉谷の演説後、討論会開催。会長選任（石村貞一）。石上北天「方便ノ解」との題で発議・討論○会員鎌倉巍秀、東海道・中国・九州遊歴、各地通信を嘱託○本会正会員〔地域・姓名〕○正誤○他

広告

○出版広告（護法賢聖伝）

『令知会雑誌』第四号

一八八四（明治一七）年七月三〇日発行

時事新報ノ宗教論ヲ駁ス　島地　默雷

講義
仏教大旨第四（接前）　吉谷　覚寿
唯識三十頌略釈（接前）　土岐　善静
婆羅門教大意（米国ジエムス、リーマン、クラーク著）　名誉会員 林董口訳
論説
会員諸君ニ質ス　石村　貞一
虚勢ニ欺カルヽ勿レ　研　洲小史
僧侶宜シク人心ノ向フトコロヲ詳ニセヨ　佐野　正道
因果論上　佐々木狂介
時事新報ノ宗教論ヲ駁ス（前十一丁ノ続キ）　島地　黙雷
雑報
○地方ノ宗教論○明徳新誌○各宗共同大学校○至レル哉礼拝ノ用意○今治ノ幼年会○出獄為教諭係○米国協会ノ奮発○僧侶帯勲爵○火葬将行耶蘇教国○社寺局教導職
詩歌
○詩十首（河野荃汀・古香迂人・吉山迂溪・芥舟迂生痴）
○歌一首（三吉野千春）
蒐録
仏教国景況ノ三（暹羅・付老楇）
学問ノ大成ハ勉ムルニ在リ　桐　陰　居　士
本会記事
○七月十二日日月次会開催（於中六番町六番地）島地・小野梓・天野為之の演説（小野演説内容掲載）あり○会員倉澤戒依の肥前地方遊歴、倉澤に通信事務を嘱託○通信員の要務○正誤○本会正会員（地域・姓名）（接前）

『令知会雑誌』第五号

一八八四（明治一七）年八月三〇日発行

護法布教何レカ今日ニ切実ナル　島地　黙雷
講義
六合釈講述　天台　大宝律師遺稿
不改為性第四（監獄教題三十条之四）（接前第三号）　島地　黙雷
論説

特別創造ヲ論ス　天野為之（演説）
僧侶ハ如何ガ人ニ接ス可キ乎　雄山　君龍
因果論中　佐々木狂介
智徳優レザレハ人心ヲ支配スル能ハズ　石村　貞一
雑報
○廃教導職○各宗会議○巍然タリ銕舟先生○棋局ハ時ヲ費スルノ冗具○偉哉其志○両宗勝劣比較○宗ノ教相安心ハ不説中云々○十万ノ信者○南条文雄師○中臣俊嶺師○油断大敵○外教徒論端ヲ促ス
詩歌
○詩十六首（得庵居士・蠢舟居士・西岡虚舟・雪堂居士）
○歌一首（小苾蒭善静）
蒐録
元政上人の行状　維馨蘭若、人
仏教ノ西漸（奇日新報）　榕陰道人
オルコット氏の手簡　エッチ、エス、オルコット
本会記事
○八月九日月次会開催（於中六番町六番地）島地・小野・寺田福寿・平松理賢の演説あり○広告二件（本誌投稿上の注意・本誌誤発送の対応）○正誤○入会申込書○本会正会員〔地域・姓名〕（接前）○他
本会広告
○本会送金の際の注意○護法賢聖の送付方法○他

『令知会雑誌』第六号

一八八四（明治一七）年九月三〇日発行

蓐上譫語　島地　黙雷
講義
仏教大旨第五（接前第四号）　吉谷　覚寿
六合釈講述（接前）
哲学要領第三段支那哲学（接前第三号）　井上　甫水
身体作用第五（監獄教題三十条之五）（接前）　島地　黙雷
論説
修学ハ片時モ忘スル可ラス　石村　貞一
思ヲ書シテ同胞ノ諸君ニ告ク　日野　照界
雑報
○嚼脛之歎○十九号布達ノ余聞○定期集会○幼年教会

○争論ヲ挑ム○独逸人書簡○各地会員通信
詩歌
○詩十一首（南条文雄・蠡舟居士・養鸕松翁）
蒐録
仏教ノ西漸（接前）　榕陰道人
橋の下　維馨蘭若、人
本会記事
○九月十三日月次会開催（於中六番町六番地）多田・小野の演説あり○島地、西京滞在中、のち山口出張。吉谷、夏期休暇につき美濃帰省。石上、本山集会のため上洛。大内青巒、九州巡回。神原精二、病気快方○本会正会員〔地域・姓名〕（接前）
本会広告
○本会月簽金納付上の注意・雑誌送付上の注意等

『令知会雑誌』第七号

一八八四（明治一七）年一〇月三一日発行

講義
才徳ノ分ヲ論ス　土岐善静
唯識三十頌略釈（接前第四号）　井上甫水
哲学要領第四段印度哲学（接前）
論説
進取論　蠖堂小史
因果論下　佐々木狂介
志アル者ハ必ス得ル　石村貞一
雑報
○哲学会○基督教大説教○念々不忘○父母ノ儀範○釜山教社○仏国憲法改正○墓地埋葬取締規則第六条○自信教人信○人能弘道○無舌教師○内縁外縁○女教師来ル○争論ヲ挑ム○令住会○会員通信
詩文
○詩七首（匏蘆陳人・蠡舟居士）
○詩一章（南条文雄）
蒐録
悔過自新　快庵逸史
課余小言二則　水哉軒正聴
東蒲寨
本会記事
○例会開催○増上寺行戒の寄付○新居日薩、名誉会員

加入○佐治実然、創立員加入○本会正会員〔地域・姓名〕（接前）○他

本会広告

○本会月簽金納付上の注意・雑誌送付上の注意等

『令知会雑誌』第八号

一八八四（明治一七）年一一月三〇日発行

講義

教門ノ要ハ主トシテ我見ヲ亡スニアリ　島地　黙雷

仏涅槃年代考第二　南条　文雄

哲学要領第五段西洋哲学（接前）　井上　甫水

論説

大乗非仏説ノ論者ニ告ク　吉谷　覚寿

選捨論　盤　暢　小　史

雑報

○本派管長○海外留学僧○南条文雄師○講義会○雨前ノ傘○学生信法○連城師与オスカル親王話○修学目的○天下無僧○弁士敗ヲ取ル○監獄会社○国教議会○婦人読書会○仏寺ニ外教ヲ説ク○厄ニ臨テハ神ヲ頼ム○万国子牛線会議○朝鮮償金○暴徒鎮静

詩文

○詩十七首（得庵居士・石村桐陰・南条文雄・芥舟生痴）

蒐録

躬行実践　伊東　祐憲

課余小言（郢書燕説）　水哉軒正聴

儒者読経　快庵逸史

本会記事

○例会休会○南条文雄、名誉会員として入会○本会送金上の注意○本会正会員〔地域・姓名〕（承前）○会員人名正誤○広告○他

本会広告

○入会手続上の注意○出版（護法賢聖伝・六合釈講述並六釈本文）

『令知会雑誌』第九号

一八八四（明治一七）年一二月二一日発行

欧州梵語学略史　南条　文雄

講義
仏教大旨第六（接前第六号）　吉谷　覚寿
哲学要領第六段希臘哲学第一（接前）　井上　甫水
論説
仏教衰頽ノ原因第一　遜堂逸史
雑報
○本派管長○本派新法主○寺院僧侶ノ数○連城師与フエノロサ氏話ス○愚僧不知恥○宗旨在人不在家○奇怪ノ信徒○教員新発意○信教自由○義犬○新著書
詩文
○詩十首（河野荃汀・石村桐陰・南条文雄・西岡虚舟）
蒐録
学窓雑録
仏骨表所拠　快庵逸史
本会記事
○六日本月例会開催○本会役員宛書状発送上の注意○本会正会員〔地域・姓名〕（承前）
本会広告
○入会手続上の注意○出版（護法賢聖伝・六合釈講述並六釈本文）

『令知会雑誌』第一〇号
一八八五（明治一八）年一月二一日発行

出家出世　大内　青巒
講義
六合釈略弁　南条　文雄
婆羅門教大意第二（接前第四号）　林　　董
哲学要領第七段希臘哲学第二（接前）　井上　甫水
禍福来由第六（監獄教題三十条之六）（接前第六号）　島地　默雷
論説
仏教衰頽ノ原因第二（接前）　遜堂逸史
本末ノ説　石村　貞一
教ヲ弘ムル者ハ最モ女人ニ親ムヘシ、女人ニ接スルニハ勉テ厳ナルヲ要ス　水哉軒正聴
雑報
○本会雑誌第六号四十八項以下ニ載スル独逸人書簡ニ答ヘシ○神原居士○死人活人○名利ノ鉤○洋人帰仏○

月球中の市邑○朝鮮遭難○壮ナル哉其志○正誤
詩文
○詩二十二首（廣瀬雪堂・長梅外・岡本黄石・何鰲舟・小野湖山・五岳道人・南条碩果・石村桐陰・河野荃汀・大沼枕山・森春濤）
蒐録
学窓雑録（接前）
本会記事
○十日月次会開催。南条文雄、六合釈を講ず○南条、創立員加入○創立員神原精二居士示寂○謹賀新正（幹事日下痴龍）

『令知会雑誌』第一一号

一八八五（明治一八）年二月二二日発行

印度仏陀伽耶菩提樹片略史　南条　文雄
講義
六合釈略弁（接前）　南条　文雄
如空論　辻　顕高
仏教大旨第七（接前第九号）　吉谷　覚寿
哲学要領第七段希臘哲学第二（接前）　井上　甫水
論説
処変論　諤々居士
雑報
○普通校○神原居士追弔○希臘教の困難○不審○外教師の策略○強剛難化○仏教講談新年会○諸県彙報○一挙両得
詩歌
○歌七首（前田利鬯・福田行誡）
○詩十七首（石村桐陰・南条碩果）
蒐録
仏教東漸ハ継体帝ノ朝ニアリ　快庵逸史
仏教国景況ノ三（暹羅）（接前第四号）
諸宗大意総論　石村　貞一
本会記事
○正誤○十四日月次会開催。南条、八転声を講ず○伊東洋二郎、正会員に加入○島地、西京着、近く帰東○報告（本会会計上の告知等）
本会広告
○入会手続上の注意○出版（護法賢聖伝・六合釈講述

並六釈本文）

『令知会雑誌』第一二号
一八八五（明治一八）年三月二一日発行

社説
印度仏陀伽耶菩提樹片略史追加　南条　文雄
講義
遺教経講義
福田行誡和上講述
仏教大旨第八（接前）　吉谷　覚寿
哲学要領第七段希臘哲学第二（接前）　井上　甫水
論説
会員諸君ニ告ク　平松　理英
雑報
○法主東上○仏典講義○反覆無常○東洋哲学会○同会質問○監獄問答○心中の虫○殷鑑不遠○他山之石
蒐録
学窓雑録（接前）　快庵逸史
仏教国景況ノ四（老撾・東蒲寨）

殿と様　石村　貞一

『令知会雑誌』第一三号
一八八五（明治一八）年四月二一日発行

仏涅槃年代考追加　南条　文雄
講義
遺教経講義
行誡和上述
仏教大旨第九（接前）　吉谷　覚寿
論説
真宗僧侶教育法ヲ論ス　井上　甫水
仏教衰頽ノ原因第三（接前第十号）　遜堂逸史
印度ヨリノ来書　南条　文雄
雑報
○不言之教○諸県彙報○会員高橋詮証氏通信○会員鷲岡天麗（美濃岩利村正連寺）氏通信○新計時法○共立幼稚園通則
蒐録
学窓雑録（接前）

孝格天皇仏法御崇敬ノ事　石村　貞一
会員諸氏ニ謀ル　瀧川　鳳巌
本会記事
○月次会開催○昭和十七年度計算表、別付録で頒布○本会役員近日中改撰○島地、帰京

『令知会雑誌』第一四号
一八八五（明治一八）年五月二一日発行

感慨余言　雨田逸史
仏涅槃年代考追加ノ続　南条　文雄
講義
遺教経講義（接前）　福田　行誡
仏教大旨第十（接前）　吉谷　覚寿
哲学要領第八段希臘哲学第三（接前第十二号）　井上　甫水
論説
青年僧侶諸君ニ謀ル　沛南　沙弥
巡游有感　盤石逸史
雑報
○外教の内幕○ソートリーデング○朝鮮布教○僧徒英学校○太田原監獄署○耶蘇教質問○説教会及少年会○浄土宗会議○誰知鳥の雌雄○洋式の葬式○宗教誹毀○哲学会○菅了法氏帰着
詩文和歌
○文一篇（送島地黙雷師序）　辱弟　佐々木狂介
○詩三首（勝岡田岫雲・針谷重懲・雨田道人）
○和歌七首（北澤伊勢子）
蒐録
磐珪禅師の逸事　桐陰居士

『令知会雑誌』第一五号
一八八五（明治一八）年六月二一日発行

仏涅槃年代考補遺　石村　貞一
仏涅槃年代考補遺附案　南条　文雄
講義
遺教経講義（接前）　福田　行誡
論説
六合釈略弁追加　南条　文雄

貧民救助法　遯堂逸史
編輯員及会員諸師ニ質ス　金栗居士
雑報
○堺及今治近況○師弟各一人○宗教新聞○デニング氏○仏教講義○哲学問題○北畠道龍師○魯国の禁令○僧侶の位置○外国布教費○汽船の宗論○鑑図会演説○丸山講社
詩文和歌
○文一篇（与某上人勧著書書）　北条　祐賢
○詩四首（青巒居士・南園老人）
蒐録
袁宏道ノ徳山暑談抄　如酔愚士
蛍光余光　酢吸の三聖の図　本多　澄雲
仏教国景況ノ五（安南又交址）
本会記事
○三月副会長投票。島地黙雷・南条文雄選出○副会長役員指名（幹事に日下痴龍・土岐善静・石上北天・平松理英、編輯員に石村貞一・近藤秀琳・北条祐賢・平松理賢、検閲委員は副会長兼務、雑誌編輯に平松理賢、印刷兼持主に日下痴龍）○問対調査委員委員新設（吉谷覚寿・多田賢住・大内青巒・井上円了・天野為之）○会計検査委員廃止・幹事兼務○本会出版情報（南条の梵文小阿弥陀経並ニ音義両訳は本月出版、石村の護法賢聖伝ノ二編・南条の八転声新説は近刊。島地も出版予定）○本会事務所、来月初旬に便利の地に移転

『令知会雑誌』第一六号

一八八五（明治一八）年七月二一日発行

講義
仏教ノ勢力ハ今尚印度ニ現存ス　南条　文雄
遺教経講義（接前）　三縁山　行誡和上
論説
仏教ニ就テノ疑問ニ答フ　吉谷　覚寿
護法ノ精神ハ何レヨリ起ルカ　平松　理賢
大教校ハ東京ニ設置セサル可ラズ　白山　俊哉
雑報
○諸県彙報○島地黙雷師○新井日薩師○笠原研寿師○大学卒業○妙な演説○少年教会○学師遷化○幻灯会○烈公の名号○興産と消費○油断大敵

詩文和歌
○文（理英師法語序）　蓮船　小栗栖香頂
○文（雨田上人新居説）　北条祐賢匏盧
○文（法数大全題詞）　藹々病夫
○詩二首（南溪老人・松陵翁）
蒐録
仏教国景況ノ六（支那）
桐陰漫録　桐陰居士
本会記事
○名誉会員樋口龍温（大谷派大講師）遷化○会長石村帰省○報告（暴風雨のため会場移転延引、梵文小阿弥陀経並ニ音義両訳の出版は活字なく遅延、本月例会休会、本会出版書籍購求の方法、月簽金納入督促）

『令知会雑誌』第一七号

一八八五（明治一八）年八月二一日発行

仏教ノ勢力ハ今尚印度ニ現存ス（接前）　南条　文雄
講義
仏教大旨第十一（接前第十四号）　吉谷　覚寿
塔ノ考　南条　文雄
老婆心人
論説
造化教ノ衰兆
僧徒教育法緒言　遜堂逸史
雑報
○教海波瀾○東京近況○外国布教○ニコライ氏○講義説教の取締○外護者の迷惑○詩聖死去○印度錫蘭島エドモンド、グーネラトネ○謔らしき話○耶蘇教志願書
○円應道鑑禅師遷化
詩文
○詩十首（毛芥老人・南園老衲・行誡道者・鳥尾得庵）
蒐録
笠原研寿師尺牘
桐陰漫録　桐陰居士
蛍雪余光　平和国の法名　本多　澄雲
本会記事
○本月十五日月次会を今回移転の本会事務所（神田西紅梅町十四番地）で開催。南条のサンスクリット語阿

弥陀経の講義あり○正誤○出版報告（梵文小阿弥陀経
並ニ音義両訳）

『令知会雑誌』第一八号
一八八五（明治一八）年九月二一日発行

僧門改良ノ今日ニ急務ナル所ヲ論ス　井上　甫水
講義
梵文大経ノ話　南条文雄稿
善光寺如来考　石村　貞一
論説
僧徒教育法（接前）　婆　心居士
雑報
○教海波瀾○東京近況○宗教改革○清人信法○英国人の幽霊○支那布教○教師謁見○副島種臣氏の閲蔵○井上円了氏○報告及雑誌○渥美契演師
詩文
○詩三首（南条文雄・小栗栖蓮舶）
蒐録
笠原研寿師尺牘（接前）　笠原　研寿
問答
動物思想ヲ有セリヤ否ヤノ問（小笠原生）
同答（井上甫水）
広告
○出版（英語節用集）

『令知会雑誌』第一九号
一八八五（明治一八）年一〇月二一日発行

印度仏陀伽耶ニ於テ発見セラレタル二碑ノ漢文　南条　文雄
講義
遺教経講義（接前第十六号）　三縁山　行誡老和上
善光寺如来考（接前）　石村　貞一
哲学要領第九段近世哲学第一（接前第十四号）　井上　甫水
論説
著述家及仏教書肆ニ望ム　松林　馨
雑報
○教海波瀾○強信の童子○寺嶋伯の確音○文学会○精

神一倒○顕道会○仏教の評論○仏書出版会社
詩文
○詩三首（小栗栖蓮舶）
○文一遍（安井春江）
蒐録
西域回徒ノ風俗　本多　澄雲
桐陰叢語　石村貞一（桐陰居士）
問答
（第二問）動物思想ハ霊魂一ナリヤ二ナリヤ、云々
（疑問者　小笠原生）（答）（応答者　井上甫水）
（第三問）親ノ子ヲ愛スルハ天然ナリヤ習慣ナリヤ
（疑問者　小笠原生）（答）（応答者　井上甫水）
（第四問）世界万物惣束ネテ何ト名クルヤ（疑問者　小笠原生）（答）（応答者　井上甫水）
（第五問）五体ニ運動ノ神経ノ通ハヌ所アリ是レ何ソヤ何ニ因由スルヤ（答）（応答者　井上甫水）
報告
○正誤○出版（梵文小阿弥陀経並ニ音義両訳・護法賢聖伝・英語節用集）

『令知会雑誌』第二〇号

一八八五（明治一八）年一一月二一日発行

錫蘭島仏教徒ノ書状　南条　文雄
報恩義意　島地　黙雷
講義
善光寺如来考（接前）　石村　貞一
哲学要領第十段近世哲学第二（接前）　井上　甫水
論説
興業策一則　北条　祐賢
雑報
○教海波瀾○少年教会○瀧谷琢宗師○井上甫水氏○後車将覆○蔦屋演説○法話の結果○反覆常なし○哲学祭
○神仏各宗一覧
詩文
○詩九首（鳥尾得庵・桐陰居士・遜堂逸史）
蒐録
香山院師伝　小栗栖香頂
桐陰叢話　桐陰居士
西域回徒ノ風俗　本多　澄雲

本会記事
〇本月十四日月次会開催。梵文阿弥陀経の読講あり
報告
〇未納簽金送金督促〇出版（梵文小阿弥陀経並ニ音義両訳）〇教海美譚への掲載情報送付依頼（平松理英）

『令知会雑誌』第二一号　一八八五（明治一八）年一二月二一日発行

万法唯心説　島地　默雷
講義
遺教経講義（接前第十九号）　三縁山　行誡老和上
論説
教化ヲ篤クスルノ説　石村　貞一
散撒斯克学ハサルヘカラス　痩松　学人
言行均等論　菅原　碩城
雑報
〇教海波瀾〇次に基督教は〇貴顕外教を信す〇安南虐殺の詳報〇女教師来る〇基督教内幕の二〇仏教講談会〇新嶋襄氏〇北陸仏道教会〇学位授与式〇仏書英訳〇仏教各宗内部改良論〇頂門一針
詩文
〇詩十四首（頑児默雷・養拙居士・灌園居士・亀陰老人・小仙逸史・緇溪道人・研香散史・鶏堂仙史・林雙橋老人・雨田道人・柳溪逸史・桐陰居士）
蒐録
支那人新刊書ヲ日本僧ニ寄セ来ル　南条　文雄
豪州「ビクトリア」州誌抜粋　引田　利章
報告
〇未納簽金送金督促〇正誤〇出版（梵文小阿弥陀経並ニ音義両訳）〇教海美譚への掲載情報送付依頼（平松理英）

『令知会雑誌』第二二号　一八八六（明治一九）年一月二一日発行

新年感ヲ書シテ会友諸兄ニ告ク　島地　默雷
講義
遺教経講義（接前）　三縁山　行誡和上
印度哲学数論ノ綱領　南条　文雄

論説
活物ノ説　石村　貞一
明治十九年布教ノ方針　平松　理賢
読輿論新誌　平松　理英
雑報
○教海波瀾○大蔵翻訳○梵語の話○難弟難兄○伝道費
○ビゲロー氏○太政官文書局○東洋居士訃音○錫蘭島
仏教徒の書状○行誡上人の問○徴兵之数
詩文和歌
○文一篇（天山遺稿序）　雨田道人
○詩十二首（必山居士・石村桐陰・河野荃汀・北条蘭
崖・渓雲嶂・佐々木通真・石泉居士）
歌四首（土岐善静・石泉居士）
本会記事
○九日月次会開催（於島地邸）創立員新年宴会を開く
○日下痴龍幹事辞任、後任に河野陳平
報告
○本会事務所移転（六番町四番地石村貞一邸）、月次
会は島地邸・南条邸で隔月開催○月簽金納入方法○本
会入退会方法○未納簽金送金督促○旧編輯員滝川賢流、
退職以来本会に無関係と告知○情報精査のため出版遅
延報告（教海美譚）○他

『令知会雑誌』第二三号
一八八六（明治一九）年二月二一日発行

錫蘭島仏教徒グネラトネ氏の書状訳、附雲照律師ノ問
　南条　文雄
教学ノ前途如何　吉谷　覚寿
講義
故意不故意第七（監獄教題三十条之第七）（接前第十
号）　島地　黙雷
唯識小階緒言　北条　祐賢
論説
弔小野東洋居士　平松　理英
関西地方ニ支会ヲ設立アランコトヲ望ム　自責居士
雑報
○教海波瀾○仏教講談蒐録○横須賀演説○伝道費議決
○猶太人学士会○通俗耶蘇教問答○英語旧約書の出版
高○無慚愧法師○東洋居士追弔会

詩文和歌
○教海美譚序　小栗栖香頂
○詩（雨田逸史・晦厳老衲・蘇堂居士・行誠老人・土岐善静）
蒐録
新書籍英清ヨリ来ル　南条　文雄
質問応答
神仏各宗一覧表（本紙二十号雑報蘭内ニ出ツ）ニ付テノ問（兼安沍乗）　同答（石村貞一）
七堂伽藍ノ問（会員　某）　同答（同）
本会記事
○去十三日月次会、小野梓法要執行。本月休会○名誉会員瀧谷琢宗寄付
報告
○本会事務所移転（六番町四番地石村貞一邸）○月簽金納入方法○本会入退会方法○未納簽金送金督促○情報精査のため出版遅延報告（教海美譚）○他

『令知会雑誌』第二四号
一八八六（明治一九）年三月二一日発行

万法唯心説（接前第二十一号）　島地　黙雷
講義
唯識小階　北条　祐賢
婆羅門教及仏教之話（英人ノ度氏人智啓発論中ヨリ抄出ス）　酔田逸史訳
論説
外教ノ蔓延セサルヲ憂フ　石村貞一・桐陰居士
僧侶自活論　平松　理賢
雑報
○教海波瀾○北海道小樽港○仏教講談条例○出版書籍○仏教新聞○他山之石○咄々怪事○鉄舟居士○耶蘇教伝播の理由○基督教彙報○動物創造論○雑誌及学熟○東洋哲学会○心理学及論理学○鉄錘の下落○瀧山義浄
詩文和歌
○選択集講義序　南条　文雄
○詩（石村貞一・中村正直・日高誠実）○和歌（石上北天）

蒐録
新書籍英清ヨリ来ル（接前）　南条　文雄
本会記事
○本月々次会、島地病気のため休会○正誤○月簽金納入方法○梵文無量寿経阿弥陀経合本の頒布方法（南条文雄）○出版（教海美譚）○他

『令知会雑誌』第二五号
一八八六（明治一九）年四月二一日発行

事業ハ進趣セサレハ必ズ退却ヲマヌガカレズ　島地　黙雷
講義
成実宗八十四法考　吉谷　覚寿
印度紙葉考　沙門行智著、南条文雄校
論説
僧侶自活論（接前）　平松　理賢
僧侶ハ社会ト併進スヘシ　雄山　君龍
自責居士ニ同意ヲ表シ併セテ京都会員ニ議ル　豊島　了寛
雑報
○教海波瀾○島地副会長○慈雲律師伝の逸事○英人真宗教旨を鈔訳す○耶蘇教徒の熱心○井上円了君の疑問○清国及羅馬○宗教の前途○仏書英訳○西教寺潮音師○易言難行
詩文
○仏教講談蒐録序　小栗栖香頂誌
○詩（雨田逸史・横井古城・河野荃汀・石村桐陰）
蒐録
桐陰叢語　桐陰居士
本会記事
○月次会開催（於白蓮教会）島地・南条副会長再選。島地講演の後、創立員に晩餐の饗応。席上、本会事業拡張手段を協議○月次会、偶数月白蓮会堂・奇数月浅草大谷教校開催に確定○各教学校学林在学者の入会申込書に本籍地記入のこと○正誤○出版（梵文小阿弥陀経並ニ音義両訳）○他

『令知会雑誌』第二六号

一八八六（明治一九）年五月二一日発行

講義

古印度語ノ文法起源（十九年一月文法会ニ於テ演説）　南条　文雄

印度紙葉考（接前）　沙門行智著、南条文雄校

哲学要領第十段近世哲学第二（接前第二十号）　井上　甫水

論説

告会員諸氏　平松　理賢

雑報

○教海波瀾○亦先鞭着けらる○明治の孟母○仏教講談会○出版書籍○教師犯十誡○各宗派寺院僧侶一覧表

詩文

○東京呉服店白木屋大村氏元祖如翁道慈居士碑銘

○歌（雨田逸史・石村桐陰・河野荃汀・横井古城）

蒐録

英人エドキンズジヨセフ氏道教を闢するの説　本多　澄雲

本会記事

○月次会開催（於浅草大谷教校）会則・会計等を議す○島地・南条副会長再任承諾○河野陳平の帰省により福澤重香を幹事指名○月簽金納金者に梵文小阿弥陀経・教海美譚のいずれかを頒布○会員居所照会○月簽金額減額企図の議○第二回令知会出納表○正誤○他

広告

○出版（法苑珠林縮刷・教海美譚）

『令知会雑誌』第二七号

一八八六（明治一九）年六月二一日発行

社説

事進取セサレハ必退却ヲ免レズ（接前第二十五号）　島地　默雷

講義

印度紙葉考（接前）

哲学要領第十段近世哲学第二（接前）　井上　甫水

論説

功名ノ説　如酔愚士

教学併進私議　菅原　碩城
雑報
○教海波瀾○法主教誨囚人○新法主入学○キチン氏○古きと新き○朝鮮の伝教○上海教会○仏国宣教師の掛合○海外留学生○対岸の火事か○仏書英訳○西洋の礼式○東洋学士会議
詩文
○文（航西詩稿序）　小栗栖香頂
○文（祐専寺鐘銘並序）　入笠沙門　黙雷
○文（送痴龍上人序）　北条　祐賢
○詩（福田行誡・石村貞一・松田鯤堂・石村桐陰）
蒐録
金剛経梵本に関する福田行誡と南条文雄の往復書簡
亡妻ノ姉妹ト結婚ヲ許可スヘキノ議案
本会記事
○月次会開催（於白蓮会堂）○前幹事日下痴龍、石川県帰省につき送別会開く○南条副会長、岐阜県を経て福井県に帰省
報告
○月簽金無延滞者について○会員加藤恵証、加賀・能登・越中・越後・信濃を巡回し月簽金延滞を徴収○正誤

『令知会雑誌』第二八号

一八八六（明治一九）年七月二一日発行

誰カ此一大活劇ヲ演スル　島地　黙雷
講義
印度紙葉考（接前）
唯識小階（接前第二十四号）　北条　祐賢
論説
支那各港宗教ノ形況ヲ見テ感アリ　石村　貞一
偶感一則　雄山　君龍
雑報
○教海波瀾○華厳宗再興○二世の教育○盍慚死○中村敬宇翁○宜哉外教の盛○哲学一夕話○宗教新聞論説○新法主入学
詩文
○文（書北澤大孺人伝後）　入笠沙門　黙雷
○詩（南条文雄・石村桐陰・匏蘆逸人・垣田東塢・浅

井茅海・山室方幾・中村敬宇）
蒐録
英人エドキンズジヨセフ氏道教ヲ闢スルノ説（接前）　本多　澄雲
本会記事
○月次会、島地の茨城巡回・南条の帰省により休会○編輯員平松理賢の三河遊学により平松理英に変更
報告
○月簽金無延滞者について○会員加藤恵証、加賀・能登・越中・越後・信濃を巡回し延滞月簽金を徴収○出版報告（法苑珠林縮刷・教海美譚）○正誤○他

『令知会雑誌』第二九号
一八八六（明治一九）年八月二一日発行

弘教伝導ノ方法如何　無声逸史
講義
印度紙葉考（接前）　沙門行智著、南条文雄校
哲学要領第十段近世哲学第二・第十一段近世哲学第三（接前第二十七号）　井上　甫水
論説
監獄布教方私案　瘦松学人
本末ヲ明ニスヘシ　小笠原祐英
雑報
○教海波瀾○南条副会長○華厳の信者○かくありてこそ○書籍出版○東京教校○帰敬式と洗礼○本多澄雲氏○島地副会長○仙台の耶蘇教学校○宗教新聞の論説
詩文
○文（釈教文粋序）　敬宇　中村正直
○詩（石村桐陰・初九淵・浅井茅海・墨鶏逸衲・南園老人）
蒐録
桐陰叢語　石村　貞一
本会記事
○七日月次会開催（於白蓮会堂）
報告
○本会員募集周旋の依頼○簽金未納者氏名掲出・納入督促○服制改革につき月次会で討論予告（発問者平松理英）○出版（釈教文粋・哲学要領）○正誤

『令知会雑誌』第三〇号

一八八六（明治一九）年九月二一日発行

仏教門中最モ速ニ改良スヘキモノアリ　吉谷　覚寿

講義

支那見今十宗概略附言　北方　心泉

唯識小階（接前第二十八号）　北条　祐賢

論説

生前ニ法名ヲ授ケスシテ葬式ヲ為ス可ラズ　桐陰居士

僧家ノ子弟必シモ僧タルコトヲ期ス可ラズ　多田　賢順

雑報

○教海波瀾○南条師の書翰○南条副会長○服制改革論○後車再覆○釋興然氏○虎烈剌の論○仏耶合体論○出版書籍○予約出版

詩文

○文（題弘法大師書心経）　中村　敬宇

○文（六畳亞児碧行之韻贈白川琴水女史並引）　南条　文雄

○詩（渡邊徹鑒・平百痴居士）○歌（北澤伊勢子・山田鶴子・野村妙敎）

蒐録

仏教評論第二ドレバー氏人智啓発論節訳　酔田居士

本会記事

○月次会景況（雑報掲載）○正誤

報告

○月簽金の請取証の件○本会出版以外の書籍買入はせず○出版（釈教文粋・哲学要領・真宗大意）○正誤

『令知会雑誌』第三一号

一八八六（明治一九）年一〇月二一日発行

酒誡贅語　島地　默雷

講義

先入為主第八（監獄教題三十条之第八）（接前第二十三号）　島地　默雷

三思弁（某和尚講弁）　多田賢順筆記

論説

仏教評論第二（接前）　酔田居士

我党ノ覚悟　遜堂逸史
宗教ノ生起其一　金浦正弘
雑報
○教海波瀾○青年信徒○免囚保護会社○監獄教誨○石川舜台氏○米国留学○結婚条例○請願書却下○西洋婦人の剛毅○自警会
詩文
○文（髪繍無量寿仏極楽国図幅）
雪堂居士　廣瀬進一拝題
○詩（石村貞一・加藤恵証・南条碩果・杞狂生・福田行誡・山室方綫）
蒐録
仏教国景況ノ七（支那）（接前第十六号）
行智阿闍梨ノ小伝
桐陰叢語　桐陰居士
本会記事
○月次会開催（於浅草大谷教校）
報告
○会員千人に達すれば月簽金減額の約定、会員増加により減額見込○地方景況報告は早期送付のこと○地方よりの質問等送付は本名記載のこと○在西京の月簽金未納者は集会で西上中の石上北天に納付のこと○服制改革の意見送付依頼（平松理英）○北陸道巡回報告（加藤恵証）○正誤○他

『令知会雑誌』第三二号

一八八六（明治一九）年一一月二一日発行

梵語文法ノ一斑ヲ記シテ教門文学ノ人ニ告ク　南条文雄
講義
倶舎宗大意　佐伯旭雅（洛陽比丘）
希臘哲学派一斑　学非斎主人
論説
道徳ノ標準　文学士　天野為之
宗教ノ生起其二（接前）　金浦正弘
雑報
○国教論○清水梁山氏○新誌及雑誌○合羽可廃○大谷派宗制寺法○窪田常吉氏○貴族婦人会○女学校の必用○新法主洋行○梵文法華経○支那の清信士○支那政府

洋教信徒の考試及第任官等を准す○出版書籍○教海波瀾○日本仏教各宗大意

詩文

○詩文（南条碩果・鈴木掬翠）

質問

○質問（1）（2）真如無明ノ問（南塘生発問）

会員寄書

編輯員及ヒ会員諸師ニ質ス　梅田　君蔵

本会記事

○月次会参加者少数につき討論見合せ

本会報告

○会員千人に達すれば月簽金減額の約定あり、会員増加により減額見込○地方景況報告は早期送付のこと○地方よりの質問等送付は本名記載のこと○在西京の月簽金未納者は集会で西上中の石上北天に納付のこと○正誤○他

『令知会雑誌』第三三号

一八八六（明治一九）年一二月二一日発行

仏教門中最モ速ニ改良スヘキモノアリ第二（接前第三十号）　吉谷　覚寿

講録

倶舎宗大意（接前）　佐伯　旭雅

仏教ノ真理　南条　文雄

論説

月簽金減額ニ付テ諸君ノ注意ヲ乞フ　平松　理英

監獄布教方私案（接前第二十九号）　痩松　学人

雑報

○興然氏ノ消息○貴婦人法話会○山中無暦日○当慚死矣○三代之礼楽○勧善会○教海波瀾○教誨師手当金

詩歌

○詩（北条祐存・東坪生・清痩学人・杞狂生）○歌（行誡人・南園老衲・蓮月尼）

質問応答

○質問（3）心神ノ同異如何（井上教隆）

○質問（4）解信ト仰信ト妄信トノ問（H．S．生）

○質問（1）（2）真如無明ノ答（鼎木笠堂）
蒐録
桐陰叢語　桐陰居士
本会記事
○月次会開催（於大谷教校）月簽金減額・将来の運動等を相談○福井県永覚寺・伊予信舟竹葉退蔵より寄付○塩井中書・石原慧見死去
本会報告
○月簽金減額実行のため会員募集を全国会員に懇請○簽金未納者氏名掲出・納入督促
広告
○出版（教海美譚・仏教各宗大意）

『令知会雑誌』第三四号

一八八七（明治二〇）年一月二一日発行

明治二十年ハ如何ナル年ソ　平松　理英
講録
耶蘇教非理ノ一斑　澤井　洵
倶舎宗大意（接前）　洛湯比丘　旭雅
仏教論評第二（第三十一号ノ続）　酔田居士
論説
学校設立策　石村　貞一
監獄布教方私案（接前）　痩松学人
雑報
○南条文雄師度天○寺院家屋税○浄土宗紛議○貴珍の什宝○入江良輔氏○鳥尾得庵居士は○浅猿き哉○海員の熱心○各宗協同大学校設立○老僧の考案○大谷派の新聞○国教及神祇官○監獄教誨○教海波瀾
詩文
○詩（福田行誡・石村貞一・羽田専盟・北条祐存・東坪生・鈴木天遊）
○文（校訂縮刻大蔵経縁起）　自修懺士島田蕃根
質問応答
○第三十三号掲載「真如無明ノ質問ノ応答」につき問答（赤松圓純郵寄）
○質問（5）狐狸ノ業通アリテ人ニ托スル現量ニ絶ヘテナシ、云々
蒐録
肉食僧　平松　理英

本会記事
○新年会計画するも南条文雄渡天により休会
本会報告
○月簽金減額実行のため会員募集を全国会員に懇請○令知会改正条規○入会申込書（雛形）○入会申込方法
広告
○加能越尾三 諸君ニ質ス（平松理英）○出版広告（仏教各宗大意）

『令知会雑誌』第三五号

一八八七（明治二〇）年二月二一日発行

巡游見聞概記　島地 黙雷
講録
厳防誘惑第九（監獄教題三十条之第九）（接前第三十一号）　島地 黙雷
仏教論評第二（接前）　酔田居士
四種道理之弁　辻 円証
論説
教学ヲ一途ニスベシ　無所 得子
監獄布教方私案（接前）　痩松学人
雑報
○印度来翰○宣教師の熱心○婦人謝徳会○朝鮮の仏教○肉食排斥会の祝宴○紳士の評○米国の仏教○積徳教校開業式○教海波瀾○法苑珠林の再版
詩歌
○詩（宮原木石・雨田逸史・引田利章・河野通之・石村貞一）○歌（土岐美静・島地黙雷・釋密乗）
質問応答
○質問（4）解信ト仰信ノ答（H．S．生自答）
○質問（6）離中知合中知ノ問（B．S．居士）
本会記事
○十二日新年会開催。島地が龍宮説を講じた後、洋行のため副会長辞任の南条の後任投票、吉谷覚寿選出
本会報告
○仙台会員伊澤平左衛門、月簽金増額送金○月簽金未納者よりの連絡○会員野口法信死去○大会手続につき注意○正誤
広告
○加能越尾三 諸君ニ質ス（平松理英）○出版広告

（仏教各宗大意）

『令知会雑誌』第三六号　一八八七（明治二〇）年三月二一日発行

知足安分ト進取力行トノ交際　島地黙雷（雨田道人）

講録

四種道理之弁（接前）　辻　円証

仏教論評第三（接前）　酔田居士

迷悟ノ四句　雲渓居士

朝鮮禅教考　漢陽　朴永善輯

論説

友人某ノ欧州ニ航遊スルヲ送ルノ文　懸鞁道人

感ズル所ヲ述ヘテ地方会員諸兄ニ質ス　平松　理賢

雑報

○ビゲロー氏○敵国の間諜○法主巡化○外教徒の熱心○亜富汗斯担の宗教○加特力教概況○開智社の目的○僧類問答○教校の移転○他山の石○説教者の失敗○教海波瀾

詩文

○詩（南条文雄・宮原木石・雨田逸史・靖洲道人・梅原譲・平塚鶴堂）

○文（賀積徳教校開校表）　北条　祐賢

質問応答

○質問（1）（2）真如無明ノ答（辻円証）

○質問（7）青年ヲ教誘スルノ問（桐陰居士石村貞一）

蒐録

本源寺の古跡附存如上人の墳墓　山室　方幾

桐陰叢語　石村　貞一

本会記事

○十二日月次会開催（於大谷教校）席上、島地が仏教者の養蚕の重要性、石村が未成年教誘の必要性を説示

本会報告

○本誌残余状況○月簽金送金上の注意

広告

○本会出版書目（梵文小阿弥陀経並ニ音義両訳・教海美譚第一篇・釈教文粋・仏教各宗大意・護法賢聖伝）

『令知会雑誌』第三七号

一八八七（明治二〇）年四月二一日発行

仏教ヲ踈漏視スルコトナカレ　吉谷覚寿
答卍字生問　島地黙雷
講録
如来蔵縁起新論　雲溪居士
仏教論評第二（完結）（接前）　酔田居士
論説
読内務省訓令第二十一号　平松理英
井上君カ仏教活論序論ヲ読ム　活田老人
雑報
○外人の真宗信徒○南条師の消息○法主学生を優待す○開智社演説○英学研究会○頑如石○卍山実弁師○仏教活論序論○英文の勧章○不招而来○出版の心得○狼狽と失望○澤田了氏○教海波瀾
詩文
○文（南条文雄）○詩（錦洞生・蜻洲道人）○歌（大谷公尊・福田行誠）
質問応答
○真如無明（2）再答（如幻子答）
○青年ヲ教誘スルノ（2）答（三英生）
○質問（8）時間ト空間ノ問（三英生）
蒐録
暹羅国仏教形状一斑　中六道人
本会記事
○九日月次会開催（於白蓮会堂）席上、平松理賢が興学布教の実行の討論講究の活発化のため会委員名簿を作成し本誌付録とすることを提案、討論の末に採択
本会報告
○地方会員送付の書状・書籍の郵税不足に注意要請○会員募集尽力者〔入会斡旋人数・姓名〕○月簽金未納者への対応○平松理英、長野新潟を巡回し教海美譚第二篇を編集中
広告
○本会出版書目（梵文小阿弥陀経並ニ音義両訳・教海美譚第一篇・釈教文粋・仏教各宗大意・護法賢聖伝）

『令知会雑誌』第三八号

一八八七（明治二〇）年五月二一日発行

仏教ノ大勢ヲ論ス　生田　得能

講義

如来蔵縁起新論（接前）　雲溪居士

霊魂ノ論争（ドレーバー氏宗教学術争論史抄訳）　天外道人

論説

教学ノ別ヲ論ス　活田老人

感スル所ヲ述テ地方会員諸兄ニ質ス（接前第三十六号）　平松　理賢

雑報

○南条文雄師帰朝○米国の和服会○豈計らんや○催眠治療法○豈夫然らんや○慈愍小学校○米国議員の宗旨○離檀党の団結○一事三見○島地副会長○本邦基督教の統計○奮ふて伝道金を投つ○教海波瀾

詩歌

○詩（南条文雄）○歌（南園老衲）

質問応答

○質問（3）心神ノ答（如幻子）

蒐録

古梓考　石村　貞一

本会記事

○十四日月次会開催（於浅草大谷教校）○昨十九年一月本会を石村邸に移し会場賃借料等を節約、会員松田雲鳳より寄付金

本会報告

○地方会員送付の書状・書籍の郵税不足に注意○月簽金未納者への対応

広告

○本会出版書目（梵文小阿弥陀経並ニ音義両訳・教海美譚第一篇・釈教文粋・仏教各宗大意・護法賢聖伝）

『令知会雑誌』第三九号

一八八七（明治二〇）年六月二一日発行

講録

終身護法ノ念ヲ排スヘカラズ　吉谷　覚寿

四食之説　村上　専精

三世因果ノ弁　多田　賢住
変遷論大意　遜堂逸史
論説
宗教ノ生起其三（接前第三十二号）　金浦　正弘
教家ノ注意　活田老人
雑報
○副会長帰京○南条文雄師○東洋哲学会○仏教講談会○報知社と天主教師○女学校の比較○普教会と積善会○仏教会○成立学舎○護法策○法施財施○精農惰農○念仏庵○教海波瀾
詩歌
○詩（宮原木石・相馬崇禪・日野靈瑞）○歌（高岡増隆・福田行誡）
質問応答
○質問（5）業通ノ答（如幻子答）
○質問（9）問印度六派ノ哲学表ニヨルニ、云々
○質問（10）五明処ノ中工巧明ヲ指示セシハ何レ経典ナリシヤ（友文布衣）
蒐録
古梓考（接前）　石村　貞一
学窓小言　梅田止水子
本会記事
○月次会開催（於大谷教校）○島地帰京○藤井慶存・龍華空音より寄付○正誤
本会報告
○平松理賢建議（第三十七号）により会員名簿第一号を本誌付録に○会員募集尽力者〔入会斡旋人数・姓名〕○本会退会手続○地方会員送付の書状・書籍の郵税不足に注意
広告
○本会出版書目（教海美譚第一篇・釈教文粋・仏教各宗大意・護法賢聖伝）

『令知会雑誌』第四〇号

一八八七（明治二〇）年七月二一日発行

修性二徳ノ説　島地　黙雷
講義
如来蔵縁起新論（接前第三十八号）　雲溪居士
変遷論大意（接前）　遜堂逸史

迷悟ノ四句（接前第三十六号）　雲溪居士
論説
読輿論新論（接前第二十二号）　平松　理英
仏教者ニ一言ス　声振居士
雑報
○女人講御消息○本会の名誉員○米国通信将に開けんとす○哲学館○仏教講談会○貧民学校○正教の大説教○反省会雑誌○哲学会の討論○学生求法○強信と強信○教学策進○教海波瀾
詩歌
○詩（廣瀬進一、他）○歌（土岐善静・釋涌蓮）
質問応答
○質問（9）「ゴダマ」ノ答（山室方幾）
○質問（11）定命減縮ノ問（三浦徳英）
○質問（12）生像ノ問（三木智浄）
蒐録
桐陰叢語　桐陰居士
本会記事
○九日月次会開催（於大谷教校）月簽金延滞者処分等を議す
本会報告
○月簽金延滞ノ諸君へ申ス○本誌に会員名簿第二号を付録○会員募集尽力者〔入会斡旋人数・姓名〕
広告
○本会出版書目（教海美譚第一篇・釈教文粋・仏教各宗大意・護法賢聖伝）

『令知会雑誌』第四一号

一八八七（明治二〇）年八月二一日発行

解行両徳ノ説　生田　得能
講義
如来蔵縁起新論（接前）　雲溪居士
疫癘章解　雨田道人
変遷論大意（接前）　遜堂逸史
論説
教家ノ予想　金浦　正弘
読輿論新誌（接前）　平松　理英
雑報
○学生の遺稿○輿論新誌と羅馬字雑誌○南条文雄師○

高等普通学校○貧民学校○清国上海大谷派別院免税○大谷派法孫○日本仏教史○石村寅枝子○同子の略伝○日蝕観測○錫蘭僧○教海波瀾

詩歌

○詩（雨田逸史・行誡老衲）○歌（美寿子・得子）

質問応答

○質問（13）幽霊ナル者ハ真ニアルモノナルヤ、云々（志場了般）

○質問（14）教育上男女同一ノ養成ヲ試ムル時ハ、云々（友文布衣）

○質問（4）解信仰信ノ答（如幻子答案）

蒐録

古梓考（接前第三十九号）　石村　貞一

蒐録

淫具を祭る話　懸　皷道人

本会記事

○十三日月次会開催（於白蓮会堂）

本会報告

○月簽金延滞ノ諸君へ申ス○本誌に会員名簿第三号を付録○簽金未納者氏名掲出・納入督促

広告

○本会出版書目（釈教文粋・仏教各宗大意・護法賢聖伝・教海美譚第一篇・同第二篇）

『令知会雑誌』第四二号

一八八七（明治二〇）年九月二一日発行

仏教門中最モ速ニ改良スヘキ者アリ　吉谷　覚寿

講義

亞古徳斯科異教ノ残遺

ソロウイエフ氏原著（新甫山僧訳）

如来蔵縁起新論（接前）　雲　溪居士

論説

真理ヲ妄用スル勿レ

仏教者一二言ス（接前第四十号）　生田　得能

雑報

○大谷教校○寺は酒屋○哲学館開館式○僧侶の往生○論より証拠○貴婦人と豪商○高等普通学校○南条文雄師○龍驤艦○某老婆の話○日下痴龍氏○石邨寅枝子逸事○蝦夷人帰敬式を受く○琉球人○朝鮮元山津別院在

勤○教海波瀾
詩歌
○詩（清痩学人・小栗布岳・匏蘆道人・一六居士）○歌（松岡くは子・芳賀玄亮・香川維恭・本多義天）
質問応答
○質問（15）仏教及ヒ或ル哲学ノ所説ニ拠レハ人類ノ霊魂モ他ノ動物ノ霊魂モ本性毫モ差違ナシト、云々（吾愛知者寄）
○質問（6）離中知合中知ノ答
蒐録
淫具を祭る話（接前）　懸𥱋道人
寄書
書籍館の必用　小笠原祐英
本会記事
○月次会開催（於大谷教校）会計法整理・特別寄書家増置を討議、会務拡張を決す
本会報告
○教海波瀾の報道者の氏名、仮名のみは不可、○月簽金延滞ノ諸君へ申ス○会員募集尽力者〔入会斡旋人数・姓名〕○簽金未納者氏名掲出・納入督促
広告
○本会出版書目（釈教文粋・仏教各宗大意・護法賢聖伝・教海美譚第一篇・同第二篇）

『令知会雑誌』第四三号
一八八七（明治二〇）年一〇月二一日発行

如何ナルカ是道理　島地　默雷
講義
如来蔵縁起新論（接前）　雲　渓　居　士
亞古徳斯科異教ノ残遺（接前）　新甫山僧訳
論説
読輿論新誌（接前第四十一号）　平松　理英
読仏教興廃論　生田　得能
雑報
○九鬼公使の談話○開善小学○留学生○無学の名士○哲学館○大谷派新法主○世は様々○耶蘇教と国事犯○フエネロサ氏○桑港通信○皆既観測○相良吉次氏○仏教は下等の宗教なり○壮士の仲間か○南条文雄師○反省会○教海波瀾

詩歌
○詩（清痩学人・小栗布岳・匏蘆道人・一六居士）○歌（松岡くは子・芳賀玄亮・香川維恭・本多義天）
質問応答
○質問（16）一心法界ノ問（安分堂主人）
○質問（17）衆生无量ノ問（安分堂主人）
蒐録
護法賢聖伝嗣編序　石村　貞一
朝鮮（仏教国ノ現況第六）
本会記事
○月次会開催
本会報告
○教海波瀾の報道者の氏名、仮名のみは不可、○月簽金延滞ノ諸君へ申ス○会員募集尽力者〔入会斡旋人数・姓名〕○正誤
広告
○出版（護法賢聖伝嗣編）○本会出版書目（釈教文粋・仏教各宗大意・護法賢聖伝・教海美譚第一篇・同第二篇）○出版（反省会雑誌）

『令知会雑誌』第四四号

一八八七（明治二〇）年一一月二一日発行

護法トハ何ノ法ヲ護ルヤ　生田　雲溪
講義
使用善悪第十（監獄教題三十条之第十）（接前第三十五号）　島地　黙雷
霊魂ノ論争（接前三十八号）　天外道人
万物の本体　活田老人
論説
出処ヲ屑クスベシ　聒々道人
改正私見　無声隠士
雑報
○積善会○大派新法主○貴婦人会の拡張○施療院開設○兵営布教○猪磨金山○小栗栖香頂師○島地副会長○火葬者○教海波瀾
詩文
○文（正親大宣師碑文）　島地　黙雷
○詩（易行院老師・香樹院老師・木石居士・風鶏逸史・清痩学人）

質問応答
○質問（16）人種ノ問（黙庵居士）　同答（新甫山僧答案）
○質問（17）寿命長短ノ問（浦松誠実）
蒐録
勅額の事　箕山居士
前号掲載「護法賢聖伝嗣編序」の誤記訂正
加藤弘之の「徳育ニ就テノ一案」と題する演説
本会記事
○十二日月次会開催（於白蓮会堂）本会条規追加案を議定
本会報告
○教海波瀾の報道者の氏名、仮名のみは不可、○月簽金延滞ノ諸君へ申ス○会員募集尽力者（入会斡旋人数・姓名）○簽金未納者氏名掲出・納入督促
広告
○出版（護法賢聖伝二編）○本会出版書目（釈教文粋・仏教各宗大意・護法賢聖伝・教海美譚第一篇・同第二篇

『令知会雑誌』第四五号

一八八七（明治二〇）年一二月二一日発行

護法ノ実策如何　吉谷　覚寿
講義
如来蔵縁起新論（接前第四十三号）　雲渓居士
生滅無常第十一（監獄教題三十条之第十一）（接前）　島地　黙雷
阿耨達池四大水考　活田老人
亞古徳斯科異教ノ残遺（接前第四十三号）　新甫山僧訳
論説
仏教ハ哲学ナルカ将タ宗教ナルカ　村上　専精
改正私見（接前）　無声隠士
品行論　前波　小帆
歳晩ヲ書シテ会員諸君ニ告ク　生田　得能
雑報
○ユニテリアン宣教師○印度哲学小史○横浜信徒の奮発○栗田与三郎氏の訃音○古谷石村両氏○耶蘇教師の演説○「仏教之前途」○阪上山田両氏

詩文
○文（明善寺鐘銘並序）　雨田逸史
○詩（箬邱漫客・鈴木天游）
質問応答
○質問（18）阿弥陀如来及ヒ他力ノ問（安分堂主人）
○質問（19）草木国土悉皆成仏ノ問（無外子）
○質問（20）曾婆羅頻多羅地獄ノ問（某）
○質問（21）無始無終ノ弥陀衆生ヲ済度シ尽クストセハ、云々（某）
本会記事
○十日月次会開催（於大谷教校）月次会毎月九日開催・簽金納入方法・簽金納入者への護法賢聖伝第二編送付を議定。平松より編集官辞任の申出あり。明光軒で忘年会開催
本会報告
○本会簽金納入方法○春以来会員二百名増加○為換券の事○会員募集尽力者［入会斡旋人数・姓名］
広告
○出版（護法賢聖伝二編）○本会出版書目（釈教文粋・仏教各宗大意・護法賢聖伝・同第二編・教海美譚第一篇・同第二篇）

『令知会雑誌』第四六号　一八八八（明治二一）年一月二一日発行

新年感ヲ書シテ会友諸兄ニ告ク　島地默雷
講義
如来蔵縁起新論（接前）　雲溪居士
課余摘萃第一　愛楳仙士
永世不変第十二（監獄教題三十条之第十二）（接前）　島地默雷
論説
仏法興起論　川合清丸
宗教果シテ改良スヘカラサル歟　佐々木柳堂
雑報
○水谷仁海氏○オルコット氏の書柬○高等普通学校○警視総監の謝辞○迹見女学校○各宗の建議の事
詩文
○詩（工藤擷翠・雨田逸史）
○文（与井上文学士書）　佐々木狂介

質問応答
○質問（19）草木国土悉皆成仏ノ答（活田老人）
○質問（20）曾婆羅頻多羅地獄ノ答（東耀、最正、梵了）
本会記事
○九日月次会開催（於白蓮堂）正像末三時の事につき討論会の開催を予告。今後必ず論題を予告し討論会を開くことに決定○本誌編集人を生田得能に変更
本会報告
○次回討論題　真宗僧ニシテ養蚕ノ業ニ従事スルモ差閊ナキヤ○本会簽金納入方法○先号迄の目録を次回付録に、今回は新禧表賀を付録○春以来会員二百名増加○為換券の事○会員募集尽力者〔入会斡旋人数・姓名〕○正誤
広告
○出版（仏門立志編）

『令知会雑誌』第四七号

一八八八（明治二一）年二月二一日発行

男女関係論　雨田道人
講義
一乗戒一斑　雲溪居士
霊魂ノ論争（接前第四十四号）　天外道人
善悪一念第十三（監獄教題三十条之第十三）（接前）
論説　島地　黙雷
無宗教モ亦一種ノ宗教ナルヲ論ス　井上　円了
仏教道徳新論　村上　専精
対話一則　前波　小帆
雑報
○島地寺田平松三氏暹羅大使を訪問す○愛知大谷派別院内に新築する普通教校○本派本願寺より出張の監獄教誨師後藤誠諦氏○鹿児島大島監獄より教誨師大河内長氏への書○或人の話○平松理賢氏の仏門立志篇○日下部鳴鶴氏○清使大谷派本山を訪ふ
詩歌

○詩（小栗栖香頂・西秋谷・大河内長・土岐善静）
蒐録
暹羅大使問対略記
本会記事
○九日月次例会開催（於大谷教校）僧家養蚕許不を討論
本会報告
○先号付録、製本逓信規則に触れ中止○会員募集尽力者〔入会斡旋人数・姓名〕○小原清忠（山口県）寄付
広告
○出版（仏門立志編・釈教文粋・護法賢聖伝初編）

『令知会雑誌』第四八号
一八八八（明治二一）年三月二一日発行

改良ノ基本如何　吉谷　覚寿
講義
海印三昧　小栗栖香頂講述、東舘大道筆記
課余摘萃第二進化論値直（接前第四十六号）　愛梅仙士
一乗戒一斑（接前）　雲渓居士
論説
仏教道徳新論（接前）　村上　専精
雑報
○サイアム大使○各宗協議所○日本人○中西章源○女学校○千葉感化院○合寺建議の却下○当今の雲往き○サイアム留学○加藤弘之氏○生田氏香港より島地氏への書信の抄略
詩文
○詩六首（廣瀬雪堂・中村竹涯・擇堂契縁・宮原大石）
○文（仏門立志編序）　南条　文雄
蒐録
暹羅大使問対略記第二（接前）
本会記事
○九日例会開催（於白蓮会堂）正像末三時につき討論、島地副会長、病気のため欠席につき討論盛会ならず
本会報告
○生田得能、暹羅国留学につき編輯担当を平松理賢に変更○本会送付宛名の注意○教海美譚第一編売切、近

日再版○護法賢聖伝第二編も残部少○仏門立志編の誤植○会員募集尽力者〔入会斡旋人数・姓名〕○正誤

広告

○出版（仏門立志編・釈教文粋・護法賢聖伝初編）

『令知会雑誌』第四九号

一八八八（明治二一）年四月二一日発行

仏教ハ如何改良スヘキ乎　村上　専精

講義

始終心要講義　吉谷　覚寿

霊魂ノ論争（接前第四十七号）　天外道人

十二縁起略弁　波多野源耀

因果ノ理法ヲ論ス　徳永　満之

雑報

○暹羅通信○連枝及姫君の留学○真如会及仏教唱歌会○国府寺氏談話○日本人○一去一来○国教と教科書○瀧川寿女史○京都府尋常中学校○僧侶の洋行○僧侶学校設立を議決す○善連法彦氏

詩文

○詩七首（脇屋清斎・天地哲雄・菊瀬居士・赤松蜻洲）

○文（徒然草鈔録序（教会用本））　島地　黙雷

蒐録

桐陰叢語　桐陰居士

愛ノ勢力　澤井　洵訳

本会記事

○九日例会開催（於大谷教校）会務上種々事協議。例会毎月五日に変更・本会雑誌の版権免許出願・例会で討論会を開く事を議定○次回討論題、会員野村正見質疑「厭離穢土ハ社会進歩ニ害ナキヤ否ヤ」

本会報告

○本誌四十八号附録に三十六号より四十六号迄の目録を送呈。一号よりの目録の希望あるも、印刷不致○会員募集尽力者〔入会斡旋人数・姓名〕○正誤

広告

○出版広告（仏門立志編・釈教文粋・護法賢聖伝初編）

『令知会雑誌』第五〇号

一八八八（明治二一）年五月二一日発行

令知会改正条規

講義

空論ヲ去テ実用ニ就ケヨ　島地　黙雷

仏教因果論　村上　波山

因果ノ理法ヲ論ス（接前）　徳永　満之

論説

正像末ノ三時ト進化論ノ関係　平松　理賢

仏教ノ宗旨ニ智力情感ノ名称ヲ付スルノ理由無キヲ弁ス　吉谷　覚寿

雑報

○全国監獄衆徒並に監吏及費用の数○福田行誡和上○囚徒追弔会○地方制度○原人論講義○和敬会演説○免囚保護慈善会○米国通信○会員井上円了洋行の予定○大学校設立の企○仏教道徳新論○外道菩薩に異見を呈す○大日本監獄協会○冠註徒然草抄録○外人贈餽

詩歌

○詩（雲石老衲・清泉居主人。雨田逸史）○歌（東草・灣翁）

蒐録

料理屋ノ請取書　晩潮道人

本会記事

○五日月次会開催（於白蓮会堂）「厭離穢土ハ社会進歩ニ害ナキヤ否ヤ」につき討論、討論筆記は次号掲載。次回討議題は「男女同権論ニ対スル五障三従ノ説明法」

本会報告

○護法賢聖伝第二編無代金進呈の議○本年一月二月号三百部再刷○会員伊澤平左衛門（宮城県）奥羽日々新聞を寄贈

広告

○出版（仏教道徳新論・教海美譚第二編・仏門立志編・釈教文粋・護法賢聖伝初編）

『令知会雑誌』第五一号

一八八八（明治二一）年六月二一日発行

仏教全社会革新ノ時至レリ矣　遜堂病衲

講義
始終心要講義（接前第四十九号）　吉谷　覚寿
仏教因果論（接前）　村上　波山
課余摘萃第三（接前第四十八号）　愛　棣　仙　士
因果ノ理法ヲ論ス（接前）　徳永　満之
論説
理学宗及道徳新論批評　中山　理賢
雑報
○暹羅通信○文学博士○仏教講義会○井上円了
詩文
○文（汚南条文雄師亞児碧行芳韻賦暹羅行）
詩（生田雪溪）　在暹　善連法彦
本会記事
○五日月次会開催（於大谷教校）会務を協議○本誌五十号の祝宴を開き、諸氏演説。前号予告の討議題「男女同権論ニ対スル五障三従ノ説明法」は後会に延引
本会報告
○厭離穢土の社会進歩利害論の筆記は後号記載○書籍買入・新聞社等への送金等は本会規約外で取扱うべき義務なし○会員募集尽力者は次号掲載
広告
○出版（冠註徒然草鈔録・仏教道徳新論・仏門立志編・護法賢聖伝初編・同二編・釈教文粋・仏教各宗大意）

『令知会雑誌』第五二号
一八八八（明治二一）年七月二一日発行

仏教興廃論　島地　黙雷
講義
始終心要講義（接前）　吉谷　覚寿
課余摘萃第四（接前）　愛　棣　仙　士
論説
欧州近世厭世教ノ景況　大学卒業生　柳祐信
青年僧侶運動ノ方針　多田　公嵒
雑報
○暹羅皇帝寄贈○西行と洋行○仏光寺派本山の動揺○暹羅通信（前号の続き）
詩文和歌

○詩（宮部円城・木石居士・佐々木狂介）○和歌（土岐善静）
蒐録
故笠原師手翰　南条　文雄
本会記事
○月次会開催（於白蓮会堂）種々会務等を議す○二日臨時創立員会開催（大谷教校）、本誌諸欄に批評・翻訳・寄書・雑録等の追加を議定○厭離穢土の社会進歩利害論の討論筆記録
本会報告
○本誌第四十六・四十七号再刷○書籍買入・新聞社等への送金等は本会規約外で取扱うべき義務なし
広告
○平松理賢、中山に改姓○出版広告（冠註徒然草鈔録・仏教道徳新論・仏門立志編・護法賢聖伝初編・同二編・釈教文粋・仏教各宗大意）

『令知会雑誌』第五三号
一八八八（明治二一）年八月二一日発行

修因感果　中山　理賢
講義
始終心要講義（接前）　吉谷　覚寿
課余摘萃第五（接前）　愛 楳 仙 士
仏教因果論（接前第五十一号）　村上　波山
論説
青年僧侶ニ告ク　多田　公嵒
雑報
○女子文芸講習会○女子高等小学校○青年伝道会○海外宣教会○我行く道○宣教師の傲慢○講義会○太平洋○仏教家の奮発○田中智学氏○米納請願○関西宗況
詩文
○詩（南園老衲・羽田専盟）○和歌（土岐善静）
批評
エルネスト、エフ、フエネロサ氏　文学士　三宅雄二郎
寄書

現在ノ布教家ハ実行ノ手段ヲ採ラザル可ラズ　本多　教令
蒐録
桐陰叢語　桐陰居士
本会記事
○五日定集会開催（於大谷教校）会務等を議す○吉谷副会長、大学等暑中休暇につき帰省
本会報告
○本誌第七号以下残部の頒布方法○簽金未納者氏名掲出・納入督促○会員募集尽力者（入会斡旋人数・姓名）
広告
○平松理賢、中山に改姓○出版広告（冠註徒然草鈔録・仏教道徳新論・一読頓解仏教諺話・四恩略弁）

『令知会雑誌』第五四号

一八八八（明治二一）年九月二三日発行

講義
僧侶ハ速ニ普通教育ニ従事スヘシ　島地　黙雷

始終心要講義（接前）　吉谷　覚寿
天台宗大意　伊勢　前田慧雲
論説
創業守成論　遜堂逸史
雑報
○徳永文学士○新井日薩師○高島石炭鉱○寺田福寿氏○英国宣教師の総引上○法話○言文一致の新蔵経○米国の日本館○女子文芸学の授業始め○三十日学校
詩文
○詩（佐々木徹周・厳華道人・桐陰居士・蓮舶）
○文（教海美譚第一編序）　小栗栖香頂
寄書
厭忻弁　鈴木　天遊
批評
宗教小説革新話細評　E．Z．生
蒐録
桐陰叢語　桐陰居士
本会記事
○厭離穢土の社会進歩利害論の討論筆記録（接前第五十二号）○五日定集会開催（於白蓮会堂）○吉谷副会

長帰東

本会報告

○討論議題「男女同権論ニ対スル女人障重説」は十月五日月次会で論決○本誌第七号以下残部の頒布方法○会員募集尽力者〔入会斡旋人数・姓名〕○本誌発行日、毎月廿一日から廿三日に変更○正誤

広告

○私立女子文芸学舎生徒募集○出版（法話）

『令知会雑誌』第五五号

一八八八（明治二一）年一〇月二三日発行

将来ノ世ニ仏種ヲシテ断セサラ令メヨ　吉谷　覚寿

講義

三難通釈　在暹羅　生田得能

仏教因果論（接前第五十三号）　村上　波山

論説

仏教家ノ注意ヲ請フ　本多　教令

雑報

○ナップ氏の答弁○暹羅安居日ノ景況（生田得能氏通信）○耶蘇教公許の請願○令女教会○本派本願寺の改革

詩歌

○詩（不石居士・垣田弥）○歌（土岐善静）

寄書

将来之仏教　笹原　貫軒

蒐録

釈教題林和歌集

本会記事

○五日定集会開催（於大谷教校）当日本派法主着京、会員今井覚神送別会があり、出席者も少数のため「男女同権論ニ対スル女人障重説」討論は次回延期

報告

○会員住所照会

広告

○出版（護法賢聖伝初編・同二編・釈教文粋・仏教各宗大意・法話）

『令知会雑誌』第五六号

一八八八（明治二一）年一一月二三日発行

光明解釈　島地　默雷

講義

天台宗大意（接前第五十四号）　前田　慧雲

喇嘛教概略　石村　貞一

課余摘萃第五ノ上（接前第五十三号）

愛楳仙士課余漫録

論説

大同団結ハ我党ニ必要ナシ　蓊　然　居　士

仏教字典の案　三宅雄二郎

雑報

○米国学生の書翰○昭宮殿下○同志社大学校○簡易科小学校教員速成伝習所○

蒐録

釈教題林和歌集（接前）

報告

○正誤○本誌第七号以下残部状況と頒布方法○郵便印紙代用で月簽金納付の注意

広告

○出版（法話）

『令知会雑誌』第五七号

一八八八（明治二一）年一二月二三日発行

仏教演説ノ未来ヲトシテ青年僧侶ニ望ム　遜　堂　逸　史

講義

始終心要講義（接前第五十四号）　吉谷　覚寿

霊魂ノ論争（接前第四十九号）　天　外　道　人

天台宗大意（接前）　前田　慧雲

論説

東京ノ寺院ニ申ス　般　舟　老　人

深夜の幽思　多田　公嵒

雑報

○某文学士の仏教に対する意見○小櫻諦善氏○改邪帰正○貴婦人会○ダンマナンダー氏○特赦仮放免並に賞標授与者○獄中帰仏の詩歌○海外仏教事情○免囚保護会社開創○令女教会

詩歌

○詩（木石居士・五岳老衲・秋月必山）○歌（秋月必山）
批評
ユニテリヤンノ教義ト仏教トノ比較評論　九華道人
報告
○本誌第七号以下残部状況と頒布方法○月簽金未納の会員に雑誌頒布せず○本会会員募集尽力の氏名○本誌広告掲載要領○会員一覧表を本誌に付録○出版（法話）

『令知会雑誌』第五八号
一八八九（明治二二）年一月二三日発行

新年書感　雨田道人
審訳
馬博士ノ宗教論　文科大学ノ学生　愛楳仙士訳
講義
喇嘛教概略（接前第五十六号）　石村貞一
論説
日本人種ノ永続ヲ謀ルニハ先ヅ国教ノ基礎ヲ堅牢ニセサル可カラス　文学士　辰巳小二郎
調和論　本多教令
明教記者ニ答テ併テ大同団諸氏ニ望ム　蕎然居士
雑報
○尊皇奉仏大同団○政教社○越後通信○耶蘇教書籍の廉価なる理由○六和女学校○宗教の実用とは何そや
詩歌
○詩（宮原木石・入江石泉）○歌（島地黙雷）
蒐録
釈教題林和歌集（欣浄歌集）（接前第五十六号）
寄書
厭離穢土の議に付き愚見　物外居士
譫言　風外子
本会記事
○吉谷帰省・島地近県旅行中につき月次会休会○本号に年代記を付録
広告
○恭賀新年（島地黙雷・石村貞一・福澤重香・中山理賢・多田義観）○私立女子文芸学舎生徒募集広告○宗教小説革新新話直下ケ広告○出版（寺門改良論・仏門

立志編・説教の材料・法話）

『令知会雑誌』第五九号
一八八九（明治二二）年二月二三日発行

憲法発布式　平松　理英

講義

始終心要講義（接前第五十七号）　吉谷　覚寿

審訳

馬博士ノ宗教論（接前）　愛楳仙士訳

論説

明治二十二年僧家運動ノ方針　前田　慧雲

大日本帝国憲法ノ発布ニ遇フテ　多田　公嵒

人類ヲ支配スル勢力　帝国大学々生　鈴置倉次郎

雑報

○青木貞三居士○三法主三会員の東上○オルコット氏到着○一秒時に一人○憲法発布式○元寇紀念碑

詩文

○詩

○文（憲法発布式表白文）　島地　黙雷

蒐録

釈教題林和歌集（欣浄歌集）（接前）

広告

○哲学会雑誌合本予約広告○元寇紀念碑義捐金振込依頼（募集委員　福澤重香）

『令知会雑誌』第六〇号
一八八九（明治二二）年三月二三日発行

オルコット氏ニ就テ　雨田道人

講義

始終心要講義（接前）　吉谷　覚寿

喇嘛教概略（接前第五十八号）　石村　貞一

審訳

玄奘三蔵入竺略記　愛楳仙士

論説

調和論（接前第五十八号）　本多　教令

僧侶モ亦強硬主義ヲ断行スベシ　新甫山僧

雑報

○梅花拝観○帝国大学総長渡邊洪基氏○阿満得聞氏と

オ氏の談話○カピテンゼームス氏の話○神智学会よりの書状
詞林
○詩文（廣瀬進一・鷲見順敬・河野荃汀・吉雄菊瀕）
蒐録
真宗学苑談叢巻上　前田　慧雲
本会報告
○高田派法主より本会に寄付○本会会員募集尽力の氏名○本誌広告、前金以外は掲載せず○正誤
広告
○哲学館第一期二年級講義録目次○略註起信論縮刷出版特別予約○法話第九号広告料値上ケ広告○出版（大同新報）

『令知会雑誌』第六一号
一八八九（明治二二）年四月二三日発行
論説
○令知会条規摘要
本誌改良の旨趣　島地　黙雷
勝友会記事
新仏教将ニ興起セントス　佐々木狂介
平易ナル仏書編輯ノ急務ヲ論ス　確堂散史
仏陀は死物なるか将た活物なるか　村山　波山
講義
始終心要講義（接前）　吉谷　覚寿
蒐録
玄奘三蔵入竺略記（接前）　愛楳仙士
学術
科学要史（第一）　仙荘閑人
近世西洋哲学略史　愛楳仙士深余漫録
批評
宗教革命論　抑堂逸史
寄書
欧州各国宗教政党ノ現況　在仏国　藤島胆岳
雑報
○藤島了穏氏○十七条憲法和解○仏教書籍の蒐集○菅了法氏金尾稜厳氏○上棟式と大法会○本派本山の遠忌法会○奇日新報○島地氏の地方巡化○帝国大学の独立○村上専精詩の奮発○真宗青年会

○二月十日例会開催（於築地別院）、出席会員二十五名○三月十日例会開催。当日、木挽町厚生館でオルコットの演説あり出席者十四名のみ○四月三日第二回紀年会開催、幹事二名（前波・水渓）会計一名（山本）を改選、再任。山本翠入会披露の後、多田賢住・島地黙雷の講話あり。去二月二十八日本会総代に法主より会員一同への諭諭・会況等下問ありし経緯の報告の後、祝宴開く。参会者三十二名。

本会記事

○五日例会開催（於白蓮会堂）本誌改良につき議した後、新年宴会と本会五周年の祝宴を兼ねて上野東陽軒で会食。

日報

自四月一日　至同十日

詞林

○詩（必山居士・藤島胆岳・鱸天遊・工藤擷翠）

本会報告

○会員募集尽力者〔入会斡旋人数・姓名〕○今回本誌改良につき棚橋外より多数寄稿あり、編輯期日切迫の都合上、次号掲載○正誤

答問

会員瑤山君ノ問ニ答フ　佐々木生

広告

○出版広告（護国の法雨）○真宗仮名聖教縮刷予約出版広告○女生徒募集広告（私立女子文芸学舎）

『令知会雑誌』第六二号

一八八九（明治二二）年五月二三日発行

本会広告

○令知会条規摘要○本誌残部と頒布方法○会員募集尽力者〔入会斡旋人数・姓名〕

会説

仏教学者ノ需要

論説

弘教豈策略なかる可んや　抑堂居士

政教の関係教師の資格を明にすへし　堀内静宇

講義

始終心要講義（接前）　吉谷覚寿

仏教の名義（青年協会講話）　島地黙雷

蒐録
玄奘三蔵入竺略記（接前）　前田　慧雲
玄奘三蔵求仏法賦並序　島田蕃根拝識
故吉田松陰氏の手書　外二件
学術
近世西洋哲学略史（接前）　愛楳仙士漫録
文明之元素　園下　前
淘汰論（達賓学説）　岡道亮訳述
雑録
在仏国藤島了穏氏の書簡（抄出）
西《サ》ミエル、如《ジョン》ソン氏のラセラス物語を読む　晒浦生漫録
世界五色眼鏡（演説）　匏廬道人
羅馬府の宗教自由　勝友会員　痴堂生
書目十種
特別寄書
一噸一笑　文学士　棚橋一郎
寄書
真宗と家内的改良　和田　秀麿
仏書講述の諸士に望む　小林　默夫
雑報
○高等中学校の徳風会○本派法主殿の帰山○仏教青年協会○東京仏教青年協会○大坂仏教青年会○徳島壮年会○大谷派本山祖堂上棟式○条約改正○同志社の変事○地方小学教員○ツループ氏の英文宝草○プラーモ、ソマヂユ○監獄協会発会式○福澤氏の仏事○令女教会○埼玉婦人会○降誕会○米国より海外宣教会へ寄付○紀州の豪族佐藤女史再びダ氏を訪ふ○五戒と五常○オルコット氏○中西牛郎の洋行○彙報
勝友会記事
○五月十二日例会開催（於築地別院）本会記事の本誌掲載に関する令知会との特約の可否を議し可決。会費減額・降誕会への対応を議決。前波善孝、幹事辞任、後任に多田賢順就任。多田の講話あり。入会者（水原慈孝）
令知会記事
○五日例会開催（於白蓮会堂）本誌改良等につき協議
日報
自四月十一日　至五月十日
詞林

○霧積十四勝（必山居士）○送曜日蒼龍之布哇（薗田確堂）○常世（晒浦釣徒）○姉崎浄教寺感懐（金尾藍田）○印度四姓梵音之問ニ答フ（南条文雄）
答問
質疑　仏舎利ノ成分真偽ノ鑑識法ヲ問フ、外七問　小林　黙夫
正誤
正誤
附録
仏教青年の新団体　古河　勇
○仏教青年協会記事○仏教青年協会趣意書○仏教青年協会規則（抄要）
広告
○出版（真誌・法の園）○仏教講話集発行ニ付キ随喜会員募集○女生徒募集広告（私立女子文芸学舎）

『令知会雑誌』第六三号

一八八九（明治二二）年六月二三日発行

本会報告
○令知会条規摘要○会員募集尽力者〔入会斡旋人数・姓名〕
会説
仏教青年会
論説
教会制度の組織及ひ実施の方案（勝友会懸賞文）　土屋　寛
道心には衣食住あり衣食住には道心なし　村上　波山
講義
読経眼（青年協会講話）　島地　黙雷
始終心要講義（接前）　吉谷　覚寿
蒐録
釈迦雲助問答
桐陰居士抄録
真宗学苑談叢巻上・巻下（接前第六十号）　前田　慧雲
学術
近世哲学略史（接前第六十一号）　文科大学生　愛楳仙士
文明の元素（接前）　園下　前

学術の分類　確堂逸史
雑録
曜日蒼龍氏の書翰
羯磨上天地獄及ヒ転生
暹羅親王　カンドルダットカッドルハザー
（晒浦居士抄訳）
被撰挙権
寄書
誰か謂ふ仏教徒に驚慌なしと
仏教青年協会員　菊池謙譲
一個人に付て宗教の必用　惕堂散史
雑報
○条約改正に付き一喜一憂○東京出獄人保護会○本願寺大学林○内務省の訓令○尼僧学校○同志社大学○増上寺の本堂○帝国博物館○聾唖の原因○高等女学校醜聞に付○海外仏教事情第二集○仏教挽回策○仏教青年協会紀事
勝友会記事
○六月九日例会開催（於築地別院）多田の講述に引き続き質問答弁○本会幹事二名中、一名は四月一名は九月に改選、再選不可と決す○三ヶ月無断欠席会員への対応○例により七八月休会、九月第三日曜開催と決す○当日十四名出席
日報
自五月十一日　至六月十日
詞林
○霧積十四勝（金尾藍田）○送中西牛郎之于米国（晒浦釣徒）○五月五日菊池大尉招飲于日暮里衆楽円（横井古城）○次前敲（河野荃汀）○亦（下村春沙）
答問
質疑答案（第六十二号掲載第一問から第五問までに対して）
在近江　霊宗峰
広告
○出版（大同新報・真宗仮名聖教予約出版・法話・教学誌・積善会雑誌・法の園）
本会報告
○簽金支払方法等会員への諸注意・広告掲載要領

『令知会雑誌』第六四号

一八八九（明治二二）年七月二三日発行

本会報告
○令知会条規摘要○簽金未納者氏名掲出・納入督促○会員募集尽力者〔入会斡旋人数・姓名〕○会員募集尽力者〔入会斡旋人数・姓名〕
会説
此国家人民を奈何せん　晩暢道人
論説
「デヒス」氏の論を読む　確道散史
護法扶宗策　工藤攝翠
講義
読経眼（青年協会講話）（接前）　島地黙雷
始終心要講義（接前）　吉谷覚寿
蒐録
天地万物皆わが影け　桐陰居士抄録
故曲斎翁四十八願の長歌
学術
文明之元素（接前）　園下前
淘汰論（接前第六十二号）　岡道亮
馬博士のカント哲学批評　薗田天外
雑録
人の理力の差等を知る一法
金尾稜厳氏の演説筆記（和歌山女学校に於て本年三月）
日本人種論　外山義文
寄書
避暑休暇帰省日記第一谷中ノ埋葬地　愛楳仙士
学者の責任　痴堂居士
時事答問
不酔山人寄稿
雑報
○一夫一婦の建白要領○改正監獄則の発布○井上円了○外国人の海外宣教会へ寄付○水渓智応氏の入院○鳥尾居士の大道学校○米国は仏教者に依て発見せらる○仏教女子青年会○蔵経巻数○布哇国寺院設立計画○米国の三居士○真宗攪眠会○仏教青年協会記事
勝友会記事
○七・八月は会員暑中休暇・帰省者多数により休会

日報
自六月十一日　至同三十日
詞林
○客中述懐（藤島胆岳）○祖忌感懐（金尾藍田）○霧積十四勝（必山居士）
答問質疑
答案（接前）（第六十二号掲載第六問から第八問までに対して）　在近江　霊宗峰
質疑　天地万物の創造は如何、外二問　熊本県　平野摑綱
附録
僧侶被撰権私議　蕪窓問人
広告
○出版（我行道・共潤会雑誌・法の園・択善会雑誌・法話）○女生徒募集広告（私立女子文芸学舎）
本会報告
○本誌第六十一号目録○本誌第六十二号目録○簽金支払方法等会員への諸注意・広告掲載要領

『令知会雑誌』第六五号

一八八九（明治二二）年八月二三日発行

本会報告
○令知会条規摘要○本誌第六十四号目録
会説
仏教の盛衰は日本国独立の成否に関す　昕上　閑衲
論説
降魔説　石村　桐陰
宗教及僧侶に関する各国の憲法　園下　前
教会制度の組織及ひ実施の方案（接前第六十三号）　土屋　寛
講義
読経眼第三龍宮説（接前）　島地　黙雷
蒐録
日本春秋　桐陰居士
真宗学苑談叢巻下（接前第六十三号）　前田　慧雲
学術
近世西洋哲学略史（接前第六十二号）　愛楳仙士
文明之元素（接前）　園下　前

馬博士宗教論（接前第五十九号）　仙荘閑人
雑録
羯磨及上天地獄転生（接前六十三号）　晒浦居士訳
不思議なる語の弁　西方町　S．F．生
金尾稜厳氏の演説筆記（接前）
避暑休暇帰省日記第二（接前）　愛楳仙士
寄書
小乗是れ何　仏教青年協会員　杉村浩太郎
青年の責任　仏教青年協会員　上村黙笑
雑報
○本山の集会○僧侶の被選挙権有無に就て○加藤博士の女子教育説○曹洞婦人教会○哲学館並意見書○原元略説○仏教文学叢書○禁酒の軍旗○島地香川二氏登岳○新々因明発揮○女子文芸舎定期試験○法主御巡化の実績○青年協会記事
日報
自七月一日　至同三十一日
詞林
○論詩呈小野湖山詞宗（茂樹清泉居主人）○省寧小吟（晒浦漁隠）○錯夏四適（九華閑人）
本会報告
○本誌第六十三号目録○会員募集尽力者〔入会斡旋人数・姓名〕
広告
○女生徒募集（私立女子文芸学舎）
本会報告
○簽金支払方法等会員への諸注意・広告掲載要領

『令知会雑誌』第六六号

一八八九（明治二二）年九月二三日発行

本会報告
○令知会条規摘要○本誌第六十五号目録
会説
記憶せよ九月二十三日　蔬香逸人
論説
僧侶が条約改正に対する運動に就ての意見　前田慧雲
宗教及僧侶に関する各国の憲法（接前）　園下前
義侠の風を振作すへし　和田痴堂

講義
悉有仏性（青年協会講義）　島地　默雷
義林唯識章講義摘要（第一回）　吉谷　覚寿
教海致一論　村上　波山
学術
宇宙の原子　確堂逸史
梵学の西漸　晒浦居士
文明之元素（接前）　園下　前
蒐録
東波居士九想詩並序　九華方外史
真宗学苑談叢巻下（接前）　龍岡町　S. S. 生
論法の誤用　権大納言　藤原為兼
阿弥陀仏の歌
抑止せよ　晒　浦　生
雑記
避暑休暇帰省日記第三（接前）　愛　楳　仙　士
登岳記事　雨　田　逸　史
雑報
爪○嗚呼何そ天変地変の多き○義捐金募集○彼の弁髪の人を見よ○窮民救恤大演説○築地の罹災死亡者追弔会○和歌山仏教青年会の運動○八月二十六日の現象○僧侶の条約中止建白○金尾楞厳及ひ石川舜台両氏○十二条改定建白委員○本派本山の仏事禁酒○三田大学創立に就ての勧進○文庫設立○奇日新報○藤島了穏氏○愈々出て○爪哇国の仏教伝道院○大磯の仮説教所
勝友会記事
○九月十五日例会開催（於築地別院）○入会者（井上宝毫・楠宜諦）○幹事水渓智応任期満了、後任前田慧雲○会金改定、次回より出席者に弁当配布○井上宝毫の仏教の縁起についての講演の後、晩餐を喫し解散
詞林
○送法孫慈孝游東京序（乃祖鏡華叟）○奉贈藤島井上両大師即送帰日本（長白桂林）○外数首（有髪仏徒九十八斤生・秋月必山・九華閑衲）
日報
自八月一日　至同三十一日
広告
○本会出版書籍並ニ護法漫筆領価改正広告（護法賢聖伝初編・同二編・釈教文粋・仏教各宗大意・護法漫筆）○出版（大同新報・真誌・真宗説略）○仏門各宗

諸大家ニ懇請ス（慶應義塾学資募集喜捨）
本会報告
○会員募集尽力者〔入会斡旋人数・姓名〕○簽金支払方法等会員への諸注意・広告掲載要領

『令知会雑誌』第六七号
一八八九（明治二二）年一〇月二三日発行

本会報告
○令知会条規摘要○本誌第六十六号目録
会説
仏教主義なる大新聞の必要
論説
駿河台ニコライ会堂落成の風説を聞て所感を陳ふ　嶺南山人
教会制度の組織及ひ実施の方案（接前第六十五号）　土屋　寛
講義
読経眼第四（青年協会講義）（接前第六十五号）　島地　黙雷
義林唯識章講義摘要（第二回）（接前）　吉谷　覚寿
学術
近世西洋哲学略史（接前第六十五号）　愛楳仙士
宇宙の原子（接前）　確堂散史
道徳の原理　象外逸士
蒐録
法華経古本宋本明本優劣弁　大僧都宗淵
東波居士九想詩並歌（接前）
雑記
気儘なる憲法の解釈　龍岡町　S．S．生
避暑休暇帰省日記第四（接前）　愛楳仙士
宗教及僧侶に関する各国の憲法（接前第六十五号）　園下　前
雑報
○立太子式○水害救恤○僧侶被選権建白委員の上京○藤島了穏氏○帰朝祝宴○仏教或問○令女教会一周年期○山下乗圓氏○越中の三党派○新潟県出獄人保護会
詞林
○詩数首（藤島了穏、他）○俳句
日報

自九月一日　至同三十日

質問並応答

七福神の問に答ふ　石村　桐陰

勝友会記事

○六日例会（帰朝の藤島より欧米状況を聞くため開催日変更）○入会者（古河勇・高安博道）○六ヶ月会費滞納者は退会、地方雑誌発送は前納制を議決○藤島了穏君の談話

広告

○本会広告（十月入会者・本誌既刊号の残部状況及び頒布方法）○本会出版書籍並ニ護法漫筆領価改正広告（護法賢聖伝初編・同二編・釈教文粋・仏教各宗大意・護法漫筆）○出版（法苑珠林再版・大同新報・東洋学会雑誌・如蘭社話）○山下乗圓死亡○記臆顕敏法など進呈○和歌募集の広告（真宗法話会）

本会報告

○簽金支払方法等会員への諸注意・広告掲載要領

『令知会雑誌』第六八号

一八八九（明治二二）年一一月二三日発行

本会報告

○令知会条規摘要○本誌第六十七号目録

会説

恭しく立皇太子の典を祝す　七十八堂

論説

事小なるに似たりと雖甚た吾国の体性に害あり　前田　蔬香

臆病神の御託宣　痴　堂　生

教会制度の組織及ひ実施の方案（接前）　土屋　寛

講義

義林唯識章講義摘要（第三回）（接前）　吉谷覚寿録

蒐録

法華経古本宋本明本優劣弁（接前）　大僧都　宗淵

大蔵却鑰　独　一　道　人

続真宗学苑談叢　前田　慧雲

学術

近世西洋哲学略史（接前）　愛　楳　仙　士

道徳の原理（接前）　象外逸士
梵学の西漸（接前第六十六号）　晒浦居士纂述
雑記
昔時旧教僧俗の悖徳　柳亭　迂夫
羯磨、上天、地獄、転生（接前六十二号）　艸官道人
婦人の頓智数多の性命を救ふ　龍岡S．S．
栴檀は二葉より　龍岡S．S．
避暑休暇帰省日記第五（接前）　愛楳仙士
雑報
○謹て立皇太子を祝し奉る○高等中学校講話○島地師福島県巡化○真宗正辞会○松田久成氏○清国人の破邪論○郁文館○アーノルド氏○暹羅雑俎
詞林
○文（岡本子後序）　薗田　宗恵
○詩（藤島胆岳・秋月必山・前田丸華、他）○歌（雄山君龍）
質問並応答
答問（第六十四号掲載質問（2）霊魂不滅の問に対して）　在肥後　磨墨体量
勝友会記事
○本月十日例会開催、出席者三十名○入会者（鷲尾了順・石河仲将・田島教恵・中院正秀・中島信夫・大河内長）○亡会員（立花深遠・長○天津・山下乗圓）追弔会執行○来月定会は報恩講の法筵を執行
広告
○出版広告（校訂法苑珠林再版・開明新報・海外仏教事情）
本会報告
○本会広告（会員募集尽力者（入会斡旋人数・姓名））
○簽金支払方法等会員への諸注意・広告掲載要領

『令知会雑誌』第六九号

一八八九（明治二二）年一二月二三日発行

本会報告
○令知会条規摘要○本誌第六十八号目録
会説
明治二十二年を送る
論説

明治二十二年を送て僧侶被選挙権に及ふ　園下　前
北海道布教の急を論して之を各宗の諸大徳に望む　前田　慧雲
講義
義林唯識章講義摘要（第四回）（接前）　吉谷　覚寿
読経眼第五（青年協会講義）（接前第六十七号）　島地　黙雷
蒐録
大蔵却鑰（接前）　独一道人
続真宗学苑談叢（接前）　前田　慧雲
西哲往譚　f.S.
学術
淘汰論（接前第六十四号）　岡　道亮
人類及ひ其発達　確堂逸史
雑記
羯磨及上天地獄転生（接前）　晒浦居士
活発と安楽　蔬香野衲
避暑休暇帰省日記追補（接前）　愛棋仙士
批評
北畠道龍氏の法界果断を評す　愛棋仙士
雑報
○法界果断の演説○真宗宝典○欧州見聞録○第十二条の建白○出版物の禁止○英国テイリーテレグラフ新聞記者サーエドイン、アルノルド氏演説大意○会長島地師巡教略記
詞林
○詩（秋月必山・前波小帆・前田丸華、園下前）
勝友会記事
○八日例会開催、出席者二十六名○井上宝毫の仏教講演の予定なるも、同人遅刻で実現せず。佐々木狂介の提案で目今地方仏教者の信仰力の増減如何を討議。次回継続討議となり、数項目の課題が提起○報恩講、多田賢師の導師で執行○神官僧侶教師の被選挙権問題を今後協議することを議定（会員前波善孝建議）
本会報告
○本会広告（会員募集尽力者（入会斡旋人数・姓名））
○会員所在地照会○簽金未納者氏名掲出・納入督促○特別広告（本誌改良意見・改良意見賛否募集）○簽金支払方法等会員への諸注意・広告掲載要領

『令知会雑誌』第七〇号
一八九〇（明治二三）年一月二三日発行

本会報告
○新年挨拶（島地黙雷・石村貞一・阪上成美・福澤重香・前田慧雲）○令知会条規摘要
会説
四月一日と七月一日　七十八堂
論説
新年書感　九華閑人
道徳は空理空論に非すして実際問題なり　杞憂道人
護法扶宗策論（接前第六十四号）　工藤擷翠
講義
読経眼第六（接前）　島地黙雷
義林唯識章講義摘要（第五回）（接前）　吉谷覚寿
蒐録
すたすた坊主問答　石村桐陰
歳寒窓放言序跋
続真宗学苑談叢（接前）　慧雲野衲
学術
宗教学講究の方針　藤下象外
春秋を論す　確堂逸史
雑記
博士「ジヨンソン」氏の確言数則　エス、エス、
後楽園の記　愛楳仙士
批評
北畠道龍氏の法界果断を評す（接前）　愛楳仙士
雑報
○今年は重々目出度き年柄なり○各宗有志懇話会○法律第三号第十二条件○各宗有志通信所○宣界勧学の老健○三国仏教略史○雛山文庫○原人論新訳○護法済衆編
詞林
○文（三国仏教略史序）　蓮舶　小栗栖香頂
○文（三国仏教略史序）　辱友連城識
○詩（廣瀬雪堂・雨田老衲・石村桐陰・河野南崖・入江石泉・前波小帆）
勝友会記事
○十二日開会、出席会員三十七名、客員島地黙雷・多田賢住・石上北天臨席。前回提起の僧侶被選挙権問題

の討論、会計報告を経て、地方仏教者の信仰力の増減如何の討論は次回に延引。養蚕に対する仏教の立場について討議し、島地自説を説示。

広告

○本会広告（会員募集尽力者（入会斡旋人数・姓名））○禁酒宣言（石上北天）○新年と石上禁酒宣言を賀す（多田賢順）○出版広告（護法済衆論）

本会報告

○簽金支払方法等会員への諸注意・広告掲載要領

『令知会雑誌』第七一号

一八九〇（明治二三）年二月二三日発行

会説

喜悲交々来る、二月十一日

論説

天保老人を稽首作礼す　七十八堂生

講義

義林唯識章講義摘要（第六回）（接前）　吉谷　覚寿

学術

帰納法の発達及ひ帰納演繹の関係　杞憂道人

寄書

万法一心　畠山受証寄稿

僧侶の政治熱を患ふる者に質す　青山隠士

蒐録

曾我五郎時致の遺言及和歌

時計の教訓　馬耶渓逸人

真美人　如是散人

雑報

○紀元節宮中舞楽の御模様○帝国議会彙報○衆議院選挙法施行規則○婦女は政党に加盟するを得ず○三条公爵夫人の祝辞○天台座主の遷化○新島襄氏死す○本願寺三百年祭○噫又噫○江湖新聞と国民新聞○党派の争ひ人を兇殺す○基督教私立大学の新総理○巴里宗教博物館の開設○護法済衆編の評語に就て○筑紫学館

詞林

○三国仏教略史　藹々居士たゝらの青巒

○三国仏教略史序　雪堂居士廣瀬篤譲進一

○詩（鱸天游・春園園下・雨田逸史）

勝友会記事

○二月九日開会、出席者九名。多田賢住より行信についての法話に続いて、行信に関する質問・相談あり
日報
自一月二十日　至二月十二日
広告
○本会広告（会員募集尽力者〔入会斡旋人数・姓名〕）
○出版（法の園・本山月報発行報告・明治新刻国史略）○東洋学会の規則要略
本会報告
○簽金支払方法等会員への諸注意・広告掲載要領

『令知会雑誌』第七二号

一八九〇（明治二三）年三月二三日発行

本会報告
○令知会条規摘要○本誌第七十一号目録
会説
徳育の標準、文部大臣の演説
論説
宗教海の波瀾　園下　前
講義
義林唯識章講義摘要（第七回）（接前）　吉谷　覚寿
首楞厳経一節（某教会に於て）　島地　黙雷
学術
博言学ノ話　南条　文雄
老子を論す　藤下　啓証
近世西洋哲学略史（接前第六十八号）　愛楳仙士課余漫稿
蒐録
大蔵却鑰（接前第六十九号）　独　一　道　人
盗賊問答　馬耶渓逸人
続真宗学苑談叢（接前第七十号）　慧　雲　閑　衲
寄書
万法一心（接前）　畠山受証寄稿
濵弓氏の書　佐々木狂介
雑報
○主客問答○教会場の新築○大博覧会○涅槃堂施葬会○議会の価値一千五百万円○小学校の授業料○大日本図書会社の設立○御用心御用心○日蓮上人の書翰○扨も心苦しき○星界想遊記○仏教或問○ゆにてりあん○

南洋諸島の土語　耶馬溪逸士
詞林
○三国仏教略史自序　島地　黙雷
○女子真論序　棚橋　絢子
○歌（下田歌子）
勝友会記事
○本月例会は九日（第二日曜）が定例なるも、法主対面のため十五日に延期開催。大学林教授斎藤聞精の法話の後、対面○来四月例会は本会紀念会開催予定○未納金の退会該当者を次回報告○当日参加者四十名○入会者（楠原桃窟・高山純有）○地方仏教の信仰力の増減につき討議
質疑
人間社会は愛欲なるものありてこそ生存発達すべきに、云々。外六問　会員　幼山人
日報
自三月一日　至同十六日
広告
○出版（是真宗）○本会広告（本会方針「精確公平なる眼光を放ちて時事を評論し政教両社会に於ける出来事を報道」）○本会特別広告（延滞簽金納付督促）
本会報告
○簽金支払方法等会員への諸注意・広告掲載要領

『令知会雑誌』第七三号
一八九〇（明治二三）年四月二三日発行

本会報告
○令知会条規摘要○本誌第七十二号目録
会説
皇室と基督教とは両立えず
論説
人生道義ノ必要ニ就テ　村上　専精
流行に就て感あり　痴　堂
夢　法外堂主人
講義
義林唯識章講義摘要（第八回）（接前）　吉谷　覚寿
学術
春秋を論す（接前第七十号）　確堂逸史
老子を論す（接前）　藤下　啓証

寄書
博覧会につき　S．S．
万法一心（其三）（接前）　畠山　受証
蒐録
大蔵却鑰（接前）　独一道人
蜀山人の話　春園主人
黒本尊の事　石村　貞一
飛鳥山の花を見て　愛楳仙士
司馬温公解　石蓑道人
廿卅卌の弁　曲々子
天神地祇の解　馬耶溪逸士
雑報
○陸海軍大演習に付て勅語及ひ講評○仏教者有志大懇話会○米国人殺害事件○東京市中案内大全○求友会の祝宴○禁酒主義の拡張○黄檗宗前管長の僧籍返上○大博覧会○上毛婦人教育会○防長学友会○島地会長○伯剌西爾国に於ける政教分離の布告
詞林
○香宝寺鐘銘並序　島地　黙雷
○大瀧山不動寺碑銘並序　島地　黙雷
○詩歌数首（春園）
勝友会記事
○本月例会は創立紀念会を兼ねる予定も、都合により三日に花見と運動会のため飛鳥山に赴く、参会者二十名○六ヶ月間、例会欠席・掛金未納金者を公表、退会者とする
質問並応答
○前号幻山人の質疑に答ふ　夢水子
日報
自三月十七日　至四月十六日
広告
○本会広告（本会出版書籍並ニ護法漫筆領価改正広告・令知会雑誌残本配付広告・会員募集尽力者（入会斡旋人数・姓名）・本誌投稿の際の注意）○三国仏教略史発売広告
本会報告
○醵金支払方法等会員への諸注意・広告掲載要領

『令知会雑誌』第七四号
一八九〇（明治二三）年五月二三日発行

本会報告
○令知会条規摘要○本誌第七十三号目録
会説
民法発布に付て一般人民の心得を諭す
論説
貧民救恤に付て之を全国の富者に計る　園下　前
夢（接前）　法外堂主人
講義
義林唯識章講義摘要（第九回）（接前）　吉谷　覚寿
蒐録
大蔵却鑰（接前）　独一道人
真宗学苑談叢第三編　九華方外史　慧雲
榁と榊の同異考　善庵居士
白侍郎六讃偈並序　石嚢道人
学術
近世哲学略史（接前第七十二号）　愛楳仙士課余漫稿
人類の起源及其発達（接前第六十九号）　確堂散史
宗教学講究の方針　藤下　象外
寄書
僧侶の蓄髪を論す　二十二散史
因明卜皈納法　織田　信麻
時評
○内閣の更迭○山県伯と榎本子との問答○府県郡制の発布○三党合同○東京市知事の更迭
雑報
○十五年間降雨の量○細民困難の原因○開帳○仏教を犠牲と為す莫れ○其底止する処知らす○何ぞ速に其職を去らさる○北海道の青年仏教会
批評
国文学読本全一冊（立花銑三郎氏・芳賀矢氏編）　S．S．
亞細亞之光輝（エドイン、アーノルド氏著・中川太郎氏訳）
詞林
○桐陰居士所蔵古銅仏歌　吉雄　菊瀕
○仏教問答序　島地　黙雷
○食筍　河野　南涯

○雨中偶成　石村桐陰
○川中島巡途上口占　雨田老衲
勝友会記事
○十一日開会、本会改良案につき討論するも、出席者少数につき次回例会議決に延引。次回六月六日は前期納会、幹事改選等の重要案件多数につき会員の出席を懇請
求友会記事
○四月十二日春季総集懇親会開催（於築地別院）出席者三十二名、堀内静宇・水谷仁海の演説、島地の徒然草の講義の後、本会将来の改良につき評議。会運営・会費・本誌に会記事の掲載報告などを決議○十日月次会開始（於築地別院書院）会員井上宝毫の演説（大乗頼耶縁起の大意）等の後、幹事より提出の宗教と教育との普及方法につき討議
日報
自四月十七日　至五月五日
広告
○本会広告（寄付者氏名・延滞会費納入督促・島地会長越後巡化につき同地会員の延滞会費は同師に）○出版（女子真論・亜細亜之光輝・明治諸宗綱要）
本会報告
○簽金支払方法等会員への諸注意・広告掲載要領

『令知会雑誌』第七五号

一八九〇（明治二三）年六月二三日発行

本会報告
○会員募集尽力者〔入会斡旋人数・姓名〕○死亡広告（長門国蒼下孝義）○復姓広告（園下前から二十二前に）○本誌第七十四号目録
会説
日宗管長の辞職
論説
敬て各宗の管長に白す　痴堂居士
唯識所変に就て或人の疑問に答ふ　畠山受証
講義
義林唯識章講義摘要（第十回）（接前）　吉谷覚寿
蒐録
大蔵却鑰（接前）　独一道人

真宗学苑談叢第三編（接前）　慧雲　閑衲
堪忍如来　馬耶溪逸士
是名出家　曲々子
学術
金剛経有為法九喩謁梵文分解　南条　文雄
宗教学講究の方針（接前）　藤下　象外
寄書
因明卜皈納法（接前）　織田　信麻
松虫鈴虫考一班　二十二前
時評
○貴族院多額納税者議員の互選当選者○衆議院議員は如何なる人物が当選すべきか○日秘鉱業会社の大失敗
雑報
○各宗管長会議の議決○統計家各管長会議を評す○Union and Union○女子文芸学舎○大法主殿白蓮社に親猊す○東京市中の女学校○貧民救恤に付て外教者の勧誘手段○坊主市○明治諸宗綱要○錫崙島誌○雪窓問答
詞林
○大道二首　棚橋　大作
○八不精盧八首　前田　九華
○見真大師降誕会恭賦歌題寄竹祝　石村　桐陰
○宗祖降誕会の祝辞　神代貴美子
○同寄竹祝歌数首（和加子・ひさ子・直子・瑞枝子・原信水・関崎真弘）
勝友会記事
○八日例会、前期納会にて井上宝毫の講話後、晩餐を喫し散会○出席会員二十八名○帰国・入営による退会者（清溪暁雲・井上宝毫・中島敬信）○井上に本会での数回講話を謝し令女雑誌半年分を寄贈○七八月は例年通り休会、九月二十一日（第三日曜日）開会予定
求友会記事
○六月十日開会。堀内静宇、中西牛郎著の組織仏教論につき弁ず。仏教と教育の並及方法につき会員提示の意見を論議、建言を起草し各宗管長会議への提出を議定。東京府小学簡易科教員速成伝習所により僧侶の教育事業活発化の見込
附録
活仏　如是散人
日報

自六月一日　至六月十四日
本会報告
○簽金支払方法等会員への諸注意・広告掲載要領

『令知会雑誌』第七六号
一八九〇（明治二三）年七月二三日発行

本会報告
○令知会条規摘要○本誌第七十五号目録
会説
還俗衆議院議員諸氏に一言す
論説
政府ノ宗教ニ対スル責任　環球道人　藤島了穏
管長会議の大欠典　二十二散史
講義
義林唯識章講義摘要（第十一回）（接前）　吉谷　覚寿
学術
金剛経有為法九喩偈梵文分解（接前）　南条　文雄
孔子と「ソクラテス」との比較　杞憂道人
寄書
因明ト皈納法（接前）　織田　信麻
敢て婦人教会雑誌記者に質す　女史　井上花魁
蒐録
大蔵却鑰（接前）　独一道人
真宗学苑談叢第三編（接前）　前田　慧雲
和歌の三夕　春園主人
飢饉年ノ話　馬耶溪逸士
蟬　曲々子
入梅ト出梅　石蓑道人
雑報
○基督教新聞の妄○衆議院議員の外教信者○虎軍勢猖獗なり○清狂草堂の建設並遺稿上梓○吉谷氏の書翰○無常堂の施貸規則
時評
○衆議院議員の選挙終れり○貴族院三爵互選亦終れり
○両議院の役者揃ひ○開けて悔しき
詞林
○真宗問答序　藤島　了穏
○奉祝宗祖大師降誕会　光山　大雲
○題自著真宗学苑談叢後十首　前田　九華

○逸題　七十八堂生
○五月雨（春園・中村東敬）
求友会記事
○七月十日開会○各宗管長集議所への建言（普通教育普及・各宗協同慈善会設置）の説明に続き、会名語義の解説あり○演説は他日本誌に掲載○会計・会務の案件は時間都合上次回に○会員梶宝順より仏教雑誌の会員への配布あり
日報
自七月一日　至同十五日
社告
○会員募集尽力者（入会斡旋人数・姓名）○貧民救恤義捐金を募る（貧民救恤連合社名）
広告
○出版（真宗問答・仏教・仏教合本・国文・是真宗）
本会報告
○簽金支払方法等会員への諸注意・広告掲載要領

『令知会雑誌』第七七号

一八九〇（明治二三）年八月二三日発行

本会報告
○令知会条規摘要○本誌第七十六号目録
会説
道理的信仰と情感的信仰とを論して会員諸君の教を乞ふ
論説
エピキユラス氏と仏氏　棚橋　一郎
対喇嘛僧問答記　生田　得能
講義
義林唯識章講義摘要（第十二回）（接前）　吉谷　覚寿
蒐録
大蔵却鑰（接前）　独一道人
真宗学苑談叢第三編（接前）　前田　慧雲
飢饉ノ話（接前）　馬耶溪逸士
学術
金剛経有為法九喩偈梵文分解（接前）　南条　文雄
宗教学講究の方針（接前第七十四号）　藤下　象外

寄書
在東京の高僧諸師に望む所あり　本好秋香女史
時評
○山県内閣の運命○憲法伯○今の神官○彼の老圃に問ふ
雑報
○角毛偶語○何ぞ胆玉の小なる○鉄眼居士の質問○清狂草堂の事に付て○哲学研究会○島地会長○夏期附録
詞林
○祭瀧川寿子霊　小野田亮正
○井岡公教会発会式広上寄員諸氏
○陪雨田上人游浦浜船中八歌仙擬飲中八歌仙　鴨背　稔
○首尾吟傚康節斎体節録　棚瀬　大作
○喫氷　九華　新製
○詠歌三首（棚橋静江）
勝友会記事
○九月例会は二十一日開催、死亡会員菅殿寿の追弔法会を執行予定
求友会記事
○本月避暑休会、九月は十日開会○島地黙雷師信越佐三国巡教日記
日報
自八月一日　至同十二日
広告
○本会広告（島地会長より寄付・会員募集尽力者〔入会斡旋人数・姓名〕・孝諭の頒布）○出版（第一義・仏教総論・心の鏡）○瀾滄江上吟（釋氏大雄）
夏期附録
秋風悲　如是散人

『令知会雑誌』第七八号

一八九〇（明治二三）年九月二三日発行

本会報告
○令知会条規摘要○本誌第七十七号目録
会説
盍ぞ基本に反さる
論説
至誠なき事業は継続せず　島地　黙雷

禿字説　無声逸史
我国在留の外国宣教師に望む　杞憂道人
波羅門教の話　S．S．
講義
義林唯識章講義摘要（第十三回）（接前）　吉谷　覚寿
蒐録
大蔵却鑰（接前）　独一道人
塋上感懐の歌　エス．エス生訳
和語転声説　松村翠濤寄稿
秋夕　呉竹閑人
学術
近世哲学史（接前七十四号）　愛楳仙士
寄書
道理的信仰と情感的信仰とを論して令知会雑誌に記す　北勢　柳生年丸
有耶無耶　松本ゆり女
雑報
○女子文芸学舎生徒証書授与式○神官分離党の決議○請ふ安心せよ○果して信なるか○鳥尾将軍徳富氏に詰難書を贈る○神官分離派の意見書○髑髏抔の末路○小楠公の墳墓所在地○各宗協会臨時集会○醜聞○日蓮宗の宗門決闘○埼玉県の水害○婦夫財産契約○得庵○長周叢書の出版○教林一枝○真宗問答○仏教総論○条約改正全権委員○立憲自由党の旨趣書○別処榮巖大阿闍梨○吉堀僧正逝く○土耳其使節軍艦の沈没○故月性師追薦文詩歌及画題
詞林
遊赤倉温泉記　愛楳仙士
詩歌数首（谷鉄臣・頼支峯・小野湖山、外）
求友会記事
○九月十日、第十九次会開会。目下急務の問題を総員決議の予定も、参加者少数により次回に延引。堀内静宇・鈴木券太郎、意見開陳の後、島地の徒然草の講義あり○島地黙雷師信越佐三国巡教日記（接前）
日報
自九月一日　至同十五日
質疑
日蓮上人ノ念仏無間禅天魔ト云ヒシ其議如何ン　東京　念仏庵主人
広告

○本会広告（住所不明会員照会）○出版（真宗道徳新編・三国仏教略史）
本会報告
○簽金支払方法等会員への諸注意・広告掲載要領

『令知会雑誌』第七九号
一八九〇（明治二三）年一〇月二三日発行

本会報告
○令知会条規摘要○本誌第七十八号目録
会説
本年初期の帝国議会
論説
正名策　九華閑人
嗚呼悲哉貧民　杞憂道人
仏教対女学　痴堂
今は物に接するに軽薄なからざるべからざるか　A．B．生戯録
講義
義林唯識章講義摘要（第十四回）（接前）　吉谷覚寿
大乗起信論略説（第一）　二十二前
蒐録
大蔵却鑰（接前）　独一道人
和語転声説（接前）　松村翠濤寄稿
○彼の犬を追へ○汽車不便○山家の暮秋
学術
因明ト皈納法（接前七十六号）　織田信麻
寄書
今日の仏教家は最も識見を高めさる可らず　翠濤野史
雑報
○僧籍設置の確定○神祇院復興○帝国議会召集の詔勅○勅選議員○司法省の法制○新民法の七去と四去○元老院創立以来議案経過の数○スタイン老博士逝矣○本願寺梵鐘鋳造に付て○徳川侯爵ユニテリアンを脱す○第一世本因坊算砂法印の歌○江州金法寺の本堂慶讃会○知恩院負債事件に関する大詐偽○日蓮宗の調和成る○哲学館の事業拡張○土曜報知
詞林
○遊耶馬溪抵梯坂而返二首　前田九華

○観清狂道人剣舞図　銀田　稔
○同　杉原　謙
○崖松（浦溪十二勝之一）○白巌（同上）○咏松　雨田逸史
○窓竹　桐陰生貞一
求友会記事
○十月十日第二十次会開会。当日、各宗協会臨時会開催のため出席者少数。堀内静宇・姫宮大圓・高志大了、自説開陳。島地、愛知出張のため欠席
　会員　星野全龍筆記
○島地黙雷師信越佐三国巡教日誌略（接前）
質疑
无住禅師の事に付て　会員　井上静教
本会広告
○正誤○寄付（賛成員吉田成章）○会員募集尽力者〔入会斡旋人数・姓名〕
広告
○出版（仏教活論・顕正活論・三国仏教略史）○仏教ニ対スル疑難ヲ徴集ス（生田得能）
本会報告
○簽金支払方法等会員への諸注意・広告掲載要領

『令知会雑誌』第八〇号

一八九〇（明治二三）年一一月二三日発行

本会報告
○令知会条規摘要○本誌第七十九号目録
会説
勅語
近時風俗の頽敗を論じて我党の士に望む所あり
論説
僧侶の気象を高尚ならしむるの法　蔬香逸人
仏教―対―女学（接前）　痴　堂
講義
義林唯識章講義摘要（第十五回）（接前）　吉谷覚寿
青年協会講義
大乗起信論略説（第二）（接前）　島地黙雷
　二十二前
蒐録
大蔵却鑰（接前）　独一道人
和語転声説（接前）　松村翠濤寄稿

三要々々　馬耶溪逸士
学術
因明ト皈納法（接前）　織田　信麻
寄書
信仰自由の誤解を論じ基督教徒に告く　静宇居士
真砂の解　在京　北条蓮慧
雑報
○白蓮社の入仏式と報恩講○フオンデス氏の書翰○児島高徳の遺跡○雄弁は真摯に若かず○護良親王真蹟普門品○教へくさ懺悔物語○教林一枝○島地師巡越中の景況一斑○報恩講と令女教会
詞林
○頌徳文南条文雄師　石澤　宇記
○燦辞児玉令見師　同
○象山先生臨本争座位帖跋　門人　北澤正誠
○同　雨田逸史
○題清狂道人剣舞之図　二首　金尾　藍田
○同　二首　石村　桐陰
○偶成　木造　等観
○歌数首（石上北天・小池春香・雄山君龍）
求友会記事
○十一日本願寺書院で開会、五六十名参会。島地より佐渡の土産と題する法話あり○時間の都合により堀内の演説は次回に延引　星野　全龍
日報
自十一月一日　至同十五日
質疑
念仏無間ノ質疑ニ答フ　石村　貞一
広告
○本会広告（寄付者氏名・延滞会費納入督促）○出版（婦女鑑・教林一枝・経世博議）
本会報告
○簽金支払方法等会員への諸注意・広告掲載要領

『令知会雑誌』第八一号

一八九〇（明治二三）年一二月二三日発行

本会報告
○令知会条規摘要○本誌第八十号目録
会説

明治二十三年を送る
論説
明治聖代の仏教沿革史　村上　専精
仏の字の和訓に就て　石村　貞一
御用心御要心　本郷　S．F．生
嗚呼悲哉貧民（接前第七十九号）　杞憂道人
講義
義林唯識章講義摘要（第十六回）（接前）　吉谷　覚寿
蒐録
赤坂禁苑菊花拝観の記　二十二前
大蔵却鑰（接前）　独一道人
和語転声説（接前）　松村翠濤寄稿
三要々々に付て　呉竹閑人
寄書
唱導論　佐々木床濤
今日の仏教家は最も識見を高めさる可らず（接前第七十九号）　翠濤　野史
雑報
○帝国議会開院の勅語○大山伯の銅紀念像○咄々何者の妖精ぞ○各宗綱要編纂事業○各宗高僧相省みて汗を出す○小林洵氏の書翰○各宗協会の規約届出を却下せられたりと云ふは誤聞なり○国重正文氏福田会評議員となる○保存費下賜○御断り○仏教隔日新聞
○土曜報知社豊國義孝氏の疑問に答ふ　島地　黙雷
詞林
○与穏公在仏国書　前田　九華
○勧友人同講論語書　瀧川　寿子
○観清狂道人剣舞図　巌国　香川小次郎
○月性師三十三回の追薦　上毛　清水吟爾
求友会記事
○十二月七日第二十四次会を築地本願寺で開催。年末、各宗協会臨時会もあり参会者少数。姫宮大圓、前々会の自説を詳説。棚橋一郎、自説開陳、細論は後日に。奥田貫昭の演説は時間なく次回に延期　星野　全龍
正誤
○多数あり
日報
自十二月一日　至同十五日
本会広告
○賛助員寄付者氏名○会費延滞金納付依頼

広告
○出版（三国仏教略史・教学論集・心のかゝみ）
本会報告
○簽金支払方法等会員への諸注意・広告掲載要領

『令知会雑誌』第八二号
一八九一（明治二四）年一月二三日発行

本会報告
○恭賀新禧（島地黙雷・石村貞一・福澤重香・坂上成美・前田慧雲）○本誌第八十一号目録○会員募集広告
歴代天皇落飾法号
会説
明治二十四年に対する吾人が決心
論説
此自損々他を如何にせん　本郷　F.S.生
仏の字の和訓に就て　紅葉山人
万法一心（其四）（接前第七十三号）　畠山　受証
講義
亀毛兎角（女子文芸学舎新年発会講話）　島地　黙雷
義林唯識章講義摘要（第十七回）（接前）　吉谷　覚寿
蒐録
大蔵却鑰（接前）　独一道人
和語転声説（接前）　松村翠濤寄稿
守護地頭の談　桐陰居士
彼岸考
寄書
宗教の改良何事ぞ終に教海の前途に及ふ　北勢　柳生年丸
雑報
○各地に於ける元旦の天気○帝国議会に於て初めて宗教の声を聞く○神社仏閣より出す出版物を保護すべしとの議は破れたり○内務省布達○本願寺法主殿下の御皈山○令女教会○蓮華殿の額○東京府小学科僧侶養成伝習所○桐陰居士が雛山文庫の印○心画帖○本誌附録の一覧表に付て
○新年附録の小説に付て　著者　春園主人
詞林
○都にて年を迎えける時の一首　大谷光尊法主
○新年元旦の日占　常盤井法主

○題月性道人剣舞図日　佐々木得譲
○新年口占　雨田逸史
○辛卯新年次横井古城○歳暮偶成　石村桐陰
○卯辛新年　横井古城
○辛卯元旦　銀田稔
○謹歩古城先生元旦　河野荃汀
○除夜書懐　木造等観
○明治二十二年除夜　清川寛
時事日報
自一月一日　至同十五日
質疑
真如ノ問、外一問　越中　笠原巧浄
広告
○本会広告（寄付者氏名）○小学科僧侶教員速成広告
○正誤○出版（土曜報知・暹羅仏教事情・真宗学苑談叢・真宗問答・真宗道徳新編・三国仏教略史）○女生徒募集広告（私立女子文芸学舎）
本会報告
○簽金支払方法等会員への諸注意・広告掲載要領
新年附録
寒梅　春園主人

『令知会雑誌』第八三号

一八九一（明治二四）年二月二三日発行

本会報告
○本会必要特別広告（遅延会費納入の懇請）
会説
寺院経済策
論説
不敬事件を論ず　島地黙雷
帝国議会を傍聴して感あり　痴堂
若も　不息学人
講義
義林唯識章講義摘要（第十八回）（接前）　吉谷覚寿
蒐録
大蔵却鑰（接前）　七十八堂生訳
和語転声説（接前）　松村翠濤寄稿
至誠感人　呉竹閑人
鉛筆のあまり　A.B.生

僧尼度牒の事
寄書
「ジョルダノ、ブルノ」の学説を述べて其の哲学史上の地位を明にす　桑陰外史
博奕ノ流行ニ就テ所感ヲ述ブ　佐々木床濤
雑報
○光格天皇勅作阿弥陀如来の由来○不敬事件の顚末○神道は宗教なり○東京府小学科僧侶教員伝習所規則○死刑廃止論に付て各宗協会の議決○咄々、真乎○飼犬主人の急を救ふ○仏教青年協会と高等中学の徳風会○勝友会○令女教会
○廻瀾始末　桐陰居士拝読
詞林
○西島以平碑銘　雨田逸史
○与生田雪溪氏書　佐々木狂介
○寄竹祝賀清水蘭溪上人還暦　痩竹等観
○読史二首　米生　山田
○辛卯元旦試筆二首　藤岳　照山
求友会記事
○十且例会は新年宴会の予定も、幹事松本順乗ら会員に流行感冒罹病者多く、休会
小説
寒梅　其五輪、其六輪　春園主人著
時事日報
自二月一日　至同十五日
本会広告
○本会広告（寄付者氏名）○出版（尊皇奉仏大同団報・三国仏教略史発売広告）
本会報告
○簽金支払方法等会員への諸注意・広告掲載要領

『令知会雑誌』第八四号　一八九一（明治二四）年三月二三日発行

本会報告
○本会必要特別広告（遅延会費納入の懇請）
会説
寺院経済策　其二
論説
時間と空間との利用　天真生

還俗と復僧　変窟主人
講義
義林唯識章講義摘要（第十九回）（接前）　吉谷覚寿
蒐録
大蔵却鑰（接前）　七十八堂生訳
和語転声説（接前）　松村翠濤寄稿
ダビット、ヒューム氏ノ出版自由論（接前）　A．B．生
学術
古代哲学一斑　文学博士 末松謙澄
寄書
神聖の説　蘆津実全
鉄石精神　不息道人
史譚
楠公の終焉　松盧主人
前田慶次郎の事　桐陰逸史
雑報
○三条相公薨矣○墓誌は碑文と異り○国葬の事○杉浦代議士の質問○我党代議士の功名○死刑廃止一条に付再ひ各宗協会の決議○各宗協会の慈善会設立の議○北条時宗時定の画像○盍振会
○暹羅仏教事情を読で一歎、一悲、一感　七十八堂生
詞林
○与藤井宣正氏書　佐々木狂介
小説
寒梅　其七輪、其八輪　春園主人
本会広告
○新入会員人名広告
広告
○出版（法話・鷲覚雑誌・真宗学苑談叢初編・仏説無量寿経大意）
本会報告
○簽金支払方法等会員への諸注意・広告掲載要領

『令知会雑誌』第八五号

一八九一（明治二四）年四月二三日発行

本会報告
○本会必要特別広告（遅延会費納入の懇請）
会説

寺院経済策　其二（接前）
論説
仏入滅の事縁　無声逸史
欧州人は何れより北方仏教の智識を得たる乎　S．S．
松虫鈴虫考一班（接前第七十五号）　二十二前
講義
義林唯識章講義摘要（第二十回）（接前）　吉谷覚寿
蒐録
大蔵却鑰（接前）　七十八堂生訳
和語転声説（接前）　松村翠濤寄稿
源氏物語五十四帖名目長歌の事　春園主人
徳本和尚　呉竹閑人
学術
古代哲学一斑（第二回）（接前）　末松謙澄
批評
仏教活論ヲ読ム　生田改姓　織田得能
寄書
「ジヨルダノ、プルノ」の学説を述べて其の哲学史上の地位を明にす（接前第八十三号）　桑陰外史
某宗兵役免除請願論者に質す　工藤祐山
雑報
○顕如上人の三百年忌○各宗協会の会議○一刀割断ス男児ノ腸○不思議の三幅対○フオンデス氏の書翰○女子文芸学舎○桐陰居士の誌及皈省○勝友会第四回紀念会○令女教会○反省会大演説○仏教青年協会春季大演説○小笠原島行○万法唯心の現証
詞林
赤坂離宮禁苑勝景五首　二十二前
其外数首（横井古城・秋月必山・河野荃汀・笠原巧浄・佐々木床濤）
求友会記事
○十九日本会第四年物会を開催。楠田英世の仏教衛生説・井上哲次郎の耶蘇教背理説の講演の後、懇親会開催
時事日報
自四月一日　至同十五日
本会広告
○新入会員人名広告○寄付者氏名○石村貞一、長門帰省につき同地会員の会費納付・入会希望者は同人に

広告
○女子文芸学舎規則改正新入生募集○出版（三国仏教略史発売広告・仏要教論・随筆叢書百家説林）

『令知会雑誌』第八六号
一八九一（明治二四）年五月二三日発行

本会報告
○令知会々同講説（会員集会開催告知）○本誌第八十五号目録
会説
寺院経済策　其三
天痛地慟
論説
僧家名実の紊乱　黙雷道人
真宗系統譜師の論格　夜雨草庵主人　慧雲
時感一則　釋　宗演
講義
義林唯識章講義摘要（第二十一回）（接前）　吉谷　覚寿
蒐録
大蔵却鑰（接前）　七十八堂生訳
和語転声説（接前）　松村翠濤寄稿
年忌の説　佐々木床濤
学術
古代哲学一斑（第三回）（接前）　末松　謙澄
寄書
無題　福田会幹事　何多仁子
小笠原島民に代りて仏教家に望む　在小笠原島　松岡好一
雑報
○仏国巴黎府報恩講の表白文○露国皇太子殿下両本願寺に御立寄あらせらる○各国教育費の程度○独乙に教育令なし○全国仏教者大懇話会○老て益壮なり○原口針水勧学の年賀○四山瓢の供養○井上円了氏の妖怪学○万代不忠の臣を容れず○雪冤
詞林
○送花井光寿之小笠原島　雨田逸史
○其外詩文数首（原信水・石村桐陰・谷朝軒・長岡生・蔬香逸人）

求友会記事
○十日開会（於築地別院）島地の洪水説・鈴木券太郎の殖民論の講演あり、来聴者少数
小説
寒梅　其九輪
時事日報
自五月一日　至同十五日
広告
○本会広告（令知会条規摘要・寄付者氏名・石村貞一長門帰省の延引告知）○出版（真宗問答再版縮刷）
本会報告
○簽金支払方法等会員への諸注意・広告掲載要領

『令知会雑誌』第八七号

一八九一（明治二四）年六月二三日発行

本会報告
○令知会条規摘要○本誌第八十六号目録
会説
何ぞ此機会に乗せざる
論説
米国大博覧会に日本仏教家の出品を望む
主我論　不息道人
三身即一身　桐陰居士抄録
講義
義林唯識章講義摘要（第二十二回）（接前）　吉谷覚寿
仏学の要領（仏教青年協会講話）　島地黙雷
蒐録
大蔵却鑰（接前）　七十八堂生訳
銅字活版大蔵一覧　石村貞一
水戸珍書考抜出　蘐庵主人
林子平　春園主人
支那法難五君
令知会々堂講説
初発の宗教思想　薗田宗恵
学術
古代哲学一斑（第四回）（接前）　末松謙澄
寄書
覚てふことに就て　進藤端堂

仏教拡張策　吉田　法幢

雑報

○南北仏教連合策○米国に於ける自由基督教の勢力○各宗協会定期大会○各宗綱要○女子文芸学舎の降誕会○中村敬宇先生逝く○ブラヴハツキー女史逝く○蓮花殿慶讃会入仏式○梵鐘鋳造○赤松連城師ノ勅諭衍義ヲ読ム

詞林

○与宮川大蔵君書　新潟港　虚舟居士

○録旧作雄山君龍　靄々居士

○歩靄々居士大内先生高韵　雄山　君龍

○陪雨田上人会渡邊氏宅　銀田　稔

求友会記事

○十日例会開催。九条侯爵入来、島地・姫宮大圓の講話あり。会員松本順乗の小笠原島の状況・開教の話は次回継続。次回月例会は会員総会○前号の鈴木券次郎の記事は同人の申出より取消

時事日報

自六月一日　至同十五日

広告

○出版（暹羅仏教事情・真宗学苑談叢・真宗問答・真宗道徳新編・三国仏教略史）○女生徒募集広告（私立女子文芸学舎）

本会報告

○簽金支払方法等会員への諸注意・広告掲載要領

『令知会雑誌』第八八号

一八九一（明治二四）年七月二三日発行

本会報告

○令知会条規摘要○本誌第八十七号目録

会説

仏教に関する海外著述者に宜しく名誉勲賞を贈るべし

論説

仏陀伽耶事件ニ就テ　加藤熊一郎

宗教家と政治家　不息道人

講義

義林唯識章講義摘要（第二十三回）（接前）　吉谷　覚寿

蒐録

大蔵却鑰（接前）　七十八堂訳
犬の身上を嘆する話　馬耶溪逸士
寄書
応供の説　佐々木通真
雑報
○仏陀伽耶聖地購入事件及興然師再度の書翰○同件に付て調査委員事務所の広告○神官奉務規則○有島税関局長書を町田久成僧都に贈る○日蓮宗の法難○島地会長の西上○勧学原口針水和尚の賀筵○心の露○希臘教七秘密及露国僧侶の官等○松本順乗氏小笠原島渡航概略
詞林
○心乃露序　花蹊女史
○故内大臣の霊を祭る詞　赤松　照幢
○其外歌数首（高田派御裏方敬子・本願寺派令嬢文子・大谷派令嬢恵子）
求友会記事
○十日例会開催。仏陀伽耶霊跡購入に第二次会開催（五日三番町浄心館で取調委員十名選定）○本月十八日に新長谷寺での調査会開催・管財募集広告の実施について議決○右二項を求友会で協議の都合も会員少数と時間の都合で次回延引○堀内静宇・姫宮大円・中西元次郎の演説あり
夏期附録
消夏漫筆　二十二散史
仏法御万歳楽
広告
○本会広告（寄付者氏名）○原口針水勧学賀筵広告○出版（心の露・暹羅仏教事情・真宗学苑談叢・真宗問答・真宗道徳新編・三国仏教略史）○女生徒募集広告（私立女子文芸学舎）
本会報告
○簽金支払方法等会員への諸注意・広告掲載要領

『令知会雑誌』第八九号

一八九一（明治二四）年八月二三日発行

本会報告
○令知会条規摘要○本誌第八十八号目録
会説

大忘

論説

金銭論　二十二散史

雄氏の南北仏教連合策及其仏教信奉の基礎十四章を評す　春園主人

講義

義林唯識章講義摘要（第二十四回）（接前）　吉谷覚寿

特別寄書

南洋婆寧島渡航概略（接前）　松本順乗

蒐録

大蔵却鑰（接前）　七十八堂訳

和語転声説（接前第八十六号）　松村翠濤寄稿

大久保彦左衛門の訓戒　耶馬溪逸士

鈴虫

史譚

八重の塩路　春園主人

学術

古代哲学一斑（第五回）（接前）　末松謙澄

寄書

仏教拡張策（接前第八十七号）　吉田法幢

雑報

○原口針水勧学寿筵の詳報及法主殿下ノ詠歌島地黙雷師の演説○法主殿下の御詠歌○島地師演説の要領○昇階者の撮影○官国幣社神職奉務規則○奇特の老僧○豪傑物語り○盲人の十傑○地方少年教会○浄土百詠詩集

○硯報

詞林

○茶説　新潟港　虚舟居士

○其外詩数首（秋月必山・横井古城）

時事日報

自八月一日　至同十五日

広告

○本会広告（寄付者氏名）○出版（心の露・真宗教史序論）

本会報告

○会員諸君へ謹告す（誌面の充実と体裁留意等）○簽金支払方法等会員への諸注意・広告掲載要領

第二部　各誌総目次

『令知会雑誌』第九〇号　一八九一（明治二四）年九月二三日発行

本会報告
　〇令知会条規摘要〇本誌第八十九号目録

会説
　内務大臣の訓令。各宗教協会は何を為さんと欲する乎

論説
　支那仏教発達論　　　　　　　　　　薗田　確堂

講義
　弱言強行　　　　　　　　　　　　　不息道人
　義林唯識章講義摘要（第二十五回）（接前）
　　　　　　　　　　　　　　　　　　吉谷　覚寿

特別寄書
　南洋婆寧島渡航概略（接前）　　　　松本　順乗

蒐録
　大蔵却鎚（接前）　　　　　　　　　七十八堂主訳
　和語転声説（接前）　　　　　　　　松村翠濤寄稿
　稲荷の事并に野狐を稲荷の使途云ふ誤りの事
　　　　　　　　　　　　　　　　　　呉　竹閑人

史譚
　上杉謙信のはなし　　　　　　　　　はる、その

学術
　古代哲学一斑（第六回）（接前）　　末松　謙澄

雑報
　〇内務大臣の訓令〇山県伯伏見三夜荘に遊ぶ〇大谷派の改革党〇表裏二枚広告〇覚へず驪然たり〇島地黙雷師〇又〇仏教国地図〇老の衣手〇本派本願寺の監督局
　〇登獄記事続稿　　　　　　　　　　雨田老衲手記

詞林
　〇呉羽山懐古　　　　　　　　　　　靄々居士
　〇其外詩歌数首（雄山君龍・四宮博・佐々木通真・石泉居士・蜻洲道人・高木定子・水津政雄・浅田元輔・与謝野寛）

時事日報
　自九月一日　至同十五日

質疑
　〇法要実悟記の点心の問〇仏教中太陽を火球と云ふの問
　　　　　　　　　　　　　　　　　　東京　念仏庵主人

本会広告

○本会広告（本誌残本と頒布方法・寄付者氏名）○哲学館入学募集○出版（法話・真宗仮名聖教）
本会報告
○簽金支払方法等会員への諸注意・広告掲載要領

『令知会雑誌』第九一号

一八九一（明治二四）年一〇月二三日発行

本会報告
○令知会条規摘要○本誌第九十号目録
会説
宗教家は宜しく風俗改良の先導者たるべし
論説
支那仏教発達論（接前第八十九号）　薗田　確堂
西遊記　二十二散史
講義
義林唯識章講義摘要（第二十六回）（接前）　吉谷　覚寿
蒐録
大蔵却鑰（接前）　七十八堂訳
和語転声説（接前）　松村翠濤寄稿
中村竹崖賊を斃すの事を記す　無声逸史
史譚
鍋島直茂の伝　石村　貞一
学術
古代哲学一斑（第七回）（接前）　文学博士　末松謙澄
寄書
殖民地ト仏教（其一）　徳山隠士
埋葬論について一言す　井上　円了
雑報
○某学士の宗教談○清板大蔵経○福井教令講○警視総監の訓令○奉迎○勝友会の事に付て○大乗起信論和解○点心、火球の問に答ふ○某学士の宗教談○清板大蔵経○福井教令講○警視総監の訓令○奉迎○勝友会の事に付て
○大乗起信論和解　織田得能氏著
○点心、火球の問に答ふ　石村　貞一
特別寄書
小笠原島概況一覧　松本　順乗
詞林

○津梁雑詠　雨田老衲
○其外数首（下村春沙・他）
質問
○質問二則（木魚の問、ほうさに念仏の問）　在京　百不能生
○同上（千字文の問）　関西　金山道人
○同（消息の問）　紀伊　南海堂主人
広告
○本会広告（本誌広告掲載なき雑誌との交換謝絶）○出版（教学論集・哲学館講義録）
本会報告
○簽金支払方法等会員への諸注意・広告掲載要領

『令知会雑誌』第九二号

一八九一（明治二四）年一一月二三日発行

本会報告
○令知会条規摘要○本誌第九十一号目録
会説
仏教徒と慈善機関
論説
支那仏教発達論（接前）　薗田　確堂
天主教党論　加藤稚雄訳述
講義
義林唯識章講義摘要（第二十七回）（接前）　吉谷　覚寿
蒐録
大蔵却鑰（接前）　六六散人訳
和語転声説（接前第八十六号）　松村翠濤寄稿
史譚
雲居和尚ノ事ヲ記ス　河野　南崖
学術
地震を前知する法ありや如何に就きて　理学博士　関谷清景
普通教育に関する意見　文部大臣　大木喬任
雑報
○皇太后陛下還啓○久邇宮薨去○大地震○震災地救恤○大隈伯辞職○第二期議会○オルコット氏○福井教令
講
○震災慨言　島地　黙雷

応答
○金山道人の千字文の問に答ふ　桐陰散史
○消息の答　越中 北海楼主人
詞林
○津梁雑詠　雨田逸史
○其外数首（秋月必山・島田自脩懺士・下村春沙）
質問
○僧侶をして有益の運動を為さしむるの問　護法杞憂生
○宗派の問　誠斎道人
○日曜日休日の問　百不能生
○何肉周妻の問　龍華少衲
広告
○本会広告（本誌広告掲載なき雑誌との交換謝絶）○出版（真宗宝典）○本会緊急広告（先賢故徳の奇書珍本の寄贈依頼）
本会報告
○簽金支払方法等会員への諸注意・広告掲載要領

『令知会雑誌』第九三号
一八九一（明治二四）年一二月二三日発行

本会報告
○令知会条規摘要○注意（会費支払方法等）○必読を要す（会費前納・延滞につき注意喚起）
会説
震余慨言及教家緊急の注意
論説
哲学の為に不利なる乎仏教の為に不利なる乎　久松定弘
支那仏教発達論（接前）　薗田確堂
講義
義林唯識章講義摘要（第二十八回）（接前）　吉谷覚寿
蒐録
大蔵却鑰（接前）　六六散人訳
和語転声説（接前）　松村翠濤寄稿
寄書
活仏教活解釈　雨田道人

小笠原島概況一覧（接前第九十一号）　松本　順乗
雑録
儀式習慣の宗教に関する効力　在京都　小笠原博愛
天主教党論を読て感あり　耶馬溪逸史
雑報
○僧位○小澤男爵免官○衆議院予算の議事○震災救恤の例証○本願寺派共保会○住職候補規則の改正○救助車○僧侶の不道徳○仏教病院○支那蕪湖教堂賠償談判の終結○露国猶太教徒を放逐す○宗教の害毒○猶太教徒支那に移る○家なしと裸体の人民○耳目の不同
応答
○ほうさい念仏の答　百　談
○清板蔵経の事に就て解惑　島地　黙雷
○僧侶有益の運動如何の答○耶蘇教宗派及支那宗派の答○日曜休日の答○周妻何肉の答　雨田道人
○木魚の答　長州　藤井順教
詞林
○津梁雑詠　雨田逸史
○其外数首（秋月必山・西岡詮融・光山大雲・兼常弘介・藤井順教・相良吉治）
質問
○獅子身中の虫の問　加藤　雅雄
○非南北合論の理由如何　長門　一鮲生
○普化宗の問　在京　真禪士
○信前称名の問　龍華　少衲
報告
○本会寄付金報告
広告
○出版（尊皇奉仏大同団団報・同学・少年・真宗宝典・随筆叢書百家説林・教学論集）○本会広告（本誌広告掲載なき雑誌との交換謝絶）

『令知会雑誌』第九四号

一八九二（明治二五）年一月二三日発行

本会報告
○令知会条規摘要○注意（会費支払方法等）
会説
新年の感及び前途の冀望
論説

仏教家は何故に女学校を設立せさるや　井上　円了
講義
順序論　西村茂樹講述
仏教信徒の全義務　南条文雄訳述
龍の話（新年法話）　島地黙雷演述
蒐録
大蔵却鑰（接前）　六六散人訳
和語転声説（接前）　松村翠濤寄稿
新年の儀式　雨田道人（雷道人）
寄書
支那宗教の派別に就て一言す　北　斗　生
史譚
贈従四位二宮尊徳翁伝
雑録
遠州の半僧坊破戒僧を警しむ　桐　陰　散　史
雑報
○歌御会始○英国皇太孫薨去○寺院及住職地方別○衆議院解散と総選挙○勤王家の光栄○学力撿定試験○救助軍大経書の成績○釈尊霊蹟の「パノラマ」○真成の信者○令女教会○講義
批評
○亜細亜人○新仏教論○清狂遺稿
応答
○獅子身中の虫の答○非南北合論の理由如何の答○普化宗の答○信前称名の答　北海楼主人　北条秀水
詞林
○詩俳数首（雨田生・雄山君龍・谷朝軒・佐々木茶渓・渡邊覺夢・周防石泉・周防米泉）
質問
○法師・坊主の問　東京　南畝生
○葬式引導師の問　武州　神鳥生
○第三世界・日本に何宗何人ありやの問
○儒教の洋人崇拝の問　播州　松浦生
○仏教方便の問○倶生神の問　誠　斎　主　人
在東京　霧海失針
報告
○本会寄付金報告
広告
○出版（少年・新仏教・教学論集）○三罪録ニ就テノ質問（石村貞一）○本会広告（本誌広告掲載なき雑誌

との交換謝絶）○本会出版書籍並ニ会員頒価改正広告（護法漫筆・仏教各宗大意・釈教文粋・護法賢聖伝）

『令知会雑誌』第九五号
一八九二（明治二五）年二月二三日発行

本会報告
○令知会条規摘要○注意（会費支払方法等）○必読を要す（会費前納・延滞につき注意喚起）
会説
宗教家の本分
論説
仏教の盛衰如何　雨田道人
講義
義林総料簡章摘要（第一回）　吉谷覚寿
仏教信徒の全義務（接前）　南条文雄訳述
蒐録
大蔵却鑰（接前）　六六散人訳
和語転声説（接前）　松村翠濤寄稿
歌をよむ心得　故 三羽大人
史譚
恵遠禅師の事　梅 堂訳
雑録
学問
私言数則　不息道人
長寿法の新発明　桐陰居士
雑報
○中央亜細亜に仏教徒を派遣せんとす○総選挙の結果○追善の為大学校設立○日本震災救済会○人類生死統計○米国の仏教寺院○妖教○鰥税○印度の寡婦○果して禁酒なるや○是真会三周年○会告
批評
浄土真宗源流編
応答
○北斗生君の正誤を謝す　雨田道人
○僧侶ヲシテ有益ノ運動ヲ為サシムルノ答　石村貞一
詞林
○詩歌十数首（越後銀田鴨崖・藤岳照山・雨田老衲・光山大雲・谷口豊・渡邊覺夢・佐々木茶溪・笠原巧

浄・日野信・久松定弘）
○善女人伝序（石村貞一君編）　あつ子
質問
○真宗追弔法会の問○法主紫衣の問○仏も凡夫の問
在東京　霧雲失針
広告
○出版（信正誌・教学論集・末代無智御文説教・少年・尊皇奉仏大同団団報・三国仏教略史・大聖釈迦牟尼仏霊蹟真図・本願寺勤王私誌・真宗宝典）○女生徒募集（私立女子文芸学舎）○昇階の披露（多田賢住輔教）○僧侶三罪録の著者並に刊行の書なる事を示されし諸君に謝す（石村貞一）○尚左に神保君の手簡に掲ぐ（石村貞一）○本会広告（本誌広告掲載なき雑誌との交換謝絶）

雑誌『國教』総目次

『國教』第一号　一八九〇（明治二三）年九月二五日発行

國教雑誌規約
祝詞
國教の発刊を祝す　文学博士　南条文雄
國教ノ発兌ヲ祝ス　津田静一（梅渓）
國教ノ発刊ヲ祝ス　中村　六蔵
國教の発刊を祝す　藤岡　法真
國教に寄す　文学士　服部宇之吉
國教の発刊を祝す　加藤熊一郎
社説
國教雑誌発行ノ旨趣
論説
九州仏教団に就て　中西　牛郎
苦痛の原由　藤島了穏（胆岳）
疑問一則　戸城伝七郎
品位の説　静宇居士
旧心理学と新心理学　文科大学得業士　服部宇之吉
翻訳
スマンガラ僧正ノ達摩波陀論　後楽庵主人訳補
自然の理法を論す
エ・エフ・メルケエルス稿（日本　咄堂居士訳）
寄書
依頼主義ヲ放棄スヘシ　吉村　真治
耶蘇教ハ之ヲ排斥セサルヘカラス仏教ハ之ヲ改良セサル可ラス　秋山銀二郎
史伝
石川台嶺師之伝
雑報
○古代欧米仏教○神智学会○青年仏教徒の海外留学○西京の仏教○小本願寺○九州仏教団○熊本の二大学校○仏教徒の大会議○両本願寺法主の授爵○異安心取調○知恩院の臨時総会○宜しく将来を警むべし○其心底如何○二教徒の冷熱○赤十字社○宗教全局の盛衰に注意すべし○両院議員の宗教
広告

○出版（反省会雑誌・法之園・海外仏教事情）○興教書院発売書籍○開明新報
特別社告
○特別寄書家（井上円了・池松豊記・服部宇之吉・堀内静宇・土岐善静・戸城伝七郎・大内青巒・辰巳小次郎・東海玄虎・津田静一・南条文雄・中西牛郎・中村六蔵・中山理賢・中川小十郎・松山松太郎・藤島了穏・藤岡法真・秋山銀二郎・天野為之・佐治実然・澤柳政太郎・三宅雄二郎・平松理英・久松定弘・平井金三・鈴木券太郎）

『國教』第二号

一八九〇（明治二三）年一〇月二五日発行

特別社告
○本誌第三号より誌面改良予告○特別寄書家（岩堀知道・小栗栖香頂・神代洞通・辻敬之・前田慧雲・藤田祐真・朝比奈知泉・志方熊記・釋宗演）
祝詞
國教の発刊を祝す　釋　宗　演
祝國教発兌　池松　豊記
祝詞　高見　廣川
社説
仏教の真理を証明するは今日にあり
論説
学教の一完体…咸化力　松山緑陰居士
教育及び宗教　戸城伝七郎
演説
慈恵会に就て　松山　緑陰
同愛慈会に就て　赤松　連城
翻訳
手相学　ルイス・コットン氏稿（含翠庵水村訳）
スマンガラ僧正ノ達摩波陀論（承前）　後楽庵主人訳補
蒐録
仏教教徴証論…緒論　中西　牛郎
芸苑
訪万行寺七里恒順　山田　天山
偶成　池松　豊記
寄書

日本主義の拡張を望む　S．Y．稿
耶蘇教は之を排斥せざる可らず仏教は之を改良せざる可らず（承前）　秋山銀二郎
雑報
○知恩院負債事件○曹洞宗の大紛議○文学寮の新築○各宗教信徒の統計○仏応の仏教徒○十歳以下の未亡人○殷の鑑み○軍人説教と貴婦人法話会○高等中学○井上哲次郎氏の宗教論
広告
○海外宣教会中央本部○出版（法の園・反省会雑誌・農工商雑誌・法話・仏教海外事情・真宗道徳新編）○仏教ニ対スル疑難ヲ徴集ス（生田得能）
普通社告
○教雑誌社規約○本誌講読・雑誌交換の申込方法○前号正誤○他

『國教』第三号　**一八九〇（明治二三）年一一月二五日発行**

○本誌に対する各新聞雑誌の批評の附録
社説
仏教と社会の関係
論説
宗教と教育　中川小十郎
信仰自由の誤解を論し耶蘇教徒に告く　堀内　静宇
耶蘇教は父子倫を破壊する宗教なり　前田　慧雲
蒐録
仏教徴証論緒論（承前）　中西　牛郎
仏教講究に関ずる井上哲次郎氏の談話　加藤熊一郎
翻訳
自然の理法を論す　メルケエルス氏著（咄堂居士訳）
スマンガラ僧正との談話　ドグラス・フオーセット（雲軸生訳）
寄書
宗教ノ人気　黙　堂　居　士
耶蘇教は之を排斥せざるべからず仏教は之を改良せざるべからず（承前）　秋山銀二郎
上八淵藤岡両師書　在学林　直言生
史伝
石川台嶺師の伝（承前）

雑報
○教育に関する勅語○帝国議会の開院式○嗣法主と令嬢○貴族的本山○両者何れを択ばん○月賦の支払ひ○日蓮宗の紛義○曹洞宗管長訴へらる○本願寺大学林文学寮○若し○戯会か議会か○九州倶楽部○九州仏教団○中国仏教団○豈に其人なからんや○日刊新聞発行の計画○発行と改良○或人の問に答ふ○寄贈の雑誌
広告
○出版（経世博議・大同新報・反省会雑誌・青年之標準・仏教新運動・簿記之友）○日本美術建築請負業（伊藤平左衛門）
社告
○本社正社員〔住所・姓名〕○本社の正社員にして維持金を投せられし人々〔金額・姓名〕○本社の維持金として殊に義捐金を投せられし人々〔金額・住所・姓名〕○國教雑誌社規約○本誌特約大売捌所

『國教』第四号

一八九〇（明治二三）年一二月二五日発行

特別社告
○本誌一千余部増刷○明年一月発行本誌の附録予告○本誌第五号に掲載すべき論説の予告○他
社説
咄、起きよ惰懶者矣
論説
薔熊、釈迦牟尼及ヘラクリテス　文学士 服部宇之吉
真宗の為に惜む　平井 金三
蒐録
仏教徴証論緒論（承前）　中西 牛郎
蒙古の仏教（開明新報の転載）
翻訳
自然の理法を論ず（承前）
メルケエルス氏著（咄堂居士訳）
寄書
寺法細則の更正案を読む　在川尻 S．S．生
間接布教論　在東京 枚田探源

耶蘇教排斥論　秋楓山人

評論

○僧侶と政党○軍人と宗教○九州倶楽部○寺法細則の更生案○オリエンタルホール○経世博議

雑報

○勅令六十九号追加○「亜細亜の光輝」の著作料○各宗本山の厄年○本國寺執事の罪悪露顕○本願寺集会の可決案○上首○安國清氏○本願寺総代会衆○我国の名誉と云ふべし○世界滅亡の有様○玉藻○寄贈の雑誌

社告

○本社の維持金として義捐金を投せられし人々（金額・住所・姓名）○本社正社員（住所・姓名）○正社員の維持金を領収したる分○國教雑誌社規約○本誌特約大売捌所

広告

○出版（法の雨・速記彙報・法の園・利と道・密厳教報・他）○商業協会（会員募集）○国粋主義新聞雑誌書籍無料観覧場文庫設立趣意書

『國教』第五号　一八九一（明治二四）年一月二五日発行

社告

○國教雑誌社規約○本誌特約大売捌所

特別社告

○本誌第六号掲載論説の予告○本誌第一・二・三・四号の再版

社説

本年最初の発刊に望み聊か所感を述ふ

論説

感応の説　姫宮大圓

論説

余が宗教に対するの感情　中西牛郎

教理之応用　辻治之

蒐録

各国宗教一班

史伝

石川台嶺師の伝（接前）

寄書

杞憂生ノ疑ヲ解ス　生田得能
國教に寄す　禿　充
評論
○十万の緇林中一人の具眼者なき乎○新仏教革命の先鞭○耶蘇教の末路○北垣府知事各宗高僧を論す○果して信乎○咄、何等の怪事ぞ○宜しく其収出明にすべし○経世博議
雑報
○改革党大に起らんとす○三重県下の名僧○曹洞宗管長告訴せらる○選挙権に関する陳情書○曹洞宗紛議の落着○一致教会の改革○三種の新宗教○露国に於る寺院僧侶の数○本誌附録○時事摘要
広告
○恭順新年（國教雑誌社・他）○出版（密厳教報・暹羅仏教事情・教海・行政・伝道会雑誌・伝燈・他）○支店開業広告（山本活版所）

『國教』第六号　一八九一（明治二四）年二月二五日発行

広告
○明治十年ノ役遺物陳列場設立趣旨○小学科僧侶教員速成広告○出版（東京商業雑誌・九州之文華・尊皇報仏大同団報）
社説
九州の仏教
論説
僧侶被撰挙権の請願に就て　無名生
感応の説（承前）　姫宮大圓
國教記者に告ぐ　中村六蔵
印度史を読む　加藤熊一郎
蒐録
欧州に於る東洋学　井上哲次郎
翻訳
自然の理法を論ず（承前）　メルケエルス氏著（咄堂居士訳）
寄書

今日ノ僧侶ハ半ハ蚫カ　磨墨　体量

史伝

日本仏教改革の一班　開明新報社　神代洞通

評論

○死刑廃止の請願○曹洞宗有志会○高等中学不敬事件の顛末○兵役免除の請願

雑報

○大谷派の改革党○附帯の原因○細川、楠の両嗣講○中学林設立の計画○知恩院の訴訟事件○高田派本山の総管○死刑廃止の請願○兵役免除の請願○佐伯旭雅師遷化す○尊王奉仏大同団○遺物陳列場設立の計画○簡易科教員速成伝習所○真宗問答○耶蘇教徒の計画○珠連○小教校一覧表○時事摘要（自一月三日至二月三日）

広告

○出版（宗教大勢論・組織仏教論・縮刷仏教或問）

社告

○國教雑誌社規約

『國教』第七号　一八九一（明治二四）年四月二五日発行

広告

○出版（農民）○会員募集（攻法会）

社説

至誠なき事業は継続せず　島地　黙雷

論説

耶仏の二教　中西　牛郎

反響　中西元治郎

宗制改革論　無　名　生

仏教目下の急務　秋山銀二郎

蒐録

無神論理序　中西　牛郎

無神論理序　藹々居士　大内青巒

無神論理緒論　片桐白川纂述

支那現行の宗教一班　東肥　楽天処士稿

キヤリフホーニア州に於る耶蘇教の近況　杉　山　生

五古一　菊池　三舟

寄書

人は必らずや幾分の哲理を知らざる可らず
自由新聞社にて　白川正治
起きよ正義の君子奮へよ愛国の志士　禿　充
史伝
大教主釈迦牟尼世尊の小伝
評論
○第二回仏教者大懇話会○其二○反省会○旧富岡県知事○熊本の商業家に臨む○協興学館
雑報
○第二回仏教者大懇話会○議案○各宗協会○同志倶楽部○更迭と当撰○名僧の訃報○九州倶楽部認定宿
広告
○出版（簿記之友・単式簿記整理・浄土真宗伝仏心印義）
社告
○編輯人病気のため本誌第七号発行延引○第八号より記者増聘・誌面改良予告

『國教』第八号

一八九一（明治二四）年六月二五日発行

広告
○出版（反省会雑誌）○生徒募集特別広告（私立尽誠舎）
特別社告
○本号より誌面改良（宗教上の記事に世間全般の出来事を掲載）○正会員・賛成会員への滞納金納付督促
社説
露国皇太子殿下の御遭難に就き聊か所感を述ぶ　八淵蟠龍
論説
宗教取捨弁　堀内静宇
暹羅の仏教　織田得能
人とは如何なる者ぞ　福井了雄
蒐録
宗教指針序　辻　治之
キヤリホーニヤ州に於る耶蘇教（承前）　杉山某
無神論理緒論（承前）　白川生

寄書
当今の青年　無　名　生
反省団開拓の趣旨　吉丸徹太郎
評論
○日本仏教徒に訴ふ○藤島了穏氏○熊本県下の実業家に勧告す○湖南事件○其二　吉村　真治
雑報
○内閣大臣の更迭○全国教育連合会○一は収め一は奪はる○曹洞宗臨時宗会○忠愛新報○蛟龍再び雲を得たり○追吊会○死する者十二人○津田三蔵の処刑○内務省訓令○各国教育費の程度○六百五十万円○慰労及寄付○不釣合の裁判○支那の一揆○暴動の目的○蜂起の場所○御注意○コッポ液○多く茄子の実を得る法○洗濯の材料○鳥目○是れでこそ○収入○発明○逝去○入寂○帯留○提出○辞職○入費○遷化○賑合○和魂○寮長○就職○仏祭○熊本○停止○収入○終結○電灯○送達○失敗○焼失○上申○正誤
広告
○出版（真誌・尊皇奉仏大同団団報・心・法の園・海外仏教事情）
社告
○國教雑誌社規約

『第二國教』第一号
一八九一（明治二四）年一〇月一〇日発行（通号九号）

特別社告
○注意社告（本誌逓信省認可なきため郵送に二銭切手貼付必要）○社告（本誌京都印刷から本社印刷に変更・交換雑誌は本社宛送付のこと）
広告
○出版（教友雑誌・仏教・仏教新運動・真宗仮名聖教）○熊本帰郷（吉村真治）○復籍（西寺事、藤院大誓）○印刻師温古堂
第二國教
第二國教発刊に就て　編輯者誌
仏教の新気運　八淵　蟠龍
論説
宗教取捨弁（承前）　堀内　静宇
今日の仏教徒は宜しく進んで植民事業に従事すべし

法海　中西元治郎
○行誡上人の法語○一遍上人の法語○中将姫の箴言
（和論語）○古徳詠歌集
雑録
中西牛郎氏対徳富猪一郎氏　加藤　咄堂
累七弁（八淵所蔵ノ一）
朝鮮釜山港通信　安養寺圓晉
無神論（承前）　片桐白川纂訳
仏門各種の統計
寄書
法の罪に非す器の罪なり　不得止庵主人
至上の快楽　在東京　武田興國
仏教盛衰ノ主因　村岡朝太郎
雑報
○印度仏跡興復会○印度仏跡興復会創立之趣意○阿刀
宥浄氏○改革党大会の詳報○改革要旨と請願規約○顕
光会○本願寺法主猊下○北畠大学○日蓮宗管長の処刑
○神智学会長○御下賜○大谷派本願寺に対する訴訟○
真宗仮名聖教
評論
○大谷派本願寺の改革党○曹洞宗及日蓮宗○内務大臣
の訓示　吉村　真治
批評
○九州仏教軍○正法輪
寄贈雑誌
○自廿四年一月至九月三十日（経世博議、他）
広告
○出版（密厳教報・能仁新報・海外仏教事情・法之
雨）
普通社告
○國教雑誌改正規約

『第二國教』第二号

一八九一（明治二四）年一一月二〇日発行（通号一〇号）

特別社告
○十二月より本誌月二回発行、誌面改良等の予告
社告
○愛知岐阜両県の震災に付救恤義捐を仏門同胞兄弟に

告白す
広告
○愛知岐阜両県下の震災に就て全国慈善家に哀告す
（仏教婦人会中央部・法雨協会本部）○出版（華之園）
社説
第二國教の精神
論説
尾濃の戦に基督教奇兵を用て仏教の大群に敵す　中西　牛郎
オルコット氏　草野　本誓
演説
仏教徒衛生の注意　八淵蟠龍演説
蒐録
体質考定（スプルツアイム氏著書翻訳）
東西大関相撲五組
七大宗の教義比較表
寄書
オルコット氏の要求烈火の如し　中西　牛郎
猛省せよ全国の仏徒　狂仏居士
宣教家布教の方便　秋山銀二郎
監獄教報
監獄教報九州各県監獄教誨師の集会
詞叢
○詩八首（菊池三舟居士）○詩三首（新道迂蹊）○詩
三首（加藤竹翁）
雑報
○皇太后陛下の行啓○比丘尼方の御陪食○久邇宮朝彦
親王殿下の薨去○両本願寺へ御下賜の袈裟○築地本願
寺の扁額○仏教図書館の設立○印度仏蹟復興会○仏教
徒の記章を作る○開進学校の栄誉○寺院境内に課税を
要す○北海道の布教○基督教的学校の前途○基督教は
男尊女卑○ニコライ氏○法住教会の義捐金募集○震災
に関する彙報
時評
老年僧侶…青年僧侶
広告
○温古堂印房○出版（誠第・法之雨）
普通社告
○國教雑誌改正規約

『第二國教』第三号

一八九一（明治二四）年一二月一七日発行（通号一一号）

社告
○國教雑誌規則摘要
社説
東洋地震説　八淵　蟠龍
論説
僧侶の濫造を防くべし　九州日日新聞社員　天狂生
仏教社会に対する希望　忠愛新報社　奥山千代松
劣情の夢　中西元治郎
蒐録
臨済寺の復輸
思い出のまにまに（其一）
無神論理（第一号の続）　片桐白川篇訳
寄書
仏教学校ニ望ム所アリ　吉村蠖堂（蠖堂居士）
震災地方に於る仏徒の責任及興復の方針　草野　本誓
天王山上に旌旗を飜すものは果たして何人そ　望　見　生
基督教徒に謝し。併せて其教の衰頽に就くを吊ふ　今村　雲峰
監獄教報
九州各県監獄教誨師集会提出問題
詞叢
○為報恩賦七言古（菊池寛容）○寄第二國教詩二首（大友達行）○詩三首（菊池三舟）○空也上人売筅図賛及詩五首（草野紫州）○詩一首（鷹枝白水）○詩一首（赤星実明）○詩一首（新道迂溪）○詩二首（禿充）
○曹洞宗鎮西中学林祝詞（松平正直）○同（茨木惟昭）○鎮西中学林ノ設立ヲ祝ス（津田静一）○鎮西曹洞中学林ノ開林ヲ祝ス（平井正衛）○祝詞（杉村大八）
雑報
○皇后陛下の御仁徳○久邇宮殿下の御閲歴○オ氏国に帰る○兵役免除に就て○九州学院○鎮西中学林○大派改革党の挙動○協同伝道会組織成る○朴氏切りに仏学を修む○基督教徒十誡の修正○震災に関する彙報
批評

基督教贖罪論　安田　真月

社告

○編輯者解任（吉村真治）○辱知諸君に告ぐ（旧國教編輯者吉村真治）○注意・社告（本誌改良の実施・新年初刊の付録・本誌発行の延期・雑誌代金及広告）○愛知岐阜両県の震災に付救恤義捐を仏門同胞兄弟に告白す

広告

○愛知岐阜両県下の震災に就て全国慈善家に哀告す（仏教婦人会中央部・法雨協会本部）

『第二國教』第四号

一八九一（明治二四）年一二月三〇日発行（通号一二号）

社告

○國教雑誌規則摘要

特別社告

○本誌配達上の事につき○新年の付録○義捐金報告

社説

仏教の新聞雑誌を連合同盟するは教界の急務　八淵　蟠龍

東洋地震説（承前）　八淵　蟠龍

論説

仏教社会に対する希望（承前）　忠愛新報社　奥山千代松

蒐録

唐三蔵義浄師略伝及八坂談話　日本　真宗　阿満得聞

無神論理（承前）　片桐白川篇訳

思出のままに（其二）　な　つ　き

詞叢

○闢邪教策及詩五首（草野本誓）○詩六首（井上昆江）○詩七首（鷹枝大観）○詩五首（草野紫州）○詩二首（迦統慈雲）○詩一首（土田黙庵）○歌一首（井口素行）

批評

○何ぞ奮つて狐独の救済を図らざる○仏教社会亦将に眠りに就んとす○吾人は其心事を解するに苦しむ○児戯乎将た狂言乎○憐れむべし同志社の衰運○弁舌と文章　吉村　真治

○此任に当る者は何人ぞ　狂仏居士

雑報
驚くべし宗教の感化○福田会孤児を引取る○孤児の救養を計らんとす○仏教病院○教友会○巴里の仏教○外国婦人仏教に帰依す○耶仏青年会の競争○仏教社会何ぞ夫れ慶事の多きや○管長交替○日蓮宗の法将逝く○浄土宗宗務執事の辞職○京都新聞発行の計画○延寿寺の本堂再建○一片の紙葉法華経八巻を写す○注意すべきは外教徒の慈善なり○正誤
寄書
托鉢説　菊地　寛容
仏教の盛運と僧侶の敗徳　禿　充
広告
○震災義捐金報告○出版（大悲之友・仏教新運動付録・法之雨）

『第二國教』第五号

一八九二（明治二五）年一月発行カ（通号一三号）［欠本］

『第二國教』第六号

一八九二（明治二五）年二月五日発行（通号一四号）

社告
○國教雑誌規則摘要
社説
活仏教　草野　本誓
論説
新仏教論　石川　望洋
地震微考　勝國道人
演説
仏教大意　島地　默雷
寄書
我国宗教上に於ける九州の形勢を論す（承前）　森　直樹
蒐録

本願寺広如宗主誡時衆偈
対食偈　故　日溪法霖
王陽明学　文学博士　井上哲次郎
昆江井上先生墓誌銘　谷口藍田撰
無神論理（承前）　片桐白川訳
詞叢
○詩一首（荻野独園）○詩一首（調雲集）○詩一首（故井上昆江）○詩一首（不二門静湖）○詩一首（小栗栖栞処）○詩二首（菊地寛容）○詩一首（草野本誓）○詩二首（松林法雷）○詩一首（龍華空音）○詩一首（小野木善親）○詩一首（草折言）○詩一首（高木米所）○詩五首（波多野彦也）○詩一首（樋口唯誓）○詩一首（瑞穂秋帆）○詩一首（今村雲峰）○諧句四首（晴雲庵古池花鸚）○歌一首（大城誓三）○歌二首（菊地千枝子）
時事
熊本英学校の罪を鳴らして同胞正義の士に訴ふ（熊本英学校の違勅演説）　悲憤生（慨世義団）
熊本英学校の事に付て有志諸君に質す（熊本英学校の違勅演説）　大島　搏
雑報
○釈尊霊蹟のパノラマ図○総合哲学講義○京都仏教徒の新年懇親会○副嶋老伯の持念仏○泉涌寺へ諭達○山階宮殿下推戴を辞させ給ふ○竹村藤兵衛氏○狸の法衣○驚く可き一大怪報○今北洪川禅師の入寂○震災地の孤児収養○曹洞宗中学林耶蘇教師を招く○北畠道龍師○第二の玄奘三蔵○禿安慧氏の名誉○中村弥六氏の膽気○西合志の仏教大演説会
広告
○出版（四明余霞・経世博議）○有朋社広告

『國教』第七号
一八九二（明治二五）年二月二九日発行（通号一五号）

社告
○國教雑誌規則摘要
社説
第二國教改題の趣旨及び将来の希望
論説
井上円了氏と中西牛郎氏を対照論評す（第一）

仏海波瀾　森　直樹
新仏教論に就て中西氏と鎌田氏との大論戦　中西牛郎・鎌田淵海
詞叢
○長嶺山順正寺銅鐘銘・題孟母断機図（清浦奎吾）○孤独吟・次秋帆上人韻（菊池寛容）○詩一首（松林法雷）○詩二首（草野折言）○詩一首（中瀬秀二郎）○詩一首（高木米所）○詩二首（波多野彦也）○詩一首（水月仲丸）○詩一首（樋口珠南）○詩一首（新道迂溪）○詩一首（折言狂生）
雑報
新仏教論に就て大激論○仏教徒中央亜細亜に探険を試みんとす○日蓮宗大懇親会○延暦寺の修繕漸く成る○一種奇妙の仏教信者証明広告○荻野独園禅師の近詠○心中の乱髪○文学寮新築の近況○藤宮規平氏の蜃気楼○仏界運動の新光輝○仏光将さに桑港に輝かんとす○大久保含海師の名誉○耶蘇教徒伝道の二大策○耶蘇教徒名古屋に孤児院を設立す○東京府下基督教の教勢○福澤翁の米搗
広告
○中西牛郎著書（宗教革命論・組織仏教論・宗教大勢論・仏教大意・新仏教論）○出版（伝道会雑誌）

『國教』第八号
一八九二（明治二五）年三月二五日発行（通号一六号）

社告
○國教雑誌規則摘要
社説
耶蘇教と戦ふ可きは斯時に在り
論説
井上円了氏と中西牛郎氏を対照論評す（第二）　森　直樹
寄書
鎌田淵海師の暴激論　狂　新　生
改革
経済的眼光を以て僧族諸公に一策を呈す　秋山銀二郎
演説　紫陽　嶋宗平

古代宗教論　文学博士　小中村清矩

詞叢

○詩一首（調雲集）○詩一首（小栗憲一）○詩二首（今村大膳）○歌三首（鷹枝大観）○歌三首（長嶺圓子）○歌三首（菊池千枝子）○歌一首（柳堂秀雄）

雑報

○京都に於ける仏教学生の弊習○其弊習とは何ぞや○其弊習の原因○肥後の仏教学生○久米邦武氏奇禍を招く○神道家の大激昂○神道家の新議論○神道は宗教なるか国典なるか○今年の四月八日○唐津各宗協同会○中西牛郎氏○鎌田淵海師○興学会起れり○『仏教公論』○熊本総組長の更迭

広告

○出版（経世博議・仏教新運動・法之雨）○中西牛郎著書（宗教革命論・組織仏教論・宗教大勢論・新仏教論）

『國教』第九号～第一二号（通号一七号～二〇号）［欠本］

『國教』第一三号

一八九二（明治二五）年八月一五日発行（通号二一号）

特別社告

○十二号掲載記事の取消○國教雑誌規則摘要

社説

信仰自由を論じて仏教界将来の組織を望む　八淵　蟠龍

論説

印度仏教の新光輝　堀内　静宇

印度に於ける仏教の変遷　印度人　ダンマパーラ

寄書

予の一瞥せる我国現今の仏教　在京都　西保太郎

我国宗教上に於ける九州の形勢を論ず（第二國教第六号接続）　黙々居士

耶海波瀾を読んで所感教育界に及ぶ　磨墨　体量

演説
印度仏蹟興復に関する意見
サー　エドウィン・アーノルド（外山義文訳）
印度仏蹟の興復と世界仏教運動の関係　ダンマパーラ
雑報
○本願寺派総代会衆総改選の結果○新陳代謝○大洲香川両師の正誤申込○文学寮の大紛乱○吾人数行の紅涙○文学寮大紛乱の諸原因○青年仏教徒の夏期学校東西に起れり○須磨の夏期学校○芝の夏期学校○各宗綱領の出版近きに在り○万国宗教大会○日本仏教者の挙動○東洋仏教のピーターパラミット○仏陀伽耶回復の機関雑誌○アーノルド氏の叙勲○薗田宗恵君○古河勇君○里見了念氏と服部範嶺氏○日野義淵氏○真宗大派大学寮の卒業生○大谷派大法主猊下の告辞○文学寮卒業生○大学林卒業生○本派新法主猊下の祝辞○訪導学館○訪導学館の開館式○原坦山禅師の寂滅○政教混沌事件痛撃の雑報取消に就ひて江湖の諸君に告ぐ
広告
○出版（伝道新誌・真仏教軍・海外仏教事情・他）○哲学館入学募集

『國教』第一四号
一八九二（明治二五）年八月三〇日発行（通号二一号）

社告
○國教雑誌規則摘要
社説
第二信仰自由を論じて仏教界将来の組織を望む　八淵　蟠龍
論説
忠君愛国を論じて耶海波瀾の読者に訴ふ　東京　丹霊々居士
信教の自由に就て　高田　道見
演説
印度仏蹟興復に関する意見（接続）
サー　エドウィン・アーノルド（外山義文訳）
印度哲学の歴史を論じて天台の一心三観に及ぶ　釋　宗演
寄書
耶海波瀾を読んで所感教育界に及ぶ（接続）　磨墨　体量

詞叢

○祝訪導館開業（井伊智量）○謹祝訪導館開場（梁瀬我聞）○賀訪導学館開創（小山憲栄）○訪導館の開場を祝て（斎藤聞精）○訪導館の開館を祝す（在京都前田慧雲）○訪導学館の設立を祝す（在京都鎌田淵海）○祝詞（備後足利義山）○祝文（在京都藤島了穏）○祝詞（石見服部範嶺）○祝詞（在京都藤井宣正）○訪導学館の開校を祝す（森直樹）○詩五首（栗津獺溪）○詩一首（豊前徴龍溪）○詩一首（赤星実明）○詩三首（矢宛昇）○詩一首（肥前柘寛雄）○詩一首（青香影）○詩四首（新道迂蹊）○詩六首（加藤竹翁）

雑報

八代町基督教徒の暴逆事件に就て　八代町　孤月町庵主人

○皇太子殿下に禅書を献ず○新文学寮長武田篤初師○仏界の妖雲怪霧○曹洞宗両本山の分離騒動○曹洞宗騒動の略史○真宗浄興寺派独立の計画○真言宗の分離論○時宗の本末争鬩○臨済宗向岳寺○各宗管長勅任待遇廃止の議○アーノルド氏の帰国○仏教撰択宗仏国に起れり

広告

○訪導学館設立趣意告文○肥後名産朝鮮飴○本山参詣保護会創立主意書・本山参詣保護会規則

『國教』第一五号　一八九二（明治二五）年九月二〇日発行（通号二三号）

社告

○誌面概要○國教雑誌規則摘要

社説

第三信仰自由を論じて仏教界将来の組織を望む　八淵　蟠龍

論説

忠君愛国を論じて耶海波瀾の読者に訴ふ（接続）　東京　丹霊々居士

信教の自由に就て（接続）　高田　道見

日本の印度仏蹟興復会代表者堀内静宇氏に書を与へて印度宣教の急務を論ず　印度人　ダンマパーラ

儀式習慣の宗教に関する効力　黙々居士

寄書
布教法に関する本山の宗規を論ず　志摩　紫陽
悲哀論　鏡江　菊池須奈雄
蒐録本末争
愚迷発心集　解脱上人
釈迦牟尼世尊ノ金言　・
東行旅談　行誡上人
諸宗寺院御条目　先憂後楽斎主人
九相詩　東坡居士
雑報
○『亞細亞及び国民之友』○仏教の時事に関する「亞細亞」の評論○宗教の革新○近日○曹洞宗○妖僧○真宗○宗教界○真宗○曹洞宗○諸宗の証賛○僧俗於俗○真宗中心主義○真宗の二大中心○真宗東西両派の政治○本派の総代議会○加藤恵証師○藤岡法真師○仏教問答新著○暹羅国の梵語学校○大菩提樹会○宗教大会○エルネスト、エム、ボウデン氏○雄氏仏教問答○法住社員に檄す○肥後仏教の三豪傑○八淵蟠龍師○曹洞宗の騒動に関する各宗の会合○前項に就ひて永平寺派の意向○文学寮の改正
広告
○肥後名産朝鮮飴○出版（国母論・真宗弁疑・同行の鏡・他）

『國教』第一六号

一八九二（明治二五）年一〇月二七日発行（通号二四号）

社告
○誌面概要○國教雑誌規則摘要
社説
真正の信仰には真正の活力あり（第一回）
社主　八淵蟠龍（演説）編者　森直樹（筆記）
論説
今日適用の新仏教の興らんことを望む　文学士　辰巳小二郎
我邦仏教の敵は「ゆにてありあん」に在り　中西　牛郎
寄書
哲学と宗教　在京都　西保太郎
演説

仏教如水耶蘇教如火　加藤　恵証

雑報

○皇太皇后陛下法華経を請し給ふ○徳育上の勅問奉答○基督教徒の公開状○信教自由の教育に関する建議○輿論（耶蘇教国の道義は我国の倫序に適合せず）○法典と倫理の関係○猛省せよ仏教の諸子○欧州帝王の不運命○耶蘇教徒を憐む○生胆と犬姦○愚痴彛倫を誤る○犬姦律○文明と野蛮○天地月鼈○民友記者の黒的弁護○玉名郡仏教青年秋季運動連合大会○八代町基督教暴逆事件に付て正誤申込○真宗本派の集会○監獄教誨の感化○宗教不可圧制の意見○大谷派僧ユニテリアンに転ず○ニコライ会堂○安息日も休まず○全国中の社寺及び神官と僧侶の統計表○印度現在の宗教の統計表○内外表裏○非日本人放逐○西倫通信○偽基督の妄民○外教蚕食の景状○千島義会

広告

○肥後名産朝鮮飴○禁酒進徳飴○出版（法之雨・仏教公論・仏典講義録・他）

『國教』第一七号

一八九二（明治二五）年一一月二〇日発行（通号二五号）

特別社告

○雑誌代金未納者への告知○國教雑誌規則摘要

広告

○特別広告（活版印刷所　汲古堂）○肥後名産朝鮮飴○出版（宝の林・法蔵）

社説

真正の信仰には真正の活力あり（第二回）

社主八淵蟠龍（演説）　編者　森直樹（筆記）

万国宗教大会に就て九州仏教徒に望む　龍崩宕火州

論説

印度仏陀伽耶回復に就て九州仏教徒に檄す　森　直樹

寄書

捨家棄欲を論じて遂に現今の僧侶に及ぶ　福岡　和泉司

利用的賛成者豈に恃むに足らんや　甲斐　方策

蒐録

近世仏教史の新現象西蔵国との連合　堀内　静宇
西蔵及比摩羅耶以南仏教徒の重要なる会合
　エフ・エーチユ・ミユラー（外山義文訳）
愚迷発心集（前々号の続）　解脱上人
佐久間象山の書簡　佐久間象山
雑報
○法華経奉進の願文○伏見宮故景子殿下の薨去○印度仏蹟興復会の発表○印度仏蹟興復会創立之趣意○印度仏蹟興復会改正規則○印度仏蹟興復会の会長○西蔵仏陀伽耶再興会○西蔵国に於ける錫蘭僧○暹羅国の仏教大祭○比留間宥誠師の渡天○村山四州氏の西倫通信○釋宗演師の渡米に就て○普音天寿氏の要求○平井龍華師米国に説法す○バウデン氏○清国墨禅和尚○小林洵氏の名誉○大日本仏教図書館○護国貯蔵銀行○仏教病院○北海道布教の奨励○真宗本派北海の開教○印度の仏典翻訳会社○李鴻章金塊を寄付す○大隈伯母堂祝寿の紀念○同伯令夫人○紀州徳川侯令嬢の信心○紀州家の家令家扶○高嶋学習院次長○狩猟規則抄録○護国の秘訣○天教徒○霊魂研究会
広告
○出版（四明余霞・伝燈・教友会雑誌・他）

『國教』第一八号

一八九二（明治二五）年一二月二〇日発行（通号二六号）

社告
○國教愛読者に急告す○國教雑誌規則摘要
社説
明治二十五年の歳晩に臨み満腔の感慨を迸洩す　默々居士
論説
印度仏陀伽耶回復に就て九州仏教徒に檄す（接続）　森　直樹
寄書
道理上宗教的儀式ノ必要　在東京　橘大安
現時僧侶ニ要スル所ノモノ　在東京　桜雨生
蒐録
近世仏教史の新現象西蔵国との連合（前号接続）　堀内　静宇
西蔵及び此摩羅耶以南仏教徒の重要なる会合（前号接

続）
エフ・エーチユ・ミユラー（外山義文訳）
故法勝寺執行俊寛僧都紀念塔銘　平安　菊池純識
雑報
○中山二位局仏教に帰し給ふ○故久邇宮殿下の御一周忌○海江田将軍受戒す○山田顕義伯の仏葬○大谷派法主を大菩提会副会長に仰がんとす○ダンマパーラ氏の書簡○島地黙雷師の大奮発○藤嶋了穏師も同行せんとす○勝友会員の美挙○世界的仏教気運の刺戟○大谷派本堂上棟式○大谷派三法主猊下の親諭○南禅寺派琉球に開教せんとす○日蓮宗大会議○真言宗宗会の解散○「教海指針」の流涕大息○宮本恵順師の述懐○本派会衆中の二猛将○仏教大難論愈々出でたり○『國教』の寸評○本年一月以來寄贈の雑誌及び小冊子
広告
○宗祖埋骨ノ地ヲトス（青木連城）○出版（教界万報・仏教公論・同学・能仁新報・仏教大難論・反省雑誌）○肥後名産朝鮮飴

『國教』第一九号
一八九三（明治二六）年一月二五日発行（通号二七号）

社告
○謹祝新陽○國教雑誌規則摘要
社説
明治二十六年の新陽を迎ゆ
論説
「ブッヂス、トレー」の余の文を評せるを評す　在帝国大学　古河老川
印度仏陀伽耶回復に就て九州仏教徒に檄す（接続）　森　直樹
寄書
万国宗教大会ニ就テ　京都　月輪正遵
二十世紀以後ニ於ケル宗教ノ大勢ヲトス　和泉　司
演説
欧米東洋学流行の一斑を述べて東洋専門大学設立の必要を論ず　井上　円了
蒐録
愚迷発心集（十七号接続）　解脱上人

仏教大難論自序　中西　牛郎
人世　古河　老川
小説
花の露　旭松山人
雑報
○真宗興隆縁起を献納す○後七日の御修法○北白川宮殿下○仏教徒の錦の御旗○大谷派法主大菩提会の懇請を辞す○近藤是苗師の印度漫遊○清国墨禅和尚の帰国○印度錫蘭仏徒の建白書再び○英文仏教小冊子施配の計画○井上円了氏○井上円了氏の大演説会
広告
○謹賀新年（社主八淵蟠龍・他）○出版（法話・反省雑誌・仏教公論・経世博議・他）○大蔵経欠本買入（菊池寛容）○薬品（複方吐根散・しもやけ根薬・肺病丸・清聴液）○肥後名産朝鮮飴

『國教』第二〇号

一八九三（明治二六）年三月三〇日発行（通号二八号）

社告
○巻頭言○國教雑誌規則摘要
社説
万国宗教大会議に就て各宗協会に望む
仏教道徳の真義を論ず　在大坂　中西牛郎
〔折込〕
間接的仏教伝道部創立之趣旨
論説
拝詔余七言　島地　黙雷
特別寄書
教育と宗教の衝突　文学博士　井上哲次郎
寄書
基督教徒将さに火中に飛び入らんとす　甲斐　方策
雑報
○釋宗演師世界的運動の計画○普恩天寿氏日本に来る○普恩天寿氏の各地に於ける演説○シカゴに於ける日本の評判○稲村英隆師印度仏蹟に詣せんとす○『亜細亜之光輝』独乙文に訳せらる○暹羅に於ける仏書の編纂○印度大菩提会の報告○仏陀の讃美歌○英訳四十二章経の配付○香港より日本僧侶の派遣を望む○英国に於ける新仏教書の編纂○釋宗演師渡米費勧募主意書○

蔵原惟郭氏と海老名弾正氏

広告

○彰教書院発売書籍○特別寄書家（杉浦重剛・西松二郎・菅虎雄・今井常郎）○出版（宝の林・貴族真蹟・他）

『國教』第二一号

一八九三（明治二六）年四月三〇日発行（通号二九号）

社告

○巻頭言○國教雑誌規則摘要

社説

日本仏教の運動と四囲境遇の変遷　黙々居士

仏教道徳の真義を論ず（接続）　在大坂　中西牛郎

論説

厭世教の必要　文学士　井上円了

仏教盛衰の本源　在京都　西保太郎

特別寄書

教育と宗教の衝突（接続）　文学博士　井上哲次郎

万国宗教大会参列陳情書　蘆津　実全

寄書

基督教将さに火中に飛び入らんとす（接続）　甲斐　方策

小説

花の露（十九号の続き）　東京　旭松山人

雑報

教祖大聖釈尊の降誕会○釈尊降誕会の光景○又同日○九州仏教の有志者世界的運動の檄文を発す○八淵蟠龍師を万国宗教大会に派遣するに就て九州仏教徒に訴ふ○蘆津実全師の世界的運動○印度仏教蹟参拝僧の送別会○稲村英隆僧正の印度に赴くを送る○日蓮宗々務院の世界的奮発○万国宗教大会に対する日本各宗の挙動○熊本の雑誌流行○熊本雑誌の批評○第一『九州文学』○第二『九州教育雑誌』○第三『九州人』○第四『龍南会雑誌』○第五『錦溪』○第六『文林余芳』

広告

○出版（仏教通信講義録・少年の仏教・花園の蛇・仏教公論）○第一回農産品評会○大日本仏教軍規約

『國教』第二二号

一八九三（明治二六）年六月七日発行（通号三〇号）

緊急広告
○八淵蟠龍万国宗教大会臨席（九州仏教同盟会本部）
○万国宗教大会代表者派遣の義捐金報告を本誌号外に掲載（万国宗教大会代表者派遣事務所）
社告
○國教雑誌規則摘要
社説
日本仏教徒と世界的観念　黙々居士
論説
東洋仏教の歴史的観察　在大坂　中西牛郎
仏界の理想と現実　在京都　松山緑陰
特別寄書
教育と宗教の衝突（接続）　文学博士　井上哲次郎
空想を実行せよ　釋　宗　演
寄書
基督教徒将さに火中に飛び入らんとす（完結）　甲斐　方策
将に印度に赴かんとして　釋　守　愚
小説
花の露（上の下）　東京　旭松山人
雑報
○稲村英隆僧正愈々渡天す○日本仏界惟一遠征者の事蹟○新仏教徒が最も注目す可き大問題○教育と宗教の衝突に関する耶蘇教徒の狼狽○高橋五郎氏の罵倒的乱撃○『国民之友』の評殺的乱撃○曲学阿世の僻論○井上哲次郎氏の感慨○八淵蟠龍師万国宗教大会の助言委員に任ぜらる○松山緑陰君の世界的間接運動○京都新報の跼内的頑迷
広告
○哲学書院発売書籍出版○出版（法之雨・仏教公論）
○チカゴ博覧会臨時施本に就て（海外宣教会本部）

『國教』第二三号

一八九三（明治二六）年六月三〇日発行（通号三一号）

特別社告
○万国宗教大会報道掲載予告

特別広告
○八淵蟠龍万国宗教大会臨席（九州仏教同盟会本部）
○万国宗教大会代表者派遣の義捐金報告を本誌号外に掲載（万国宗教大会代表者派遣事務所）
社説
万国宗教大会臨席者八淵蟠龍師を送る　大道　憲信
論説
印度苦学中の感懐（上）　釋　宗　演
東洋仏教の歴史的観察（接続）　在大坂　中西牛郎
特別寄書
教育と宗教の衝突（完結）　文学博士　井上哲次郎
寄書
日本国家と仏教の関係を論じて海内の同胞に訴ふ　玉名　吉弘新太郎
宗教の前途をトす　福岡　松村森吉
詞叢
八淵師の万里遠征を送る　甲斐　方策
八淵蟠龍師の渡米を送る　本山　知英
八淵師の雄図を餞す　山田　安間
八淵蟠龍師の壮挙を送る　菊地　適
詩○送八淵蟠龍氏赴万国宗教大会（粟津獺溪）○同一首（青香影）
歌○八淵蟠氏の米国行を送る（軌蔵居士）○同一首（橋本麒一）○同一首（林稚枝）○同一首（黒田親明）○同一首（吉弘正臣）○同一首（伊佐次太）○同一首（本郷廣太）○同一首（山田亀喜）○同一首（廣瀬高）
詩○渡海五首寄國教記者（蘆津実全）○寄國教社（斎田耕夫）
雑報
○万国宗教大会臨席者八淵蟠龍師の送別会○第一八淵師の経歴に対する吾人の所感○第二同志青年特別送別会○第三八淵蟠龍師渡米送別会○第四送八淵蟠龍師之万里遠征○第五八淵蟠龍愈々熊城を発す○第六高瀬停車場に於ける送別会○第七八淵氏門司出帆後の順序○教育宗教衝突問題の波瀾○古河老川君の頑迷仏徒警醒○東西両派の名師米国耶蘇教徒の軽蔑的蹂躙を蒙る○鎖国的偽新仏教家の真特色
広告
○尾上南鎧死亡○第二回夏期講習会開設之予告○出版（真教・日本の光）

社告
○國教雑誌規則摘要、他

『國教』第二四号
一八九三（明治二六）年八月五日発行（通号三二号）

特別広告
○万国宗教大会臨席のため出航・大会報道掲載予告（八淵蟠龍）○本社移転広告
特別社告
○万国宗教大会報道掲載予告
社説
九州仏教徒の夏期講習会　森　直樹
論説
東洋仏教の歴史的観察（完結）　在大坂　中西牛郎
理想的新天地の開拓　甲斐　方策
特別寄書
日本ニ於ケル宗教問題（米誌掲載）　在米国　平井龍華（野口復堂訳）
寄書
宗教大会に就て所感　中西　牛郎
来れ新仏教青年（九州夏期講習会の開設）　甲斐　方策
日本国家と仏教の関係を論じて海内の同胞に訴ふ（接続）　玉名　吉弘新太郎
小説
花の露（中の上）　東京　旭松山人
詞叢
詩○送八淵蟠龍師之米国（雨堂痩士）○送八淵師臨万国宗教大会（平野竹溪）○送八淵師西教館主之米洲（井手素行）
歌○八淵師の市俄高に赴かるゝを送る二首（山本李園生）
雑報
万国宗教大会臨席者○大会臨席者打合会と大送別会○宗教大会に対する英文仏書の配附○大乗仏教大意翻訳の模様○九州夏期講習○九州夏期講習出席の案内状○稲村英隆僧正帰朝す○加藤恵証師の西比利亞行○西京共楽館に於ける加藤八淵両師の送別会○教育宗衝突断案○忠孝活論

広告
○出版（仏耶決戦・冠註御文章・教育宗教衝突断案・忠孝活論）○夏期講習会開催○尾上南鎧死亡
社告
○國教雑誌規則摘要

『國教』第二五号
一八九三（明治二六）年八月三〇日発行（通号三三号）

特別社告
○万国宗教大会報道掲載予告
広告
○出版広告（世界三聖論）
社説
対外的新運動と蹁内的旧蠢動
論説
印度苦学中の感懐（下）　釋　宗　演
特別寄書
難易二道及聖浄二門略要　在京都　阿満得聞
日本ニ於ケル宗教思想（完結）　在米国　平井龍華
小説
花の露（中の下）　東京　旭松山人
寄書
北海道における人心開拓　在北海道　嶋紫陽
万国宗教大会の結果を夢む　在比叡山　林豊水隠士
演説
高野山大学林学生に告ぐ　三浦　梧棲
渡米仏教家諸君を送る　文学士　澤柳政太郎
将さに日本を発せんとして　土宜　法龍
雑報
東京に於ける万国宗教大会臨席者の送別会○世界的仏教の運動者愈々日本を発す○二週間の九州仏教夏期講習会○第一其発会式○第二其来会者○第三其講習会○第四其質問会○第五其懇親会○第六其演説会○第七其閉会式○鎌倉二見に於ける夏期講習会○神道家も亦た万国宗教大会に臨む○耶蘇教徒も亦た宗教大会に向かはんとす○九州文学記者の歓声○土宜法龍師の光栄○島地黙雷師の遺憾状
広告
○出版（万国宗教大会議・蓮如上人縁起恵の燈・通俗

安心決定鈔鼓吹・妙好人伝）

社告

○國教雑誌規則摘要

広告

『國教』第二六号

一八九三（明治二六）年九月三〇日発行（通号三四号）

○万国宗教大会議派遣の社主八淵蟠龍の第一回報道を本号掲載、以後毎号連載○出版広告（万国宗教大会議・耶蘇教の危機）

社説

中西牛郎氏の二大論と一断案

論説

大乗仏教論　在米宗教大会　蘆津実全

仏教徒夏期講習会を論ず　在帝国大学　古河老川

詞叢

亡友清水吉太郎を哭す　森　直樹

小説

花の露（下の上）　東京　旭松山人

万国宗教大会

遥に英領瓦港より九州の同志青年に寄す

在米宗教大会　八淵蟠龍

万国宗教大会臨席道中記○ジャパン号日本を発す○ジャパン号は堅牢なり○船客船室支那ボーイ○同船日本人の諸人物○支那人琴を弾ず○十三昼夜の航路格別憂鬱を感ぜず○一芸を修めて語学文章に熟達せざる可らず○上等室の船客女尊男卑の陋習○船内食堂の景状郷に入りては郷に従ふ○食物の種類船中の文明人便所に入りて手を洗はず○太平洋上雲耶山耶の活詩を望む○日本の盛暑八月白雪皚々の中を行く○愈々移民教導の必要を感ず○洪嶽石蓮雲外三師の雄吟麗賦○熊本県人渡邊隆其禍難を救はる○支那人の下等室恰も穢多乞食の如し○錫蘭人色黒く体大なり○雑事四件○航海中重複の日世界要所時間の比較○八月二十一日午後十時市俄高に着す○衣食を抵当にして青年を育つ可し○万国宗教大会顚末報告書○大会閉場後釋蘆士三師の方針○小衲帰朝の期　八淵　蟠龍

広告

○彰教書院発売書籍○出版（仏教通俗講義・能仁新

報・倶舎論翼一・仏教講義録・唯識三十頌錦花・法話・蓮如上人縁起恵の燈・通俗安心決定鈔鼓吹・妙好人伝）○日本農民会緊急広告
附録
万国宗教大会代表者派遣義捐金報告〔住所・金額・姓名〕
社告
○國教雑誌規則摘要

『國教』第二七号

一八九三（明治二六）年一一月六日発行（通号三五号）

特別社告
○本誌代金延滞金取立
社説
西本願寺の総代議会
中西牛郎氏の二大論と一断案（接続）
論説
仏教青年会及び婦人会に就て　甲斐　方策
大乗仏教論（接続）　在米宗教大会　蘆津実全
小説
花の露（下の中）　在東京　旭松山人
万国宗教大会
◎万国宗教大会開会式の光景○『閣龍館裏万邦会。自是無軍旗戦皷』とは○開会日猶ほ浅き亞米利加の新自由国に向かつて来会せり○流石に広き閣龍館も全く人を以て充たされたり○劉喨たる唱歌を以て開会の式を開かる○時は愈々十時となれり○会長ボンネー氏歓迎の演説○委員長バルロー氏万国宗教大会の必要を論ず○錫蘭仏教の代表者ダンマパーラ氏仏教の慈悲寛容を演ず○日本神道の代表者柴田氏祝辞を朗読す○日本仏教代表者の挨拶○大会第二日の演説者○大会第三日の演説者○大会第四日○宗教大会に対する各教者の動静○原心猛師宗教大会に寄するの書○盧津実全師帰朝の途に上る○日蓮宗大石寺沙門の狂乱状○右狂乱状に対する土宜法龍師の駁撃書○右狂乱書に対する八淵蟠龍師の書簡○日本耶蘇教の代表者小崎弘道氏の論文○米国耶蘇教徒宗教談に畏縮す○博覧会内日本喫茶店の説教○シカゴ府内耶蘇教寺院の数○土宜法龍師『朝日輝く瑞穂国』の英詩を受く○八淵蟠龍師帰朝す○ダンマ

パーラ氏来朝せんとす
雑報
○『京都新報』巧言令色の邀会衆諸師文○熊本に於ける宗教の奇現象○新仏教青年の夭落○廣海枳堂氏の遠征行○長洲町暴風遭難漁夫の惨状悲況
広告
○出版（伝燈・四明余霞・大乗仏教問答）○東京自由神学校生徒募集○上京（甲斐方策）
社告
○國教雑誌規則摘要

『國教』第二八号

一八九三（明治二六）年一二月七日発行（通号三六号）

特別社告
○本誌代金延滞金払込願○本誌万国宗教大会欄広告
社説
大会臨席者帰る今後の運動如何
論説
革新的仏教中央機関発行の最大急務
大乗仏教論（完結）　万国宗教大会臨席者　蘆津実全
小説
花の露（下の下）　在東京　旭松山人
万国宗教大会
大会帰朝後第一回報道　在東京　八淵蟠龍
宗教大会十日間の演説者　社友　受楽院普行
日本と基督教の関係（大会演説）　平井金三
日本の仏教（大会演説）　土宜法龍
儒教一斑（大会演説）　薫泉芳
仏教の要旨幷に因果法（大会演説）　釋宗演
仏陀（大会演説）　蘆津実全
万国宗教大会閉会の祝辞（大会朗読）
八淵蟠龍（平井金三訳読）
雑報
○万国宗教大会臨席者帰朝○印度仏蹟回復の主唱者来朝○釋宗演師歓迎会○横浜に於ける万国宗教大会報道会○第一高等中学に於ける八淵師の演説○東京に於ける大会報道大演説会○十五日大演説会の景況○十六日大演説会の景況○鹿鳴館に於ける八淵師の演説○禿真子の八淵師歓迎文

広告
○出版広告（妖怪学講義録・反省雑誌・密厳教報）
社告
○國教雑誌規則摘要

『國教』第二九号
一八九三（明治二六）年一二月三〇日発行（通号三七号）

広告
○本誌万国宗教大会欄広告○出版広告（国家的大問題雑居非雑居）
社説
米国市俄高宗教大会の影響を論ず　中西　牛郎
明治二十六年の仏界を回顧す　黙々居士
論説
米国文明論　東京　C. N. 生
万国宗教大会
大会帰朝後第二回報道　在西京　八淵蟠龍
雑報
◎ダンマパーラ氏第二回日本誘説の活歴史○第一横浜仏教青年会の演説○第二東京明教社員と対話○第三経済協会の席上演説○第四東京及び東海道地方の誘説○第五京都新報社の慷慨談○第六知恩院千畳敷の仏蹟興復演説○第七氏の帰国
◎曹洞宗の騒動愈々大騒動○迷界一凡夫の嚴命○分離派の激昂○行政官の処分政権の力を後援としたる曹洞宗事務取扱の普達、辞令、申告、訓示、示達○分離派渠魁の僧籍剝奪宗門擯斥○曹洞宗に関する質問書衆議院に顕はる○当路者中傷的の檄文配附○雑駁なる諸演説家網羅の内務省攻撃演説会○明教新誌と石川素童師との縦横乱撃○大騒動熱度沸騰点の徴候
◎近江園城寺聖道僧風壊頽の紛擾◎盧津石蓮師『閣龍世界博覧会』を吟ず◎土宜法龍師の消息◎海外宣教会の英訳仏書施本部数◎釋興然師の釈迦正風会◎浄土宗布哇宣教会◎日蓮宗海外布教会◎伝道新誌の対外的大奮発◎ユニテリアン弘道会の投機的陰険手段
附録
○第二回万国宗教大会代表者派遣義捐金報告（住所・金額・姓名）
広告

○出版（法之雨・伝道新誌・九州教育雑誌）
社告
○國教雑誌規則摘要

『國教』第三〇号
一八九四（明治二七）年三月三日発行（通号三八号）

○九州仏教同盟会員諸君に告く（八淵蟠龍）○病気全快拝告（森直樹）
社説
欧米社会の観察（黄白両人種の衝突期と仏耶二大教の決戦代）　八淵　蟠龍
論説
主人の怠慢猾奴の専横　東京　甲斐方策
米国文明論（接続）　東京　C．N．生
万国宗教大会
大会帰朝後第三回報道　八淵　蟠龍
論説
日蓮宗教義大意　故　新居日薩
雑報
○大婚二十五年御祝典○世界に於ける仏陀伽耶恢復の勢○仏京巴里に於ける真言宗の法会○西都に於ける八淵蟠龍師の光焔○本派大法主猊下の親言○本派の宿老執行八淵師の談話を聞く○知恩院千畳敷の大演説○中村楼及び伏見の演説○文学寮講堂の大演説○第三高等中学の仏耶両教青年会○八淵師同校仏教青年会に臨む○八淵師再び東上す○中西氏の仏教東漸史○仏教西漸の端緒海外伝道の一番乗○大谷派老法主の葬儀○其葬儀に関する二異評○東京各学校仏教青年連合大会○東京真宗青年会○懐疑時代来れり○仏界近来の弊風○伝道新誌の自惚的反評
広告
○出版（我行く道・説教録三篇）○東温譲君追弔法会
○医術開業
社告
○國教雑誌規則摘要

『國教』第三一号
一八九四（明治二七）年六月一一日発行（通号三九号）

○特別社告（嶋宗平寄付）○第三回仏教青年会夏期講習会に付謹んで浄財の寄付を高僧信士に乞ふ（東京京都諸学校在宇学仏教青年連合会）
凱旋記念
◎万国宗教大会凱旋者八淵蟠龍師の歓迎会
凱旋偉人歓迎の準備○沿道輝し得たり凱旋の誉○本山河原凱旋偉人の歓迎式
歓迎八淵蟠龍師　平野摑綱
万国宗教大会凱旋者八淵蟠龍師を歓迎す　森　直樹
一万の歓迎軍に対する答辞　八淵　蟠龍
熊本三新聞の凱旋人歓迎雑報（九州日々新聞・九州自由新聞・熊本新聞）
◎一日支店の特別歓迎会
八淵蟠龍師の帰熊を祝す　大倉　東洋
万国宗教大会の凱旋者火洲八淵師を歓迎す　甲斐　方策
八淵偉人の帰熊を歓迎す　菊池　適
八淵将軍を歓迎し序に同志諸君に告ぐ　山田　安間
茲ニ万国宗教大会臨席者火洲八淵蟠龍師ノ歓迎式ニ臨ンデ聊カ微衷ヲ述ブ　熊谷　観念
九州仏界の偉人を迎ゆ　金子　恵教
八淵蟠龍師を迎ふ　水上　四辻
謹んで偉人の帰熊を迎ゆ　本山　知英
八淵蟠龍老師歓迎　菊池　寛容
嗚呼嗚呼実に嗚呼　篠方　典
◎万国宗教大会の現況及観察　八淵蟠龍演説（國教編者筆記）
◎東雲座の報道大演説会
◎八淵蟠龍師の演説を評す　森　半仏
広告
○医術開業○出版（少年園）○印章彫刻（温古堂印房）○印刷局御製造朱肉（長崎次郎支店）
社告
○國教雑誌規則摘要

雑誌『九州仏教軍』総目次

『九州仏教軍』第一号　一八九一（明治二四）年七月一五日発行

稟告
祝詞
九州仏教軍の発刊を祝す　佐々木抑堂
祝詞　藤岡　法真
九州仏教軍の首途を祝す
真宗伝道会員総代　牧野大蓮敬白
祝詞　佐々木諦成
祝詞　佐々木雲嶺
祝詞　松島　善海
九州仏教軍の発途を祝す　伊勢　択善会記者　藤教証
祝詞　松山松太郎
祝詞　北豊産士　手島春治
祝詞　相浦　完良
電報　在印度　ヒガシオンジヨウ
電報　カワカミテイシン
電報　在上海　ナカシマサイシ
祝詞　源　達源
祝詞　立花　活道
祝詞　秦　法励
祝詞　大在　芳達
会説
九州仏教倶楽部之趣意書
論説
上仏教各宗管長書　筑　紫　生
仏教研究者に告ぐ　武田　篤初
僧侶の気象を論じ併せて之を高潔ならしむる方法を示す　前田　慧雲
法話
九州仏教倶楽部例月法話会に於て
斎藤聞精（筆記者　九州倶楽部筆記係）
寄書
支那宗教一班　肥後山人　井出三郎（素行）
欧州行日誌　善連　法彦
国民之友第百十八号浮田和民氏の人生の目的を評す

安田　格

蒐録
訪半僧居士席上賦呈　晩翠軒主人
念仏唱和篇　七十一翁 西秋谷
同次韻　松島　南溟
念仏篇　白　香　山
余将申上海赴漢口賦七言古一篇以告別於馮氏
井出　素行
燕涼述懐寄法友某　井出　素行
孤煢子　紫　東　生
本部報告
○九州仏教倶楽部規則○本部発起者（岩切法電・岩尾昌弘・池野三郎・秦法励・東光了範・大神瑞章・大在芳達・合志諦成・金守初熊・立花紹道・中西牛郎・長末晋太郎・村上碩次郎・熊谷宏遠・松島善海・松本熊四郎・藤岡法真・神代洞通・手島春治・相浦完良・佐々木雪嶺・源達源）○本部役員（会長に相浦完良、常議員に井手三郎・池野三郎・中西牛郎・村上碩次郎・松島善海・神代洞通・手島春治・源達源、常務主任に竹馬光彦、会計主任に熊谷宏遠、主筆に中西牛郎、編輯員に金森初態）○本部会員〔住所・姓名〕○本部創立費寄付金芳名〔金額・姓名〕
広告
○海外宣教会○広告（新仏教論・真宗教史序論・宗教大勢論・組織仏教論・伝道会雑誌・反省会雑誌）○九州仏教倶楽部本部限定宿

号・異名等一覧

〔氏名〕		〔号・異名等〕
赤松照幢	→	蜻州
赤松連城	→	榕隠、円通、聴泉
浅見暢堂	→	提山暢堂
石村貞一	→	桐陰
井手三郎	→	素行
井上円了	→	甫水
養鸕徹定	→	杞憂道人
梅原　融	→	梅原賢融、中臣融、龍北、香雪、鴻雪、教界隠士、小観記者
大内青巒	→	藹々、露堂
大賀賢励	→	旭川
大洲鉄然	→	石堂、九香
小栗憲一	→	布岳、竹林庵、六法院
小栗栖香頂	→	蓮舶、八洲
尾崎徳太郎	→	紅葉山人
織田得能	→	生田得能、雪溪
小野　梓	→	東洋居士
小野島行薫	→	十淵、九淵
甲斐方策	→	開闢生
香川葆晃	→	緇溪
加藤熊一郎	→	咄堂
何　礼之	→	蠡舟居士
菊池謙譲	→	長風、化堂、白濤、廬山人、半天生
木造等観	→	瘦竹
清澤満之	→	徳永満之、臘扇、現誠、建峰、石水
河野陳平	→	老鉄居士
佐伯旭雅	→	洛湯比丘、雲洞
佐々木狂介	→	抑堂、無慚坊
島田蕃根	→	自修懺士
島地黙雷	→	雨田、雷道人、北峰、六々道人、無声、縮堂
島本順八	→	坑畔漁史
菅　殿寿	→	晒浦、白眼子、半仙子
菅　了法	→	桐南
菅原苔巖	→	石井苔巖
杉村廣太郎	→	楚人冠、縦横、涙骨、榾邨居士

鈴木法琛　↓　鉄堂、天游
園下　前　↓　春園主人、二十二前
薗田宗恵　↓　確堂、天外道人、天外人
高楠順次郎　↓　澤井洵、小林洵、篝村、雪頂
津田静一　↓　梅溪
土岐善静　↓　小苾蒭
豊島了寛　↓　三車
鳥尾小弥太　↓　得庵、不識、御垣
中西牛郎　↓　蘇山、神水居士
中西元治郎　↓　悟玄
名和淵海　↓　鎌田淵海、杵洋
南条文雄　↓　碩果
能海　寛　↓　法流、石峰
干河岸貫一　↓　桜所
日野　湊　↓　珠堂
姫宮大円　↓　心印
平井金三　↓　龍華
平松理準　↓　南園、小自在庵、密乗、清厳、学中、雲石
平松理賢　↓　中山理賢
廣瀬進一　↓　雪堂
福田行誡　↓　三縁山、建蓮社立誉
藤井宣正　↓　愛梅、愛楳
藤下啓龍　↓　象外
藤島了穏　↓　胆岳、環球道人
古河　勇　↓　老川、天外散人、天外散士、第一木螟子
北条秀水　↓　北海楼主人
北条祐賢　↓　匏廬
細川寂雲　↓　能仁寂雲
細馬卓雄　↓　西本卓雄
前田慧雲　↓　九華、蔬香、含潤、止舟斉、無所住処主人、夜雨草庵主人
松島善海　↓　南溟、無辺
松山松太郎　↓　緑陰
水原宏遠　↓　鏡華
水溪智応　↓　佐竹智応、柴堂穿石
溝部実磨　↓　豊南
村上専精　↓　不住、舟山
森　直樹　↓　黙々居士、鉄石

八淵蟠龍　↓　龍崩嵓火州
山本貫通　↓　万非道人
弓波明哲　↓　戸田定寿、弓波定寿、踏氷
吉丸徹太郎　↓　徹心、鉄心
和田秀磨　↓　痴堂

あとがき

本書は、赤松徹眞先生のご退職を記念した刊行物でもあります。赤松先生は二〇一七年三月に龍谷大学をご退職されましたが、一九八四年四月の本学・龍谷大学にご就任以来、三〇年以上の長きにわたって、教育・研究に尽瘁してこられました。先生は、近代仏教史のみならず中世の親鸞研究の分野でも、数々の業績を残され、その指導を仰ぎ学恩に浴した門下生も多数に及んでいます。特に二〇〇七年からの一〇年間は、文学部長・学長の重責を担われ、龍谷大学の発展に向けた数々の施策を推進してこられました。先生の詳細なご経歴・ご業績は、二〇一七年三月発行の『佛教史研究』第五五号（赤松徹眞先生退職記念号）に掲載しましたので、ここでは割愛いたしますが、そのご功績には多大なものがあります。

赤松先生が、龍谷大学仏教史学専攻の指定研究に「明治期仏教雑誌の研究」を選ばれ、本書を同研究所の研究叢書として刊行することを企図されたのは、今日までの本学の研究動向を引き継ぎ、後進に託す意図があったものと承りました。

思えば、本学の近代仏教史研究は資料集刊行の先駆的な役割を担い、多くの書籍を刊行してきた実績があります。

故二葉憲香先生・福嶋寛隆先生のご指導のもと、赤松先生や藤原正信先生らも加わって手掛けられた近代仏教史の資料集は、『島地黙雷全集』（本願寺出版協会、一九七三年）、『新佛教論説集』（永田文昌堂、一九七八年〜一九八二年）、『明治仏教思想資料集成』（同朋舎出版、一九八〇年〜一九八三年）、『赤松連城資料』（本願寺出版協会、一九八二年〜一九八四年）、『戦時教学と真宗』（永田文昌堂、一九八八年〜一九九五年）、『資料清沢満之』（同朋舎出版、一九九一年）、『反省（会）雑誌』（永田文昌堂、二〇〇五年〜二〇〇七年）など、膨大な数に及んでいます。

本書は、そうした伝統を継承していくことを意図し、赤松先生とご相談の上、「シリーズ近代日本の仏教ジャーナリズム」の一巻として刊行することとしました。「はじめに」で赤松先生が記されていますように、すでに一九世紀には、本書で取り上げた雑誌以外にも多くの雑誌が刊行されています。今後、赤松先生のご意志と龍谷大学の近代仏教史研究の伝統を引き継いで、「シリーズ近代日本の仏教ジャーナリズム」に関する資料集の刊行事業に邁進していきたいと思います。

なお、本書に取り上げた雑誌の内、『海外仏教事情』『國教』『令知会雑誌』の三誌は、すでに復刻されて以下の書籍に収録されています。

『海外仏教事情・THE BIJOU OF ASIA』【復刻版】（中西直樹・吉永進一監修、三人社、二〇一四〜二〇一五年）
『雑誌『國教』と九州真宗』（中西直樹編、不二出版、二〇一六年）
『令知会雑誌』【復刻版】（中西直樹・近藤俊太郎監修、不二出版、二〇一七年）

また関係する書籍として次のものが刊行されています。併せてご一読いただければ、幸いであります。

『仏教国際ネットワークの源流――海外宣教会（1888年～1893年）の光と影――』（中西直樹・吉永進一著、三人社、二〇一五年）

『令知会と明治仏教』（中西直樹・近藤俊太郎編、不二出版、二〇一七年）

最後になりましたが、本書刊行にあたっては仏教文化研究所事務局の中嶋一博氏には、種々ご配慮をたまわりました。また刊行をお引き受けいただいた法藏館の社長西村明高氏、編集長の戸城三千代氏、編集担当の丸山貴久氏には多大のご尽力をたまわりました。記してお礼を申し上げます。

編集事務局　中西直樹

編著者紹介

赤松徹眞（あかまつ　てっしん）
一九四九年生まれ。本願寺史料研究所所長・龍谷大学前学長。主な業績に『『新佛教』論説集』上・中・下（共編、永田文昌堂、一九七八〜一九八二年）、『日本仏教史における「神」と「仏」の間』（永田文昌堂、二〇〇八年）、『日本仏教史における神仏習合の周辺』（永田文昌堂、二〇一三年）がある。

執筆者紹介

藤原正信（ふじわら　まさのぶ）
一九五六年生まれ。龍谷大学文学部教授。主な業績に『反省（會）雑誌』Ⅰ・Ⅱ・Ⅲ（共編、永田文昌堂、二〇〇五〜二〇〇七年）、「「真俗二諦」の諸相――浄土真宗と国家神道――」（宇治和貴・斎藤信行編『真宗の歴史的研究』永田文昌堂、二〇一一年）、「明治新仏教前史――菊池謙譲の「本願寺破壊」論をめぐって――」（『龍谷大学論集』第四八九号、二〇一七年三月）がある。

吉永進一（よしなが　しんいち）
一九五七年生まれ。舞鶴工業高等専門学校教授。主な業績に *Religion and Psychotherapy in Modern Japan*（Routledge、二〇一五年）、『仏教国際ネットワークの源流――海外宣教会（1888年〜1893年）の光と影――』（共著、三人社、二〇一五年）、『近代仏教スタディーズ――仏教からみたもうひとつの近代――』（共編、法藏館、二〇一六年）がある。

近藤俊太郎（こんどう　しゅんたろう）
一九八〇年生まれ。本願寺史料研究所研究員、龍谷大学非常勤講師。主な業績に『天皇制国家と「精神主義」――清沢満之とその門下――』（法藏館、二〇一三年）、『近代仏教スタディーズ――仏教からみたもうひとつの近代――』（共編、法藏館、二〇一六年）、『令知会と明治仏教』（共編、不二出版、二〇一七年）がある。

中西直樹（なかにし　なおき）
一九六一年生まれ。龍谷大学文学部教授。主な業績に『雑誌『國教』と九州真宗』（不二出版、二〇一六年）、『近代西本願寺を支えた在家信者――評伝　松田甚左衛門――』（法藏館、二〇一七年）、『仏教英書伝道のあけぼの』（共編、法藏館、二〇一八年）がある。

龍谷大学仏教文化研究叢書35
シリーズ近代日本の仏教ジャーナリズム第1巻
『反省会雑誌』とその周辺
二〇一八年二月二十八日　初版第一刷発行

編著者　赤松徹眞
発行者　西村明高
発行所　株式会社　法藏館
京都市下京区正面通烏丸東入
郵便番号　六〇〇-八一五三
電話　〇七五-三四三-〇〇三〇（編集）
〇七五-三四三-五六五六（営業）

装幀　高麗隆彦
印刷・製本　中村印刷株式会社

ISBN978-4-8318-5571-8 C3321

近代西本願寺を支えた在家信者　評伝　松田甚左衛門　中西直樹著　一、九〇〇円

天皇制国家と「精神主義」　清沢満之とその門下　近藤俊太郎著　二、八〇〇円

近代仏教スタディーズ　仏教からみたもうひとつの近代　大谷栄一・吉永進一・近藤俊太郎編　二、三〇〇円

近代日本の大学と宗教　江島尚俊・三浦　周・松野智章編　三、五〇〇円

仏教英書伝道のあけぼの　中西直樹・那須英勝・嵩　満也編著　六、五〇〇円

ブッダの変貌　交錯する近代仏教　末木文美士・林　淳・吉永進一・大谷栄一編　八、〇〇〇円

新装版　講座　近代仏教　上・下　法藏館編集部編　一六、〇〇〇円

法藏館　価格税別